दशराजन्

अंतर्राष्ट्रीय रूप से बहुप्रशंसित और सर्वाधिक बिकने वाली अपनी रामायण श्रंखला के साथ, **अशोक के. बैंकर** ने अपने भारत महाकाव्य पुस्तकालय का शुभारंभ किया, जो उनकी आजीवन चलने वाली लेखन योजना है जिसमें वह भारतीय उप-महाद्वीप की सभी प्रमुख पौराणिक कथाओं तथा उसके इतिहास को पुनः कहेंगे। दो दशकों के दौरान उनकी 42 पुस्तकें प्रकाशित हो चुकी हैं, जिनकी विश्व के 57 देशों में 16 भाषाओं में 20 लाख से अधिक प्रतियाँ बिक चुकी हैं। इस समय, वह भारत के सर्वाधिक लोकप्रिय और सफल लेखकों में से एक हैं। *दशराजन्* उनके द्वारा लिखी जाने वाली इतिहास श्रंखला का आरंभ है जिसके बाद शीघ्र ही *हड़प्पा* और *मोहन जोदड़ो* पर उनकी पुस्तकें आएँगी। अशोक मुंबई में रहते हैं और वहीं कार्यरत हैं तथा अपना समय पढ़ने-लिखने में, व्यायाम करने में और अपने परिवार व मित्रों के साथ बिताते हैं। उनकी लिखित *महाभारत* श्रंखला पर डिज़्नी द्वारा फ़िल्म बनाई जा रही है।

दशराजन्

ऋग्वेद में वर्णित दस राजाओं के युद्ध की गाथा

अशोक के. बैंकर

अनुवाद : आशुतोष गर्ग

MANJUL

मंजुल पब्लिशिंग हाउस

First published in India by

MANJUL

Manjul Publishing House

Corporate and Editorial Office

• 2nd Floor, Usha Preet Complex, 42 Malviya Nagar, Bhopal 462 003 - India

Sales and Marketing Office

• C-16, Sector 3, Noida, Uttar Pradesh 201301 - India

Website: www.manjulindia.com

Distribution Centres

Ahmedabad, Bengaluru, Kochi, Kolkata, Chennai,
Hyderabad, Mumbai, New Delhi, Pune

Hindi translation of *Ten Kings* by *Ashok K. Banker*

This edition first published in 2014
Fifth impression 2025

Cover Art: Kunal Kundu

ISBN 978-81-8322-502-1

Printed and bound in India by Repro India Ltd.

गीत उनका होता है जो उसे सुनते हैं

वि सद्यो विश्वा दृंहितान्य् एषाम् इन्द्रः पुरः सहसा सप्त दर्दः।
व्य् आनवस्य तृत्सवे गयम् भाग् जेष्म पूरुं विदथे मृध्रवाचम्।। ७ ०१८ १३
नि गव्यवो ऽनवो द्रुह्यवश् च षष्टिः शता सुषुपुः षट् सहस्रा।
षष्टिर वीरासो अधि षड् दुवोयु विश्वेद् इन्द्रस्य वीर्या कृतानि।। ७ ०१८ १४

— मंडल ७, ऋग्वेद —

।। जो राजक राजसूय करता है, वह राजा बनता है,।।

।। जो राजा वाजपेय करता है, वह सम्राट बनता है,।।

।। सम्राट सदैव राजा से बड़ा होता है। ।।

– सत्पथ ब्राह्मण (खं.१.१.१२-१३) –

लेखकीय कथन

ऋग्वेद का सातवां मंडल हमें दशराजन् नामक युद्ध के विषय में बताता है जिसे दूसरे शब्दों में दस राजागण कहा जा सकता है।

सम्मान के साथ कहा जाए तो, संस्कृत श्लोक एक ऐसी लड़ाई का वर्णन करते हैं जिसमें दस प्रमुख कबीलों के सरदार या राजा मिलकर तृत्सु भारत कबीले के राजा सुदास को पद से हटाकर उसे समाप्त करना चाहते थे।

उन दस राजाओं के संगठन का नेतृत्व अनु नामक राजा के हाथ में था, जिसके कबीले का नाम भी अनु ही था। अनु के गुरु विश्वामित्र थे। अनेक वैदिक नाम होने के कारण, यह कह पाना संभव नहीं कि यह विश्वामित्र और उनके समकक्ष तथा सुदास के गुरु वशिष्ठ वही ब्रह्मर्षि हैं जिनकी आपसी लड़ाई का वर्णन अन्य पौराणिक ग्रंथों में भी मिलता है। चूँकि उन दिनों सामूहिक नाम प्रचलन में थे, अतः इस बात की संभावना है कि उनके नाम विशिष्ट व्यक्तियों के न होकर, उनकी जाति अथवा वर्ण को दर्शाते हों।

दस राजाओं का वर्णन ऋग्वेद में दिया हुआ है और उन्हें तृत्सु भारत के सहयोगी के रूप में दर्शाया गया है। सुदास और उसके कबीले को समाप्त कर उसकी भूमि हथियाने के एकमात्र उद्देश्य से अनु ने इन राजाओं को सुदास के राज्य पर आक्रमण करने के लिए भड़काया था।

यह भूमि वही समृद्ध और उपजाऊ स्थान है जिसे हम आज पंजाब के नाम से जानते हैं।

विशिष्ट तौर पर कहें तो, रावी तथा ब्यास नदियों के बीच का स्थान, जिसका नाम उस समय परुष्णि था।

उपजाऊ और समृद्ध भूमि होने के कारण यह एक बड़ा ईनाम था, विशेष रूप से उस काल में जब पश्चिमी एशिया और उप-महाद्वीप की बंजारा जातियाँ शिकारी अर्थव्यवस्था से कृषि अर्थव्यवस्था की दिशा में बढ़ रही थीं।

इस स्थान का युद्धनीति-संबंधी महत्त्व भी था : यह स्थान उप-महाद्वीप का प्रवेश-द्वार था और जिसके पास इस क्षेत्र का नियंत्रण था, उसके पास संसार की सर्वाधिक प्रसिद्ध भूमि के खज़ानों और आश्चर्यों की कुंजी थी। इसकी चाहत पश्चिमी जगत के तमाम आक्रमणकारियों और समूहों को थी।

दशराजन् के युद्ध के कारणों का तो ऋग्वेद में उल्लेख नहीं है किंतु उन्हें जानना कठिन भी नहीं है। अधिकतर सैन्य युद्धों की भांति, यह संभव है कि इसके भी अनेक कारण रहे होंगे, जिनमें कुछ आर्थिक या राजनीतिक अथवा निजी कारण होंगे।

जो भी हो, वर्षा ऋतु के दौरान एक दिन जब तूफ़ान आया तो दस राजाओं ने सुदास और उसके छोटे किंतु शक्तिशाली तृत्सु कबीले पर आक्रमण करने का निश्चय किया और उन्हें चारों ओर से अपनी श्रेष्ठ सेना से इस प्रकार घेर लिया कि उस युद्ध का परिणाम विनाश के अतिरिक्त और कुछ नहीं हो सकता था।

आक्रमणकारी सेना के आकार और उसकी प्रकृति से ही यह पता लग रहा था कि उनका उद्देश्य केवल भूमि पर कब्ज़ा करना नहीं, बल्कि सुदास और तृत्सु कबीले का विनाश करना था। इसका अर्थ यह है कि उस आक्रमण के पीछे निश्चय ही व्यक्तिगत मतभेदों ने महत्त्वपूर्ण भूमिका निभाई होगी।

ऋग्वेद में उल्लेख मिलता है कि दस राजाओं की सेना में 60,000 से अधिक सैनिक थे जो चार प्रकार की अक्षोहिणी सेना - पैदल,

घुड़सवार, रथ और हाथी - के रूप में परुष्णि नदी के तट पर एकत्रित हुए थे और वहाँ उनका सामना पैदल और घोड़ों पर सवार तृत्सु भारत की सेना से हुआ था, जो संख्या में शत्रु के दसवें अंश से भी कम थे।

कवचधारी योद्धा, हाथी, रथ, घोड़े और पैदल सैनिकों के साथ सशस्त्र साठ हज़ार सैनिकों के सामने थी पैदल और घोड़ों पर सवार छह हज़ार से कम की सेना।

इसका परिणाम पूर्वनिश्चित था।

देखा जाए तो, संख्या और सामर्थ्य में अत्यंत दुर्बल सुदास को समर्पण कर देना चाहिए था अथवा भाग जाना चाहिए था।

इस तरह वहाँ से किसी अन्य सुरक्षित स्थान पर भागकर अथवा दासता स्वीकार करके वह स्वयं को तथा अपने लोगों को बचा सकता था।

उसने ऐसा कुछ नहीं किया।

किस प्रकार का राजा ऐसी असंभव परिस्थितियों का सामना करने और उनसे लड़ने की हिम्मत रखता है?

किस प्रकार का व्यक्ति कठिन परिस्थितियों से निपटता है और अपने स्थान पर डटा रहता है?

स्पष्ट तौर पर, सुदास साधारण क्षत्रिय नहीं था।

इस बात से कि वह वहाँ से भागा नहीं, दो तथ्य सामने आते हैं : पहला, वह स्वाभिमानी और शक्तिशाली था तथा अपने प्राण गँवाकर भी युद्ध करने को अपना धर्म समझता था। दूसरा, उसके पास कोई गुप्त योजना थी।

ऋग्वेद के उस भाग को मेरे द्वारा विस्तार देने और उसे दोबारा बताने से दोनों तथ्यों की पुष्टि होती है।

ऋग्वेद के कई श्लोकों में सुदास की स्तुति एवं उस ऐतिहासिक युद्ध में उसकी उपलब्धि का गुणगान है। महाकाव्यात्मक उक्तियों को समर्पित

उस काल में भी, ऋग्वेद का सातवाँ मंडल सुदास, उसके साथियों, युद्ध की पौराणिक प्रकृति तथा असाधारण विजय के प्रशंसा-गीतों के लिए विख्यात है।

उस बारिश के दिन परुष्णि नदी के तट पर क्या हुआ था?

राजा सुदास ने उन दस राजाओं और उनकी कहीं बेहतर सेना को कैसे पराजित किया?

उसने ऐसी कोशिश ही क्यों की?

युद्ध में वर्षा के देवता इंद्र की क्या भूमिका थी और क्या वह वास्तविक थी या सिर्फ़ ऊपरी रूप में?

वास्तव में क्या हुआ और उस जल में डूबे मैदान में वह सब कैसे हुआ?

ऐसे ही कुछ प्रश्न हैं जिनके उत्तर मैंने इस पुस्तक में देने का प्रयास किया है।

किसी निबंध या कल्पना के माध्यम से नहीं, क्योंकि मैं इतिहासकार नहीं हूँ।

बल्कि दस राजाओं के उस युद्ध की आरंभिक, उसके दौरान की एवं युद्ध के तुरंत बाद की घटनाओं के पुनः सृजन के द्वारा।

किसी भी अन्य ऐतिहासिक उपन्यास की भांति, मैंने इसमें संवाद, वर्णन और विवरणात्मक संबंध गढ़े हैं जिनकी सहायता से वह कालखंड, वे लोग, वह युद्ध एवं तत्कालीन संस्कृति सजीव हो सके।

हालाँकि, सबसे महत्त्वपूर्ण यह है कि मैंने उस दिन की घटनाओं को जीवंत रूप देने का प्रयास किया है ताकि पात्र और घटनाएँ चलायमान होकर आपके सामने कुछ इस तरह उपस्थित हों कि आपको लगे कि सब कुछ अभी घट रहा है, आपके सामने।

इस प्रकार हम अतीत में लौट सकते हैं और उस युद्ध को सजीवता

और बेहतर विवरण के साथ दोबारा अनुभव कर सकते हैं।

यह भारत की कहानी के सर्वाधिक नाटकीय और मौलिक क्षणों को धूल खा रहीं इतिहास-पुस्तकों से बाहर निकालकर उन्हें पूर्ण-विकसित चेतना में लाने का प्रयास है।

पन्ने पलटिए। अतीत को ज़िंदा होता देखिए।

और परुष्णि नदी के तट पर उस बारिश के दिन सुदास तथा उसके तृत्सु भारत के साथ पड़ाव डाल लीजिए।

मैंने ऐसा ही किया और यह सचमुच एक अनोखा अनुभव था। अब आपकी बारी है।

शभु कामनाएँ!

अशोक के. बैंकर
अँधेरी, मुम्बई
4 मार्च 2014

कांड 1

I

भोर से एकदम पहले, रात्रि का अंतिम पहर। उसे याद नहीं कि वह कब से और क्यों जागा हुआ था।

आकाश के नीचे लगा काले रेशम का तंबू जिसमें दूर एक कोने पर लाल रंग का धब्बा था, जो शायद रक्त का था और धुलाई के दौरान अनदेखा रह गया था। देखते-देखते वह धब्बा नज़रों से दूर होता गया। यदि कोई चित्रकार होता तो उस लाल रंग को क्या नाम देता? सिंदूरी, लोहित, गहरा लाल, गेरुआ...? उसकी कला-विहीन क्षत्रिय आँखों के लिए तो वह सिर्फ़ रक्तिम लाल था।

उसके पिता के अनुसार उस रंग का आकाश ही एक योद्धा का आकाश होता है।

इसका कारण पूछने पर, उसके पिता ने कठोरतापूर्ण स्नेह से उसे हलका-सा थप्पड़ मारा और कहा कि एक दिन उनका गुस्ताख पुत्र स्वयं युद्ध में जाएगा और जलते हुए गाँवों के प्रकाश में लाल क्षितिज को देखकर वह स्वयं समझ जाएगा कि एक योद्धा का आकाश क्या होता है। ठहाका लगाते हुए उसके पिता ने कहा कि तब तक, उसे घोड़े का पुट्ठा देखकर तसल्ली करनी होगी। अन्य योद्धा अपने-अपने मदिरा के प्याले खाली कर चुके थे और उनका युद्ध के बाद दिन-भर चलने वाला आमोद-प्रमोद जारी था। सुदास जब बड़ा हो जाएगा तो उसे इस प्रकार के अनेक जश्न याद रहेंगे; सिर्फ़ वही समय था जब उसके पिता उसे योद्धाओं के साथ तथा अपने पास कुछ देर के लिए रहने देते थे।

अपनी गर्दन के पीछे हाथ रखकर, घास की शय्या पर लेटा वह रात के आकाश को निहार रहा था। तारे अब भी कोयले में धँसे मैले हीरों की तरह चमक रहे थे। आख़िर, यह जानकर कि अब उसे नींद नहीं आएगी, वह उठा और अँगड़ाई लेकर प्रतिदिन की भांति योग-व्यायाम की तैयारी करने लगा, जो वह बचपन से करता आया था। वह सब उसके गुरु ब्रह्मर्षि वशिष्ठ के दार्शनिक एवं धार्मिक दृष्टिकोण पर आधारित था और सुदास प्रायः उसे ही योग वशिष्ठ की पद्धति मानता था। व्यायाम उसे आधे-अधूरे याद रहे स्वप्नों के कचरे को साफ़ करने और बुरे स्वप्नों के अवशेषों को हलका करने में सहायता करता था। इन दिनों उसे अधूरे स्वप्नों से अधिक बुरे स्वप्न सताते थे।

बचपन में, उसे उन कठिन आसनों की आवश्यकता पर अचरज होता था। हालाँकि, युवा क्षत्रिय बन जाने के बाद उसे इन योगासनों से आराम मिलने लगा; पिछले दिन की रक्तरंजित यादों की शेष रह गई घृणा का प्रायश्चित करने में ये सहायक सिद्ध होते थे। अब जैसे-जैसे वह बड़ा व समझदार हुआ, व्यायाम द्वारा उसे एक वयस्क पुरुष - पति, पिता और मुखिया - के उत्तरदायित्वों के भार से भी आराम मिलने लगा।

यही अंतर है किशोरावस्था और पुरुषत्व में, स्वच्छंदता और उत्तरदायित्व में। एक किशोर कामुक कल्पनाओं से आनंदित हो सकता है, लेकिन एक पुरुष को अपने कार्यों के साथ समझौता करने के लिए संघर्ष करना पड़ता है, दूसरी ओर, महत्त्वपूर्ण उत्तरदायित्वों एवं कर्तव्यों वाले पुरुष के लिए नए दिन का आरंभ नई समस्यायों के साथ होता है। हमें यह समझने में बहुत समय लग जाता है कि सबसे बुरी चीज़ स्वयं की पीड़ा या मृत्यु नहीं, बल्कि प्रेम-संबंधी एवं अपने प्रियजनों की पीड़ा और असुरक्षा है। मृत्यु तो एक बार होती है; किंतु पिता की चिंता प्रतिदिन बनी रहती है। राजा की परेशानियाँ तो हमेशा रहती हैं।

व्यायाम पूरा होते-होते उसे पसीना आ चुका था। पूर्व दिशा की ओर काले रेशम के तंबू ने आग पकड़ ली थी और उसकी स्वर्णिम लपटें

पहाड़ों पर ऊपर की ओर बढ़ रही थीं। दूर पश्चिम दिशा में, सुबह की पहली किरण के साथ परुष्णि नदी चाँदी के तार-सी चमचमाने लगी थी। उसे सहसा गर्व की अनुभूति हुई - यहाँ से लेकर नदी के तट तक दिखाई देने वाली सारी भूमि, भारत भूमि थी।

और चारों ओर दिखाई देने वाले इस संपूर्ण राज्य का राजा मैं हूँ।

वह एक शांत विचार था। फिर पैर मोड़कर आसन लगाते हुए उसने स्वयं को स्थिर किया और सोचने लगा कि राजा अथवा तृत्सुओं द्वारा संस्कृत में कहा जाने वाला शब्द 'राजन्' क्या सभी व्यक्तियों के लिए समान अर्थ रखता होगा? क्या उसके पिता के लिए भी? युद्ध में खाए घावों और चटके हुए दाँतों वाला हँसता हुआ चेहरा प्रकाशित आसमान पर हावी होता दिखाई दे रहा था। और सुदास जानता था कि उसके पिता ने राजन् की उपाधि राजनीतिक कारणों से भले ही स्वीकार कर ली हो, किंतु निजी तौर पर वह ऐसे आडंबर को नापसंद करते थे।

'बिना सम्मान के राजा होने की तुलना में साधारण व्यक्ति होकर राजा जैसा सम्मान प्राप्त करना बेहतर है।' पिजवान प्रायः ऐसा कहा करता था। वह सभाओं और समितियों की राजनीति तथा वहाँ होने वाले अनंत विवादों का घोर निंदक था। उसे हाथ में तलवार लेकर, घोड़े पर बैठकर युद्ध के लिए जाना सबसे सुविधाजनक लगता था।

वास्तव में, उसके पिता के जीवन की एकमात्र इच्छा थी, योद्धा की तरह जीना और योद्धा की भांति मर जाना। इसके अलावा बाकी सब कुछ राजनीति और संरक्षण है, ऐसा कहकर वह अपनी बात पर ज़ोर देते हुए अपना ख़ाली प्याला पटक देता था। मुखिया पिजवान को अपने प्याले पटकना बहुत पसंद था, हालाँकि, ऐसा वह उन्हें ख़ाली कर देने के बाद ही करता था।

2

बाहर अभी तक अँधेरा था। महल के परिसर में शांति थी। सुदास मिट्टी से भरे मुख्य प्रांगण के बीच से होकर निकला, जो हज़ारों खुरों और उक्सान गाड़ी के पहियों के निशान से भरा हुआ था।

एक रात पहले हुए विवाहोत्सव में सब लोग देर तक जागते रहे थे। यहाँ तक कि संतरियों को भी पहरे से विश्राम करने तथा कुछ देर सो कर थकान मिटाने की अनुमति दे दी गई थी। उस समय लगभग बीस अतिथि राजागण एवं उनके साथी महल के परिसर में आराम कर रहे थे। परिसर अपने आप में ग्राम के महत्त्वपूर्ण भाग में स्थित एक द्वार वाला क्षेत्र था जो गाँव के चौथाई भाग में फैला हुआ था। उसमें पच्चीस बड़े-बड़े कक्ष थे और प्रत्येक कक्ष में चालीस लोग आसानी से रह सकते थे। अपने निवास से चलकर लंबे आयताकार आँगन को पार करते हुए उसने ऊपर देखा। अँधेरे में भी कृतध्वज (अपने-अपने कबीलों के कढ़ाईदार आकर्षक व रंगीन कपड़े के बने ध्वज) प्रत्येक कक्ष के बाहर लटके हुए थे जो अपने वर्तमान स्वामी के कबीले को प्रकट कर रहे थे। दो कक्षों को छोड़कर सभी पर ध्वज लगा हुआ था और उन दो में से एक कक्ष में उसने रात बिताई थी ताकि कुछ घंटों के लिए उसे एकांत मिल सके। प्रत्येक अतिथि राजा के परिसर में उसके निजी रक्षकों का एक दल रहता था, जिनकी संख्या राजसी परिसर में ही एक हज़ार के क़रीब थी। ये राजा के मात्र रक्षक ही नहीं, अपितु योद्धा भी थे - अपने कबीले के सर्वश्रेष्ठ विजेता। कोई आत्मघाती मूर्ख ही इस समय तृत्सु राजधानी पर आक्रमण करने के बारे में सोच सकता था।

वह चेहरे पर हलकी-सी मुस्कान लिए सोचने लगा कि आक्रमण करने के लिए कोई शेष ही नहीं था! संसार के सबसे शक्तिशाली राजागण वहाँ, उसकी छत के नीचे मौजूद थे।

अंतिम विशाल कक्ष को पार करने के बाद वह उत्तरी बाड़े की ओर, दाहिनी दिशा में मुड़ा। वहाँ से मुड़ते ही घोड़े, हाथी और उक्सान की गंध उसकी नाक में भर गई। योगासन से उसकी इंद्रियाँ सदैव प्रभावी रूप से सतर्क रहती थीं और वह यह जान चुका था कि संभावित संकट को भाँपने हेतु प्रकाश या ध्वनि की अपेक्षा गंध पर निर्भर रहना अधिक प्रभावी था। मानव-मस्तिष्क का एक भाग भय की गंध पहचानता है; हिंसक पशु अथवा क्षति पहुँचाने वाले प्राणी आक्रमण से पहले सदा बेहद भयग्रस्त रहते हैं जो आत्मरक्षा की मूलभूत प्रवृत्ति के कारण होता है - रोष तथा क्रोध उसी भय के फलस्वरूप उत्पन्न होने वाले विकार हैं। उसने पाया कि मस्तिष्क के आदिम भाग की सहजबोध प्रतिक्रियाओं पर भरोसा करके वह गंध द्वारा घात में बैठे संकट को भी पहचान सकता था। घात लगाए बैठा कोई दल स्वयं को छिपा सकता है, हत्यारे बिना आवाज़ किए चुपचाप प्रतीक्षा करते रह सकते हैं, किंतु भय की गंध को छिपाना संभव नहीं है। यह युक्ति उसने अपने कुत्तों से सीखी थी।

ऐसा सोचते समय वह अपने वफ़ादार शिकारी कुत्तों को याद कर रहा था। वे सभी इस समय महिला-रक्षकों और सेविकाओं के निजी दल सहित उसकी पत्नी के साथ मुख्य कक्ष में सो रहे होंगे। उसने उन शिकारी कुत्तों को सुरक्षा के अतिरिक्त उपाय के रूप में वहाँ छोड़ दिया था। सभी अतिथि राजागण यूँ तो आपस में मित्र और बंधु थे, लेकिन जब हज़ारों योद्धा, जिनका विशेष रूप से संहारक लड़ाइयों, कबीलाई झगड़ों तथा पारिवारिक युद्धों का लंबा, जटिल और प्रायः रक्तरंजित इतिहास रहा हो, एक साथ मदिरा-पान कर लें तो वहाँ कुछ भी हो सकता था। वह किसी तरह का खतरा मोल नहीं लेना चाहता था, अतः शिकारी कुत्ते सावधानी के तौर पर रखे गए थे। उन शिकारी कुत्तों के झुंड का आधार, सरमा नामक, बढ़िया नस्ल की संकर कुतिया थी। जब वह

द्वार बंद करके बाहर निकला तो सरमा द्वार की ओर मुँह करके बैठी थी और उसकी आँखें मशाल की झिलमिलाती रोशनी में चमक रही थीं। उसे इस बात में कोई संदेह नहीं था कि जब वह पुनः द्वार खोलेगा तो सरमा, लपककर घुसपैठिये की गर्दन नोंच लेने को तत्पर, उसी स्थिति में बैठी मिलेगी। वह पहले से ही उसकी गंध से जान गई होगी कि वह सोया नहीं था और बाहर था। भले ही सरमा का अनुशासन उसे अपने स्थान से हिलने नहीं देगा, वह उत्सुकता से उसकी प्रतीक्षा करती रहेगी। वह लकड़ी का विशाल द्वार खोलकर भीतर घुसते समय उसे प्रसन्नता से मुँह हिलाते हुए देखने की इच्छा से मुस्कराया।

वह पहले मुँह-हाथ धोकर अपनी प्यास बुझाना चाहता था। वह चाहता था कि वह अपने परिवार या अतिथियों, यहाँ तक कि सेवा में लगे लड़के-लड़कियों को जगाए बिना ही ऐसा कर ले क्योंकि अन्य सभी लोगों की तरह उन्हें भी आराम की आवश्यकता थी। यही कारण था कि वह उत्तरी बाड़े की ओर जा रहा था।

वह बिना रुके उत्तरी कोने को पार कर गया। वहाँ कोई ख़तरा नहीं था। वहाँ सिर्फ़ विभिन्न पशुओं के कूड़े की स्फूर्तिदायक गंध थी। आह! उसे प्रातःकाल, अश्वों की लीद की गंध अत्यधिक पसंद थी; वह गंध उसे जीवित होने का एहसास दिलाती थी।

मात्र उत्तरी बाड़े में ही लगभग पाँच सौ पशु थे और वे उसकी गंध पाकर ऊँघते हुए ही रिरियाने और हिनहिनाने लगे; वे घबराए नहीं थे, मात्र अपने आस-पास मनुष्य की उपस्थिति का समाचार एक से दूसरे तक आगे बढ़ा रहे थे।

मुख्य बाड़े के निकट एक अलग छोटे बाड़े में बँधे उसके निजी साठ घोड़ों ने अपने-अपने सिर बाहर निकालकर उसका स्वागत किया। वह झिझका और फिर उन घोड़ों के प्रति अपने प्रेम से प्यास शांत करने की आवश्यकता को तौलकर उसने पहले उनसे मिलने का निर्णय लिया। वह उन्हें देखने के लिए लकड़ी के बाड़े के ऊपर झुका तो वे सब नाक से

धक्का-मुक्की करते, शोर मचाते, सूँ-सूँ की आवाज़ निकालते और जिस प्रकार पशु व्यक्त कर सकते हैं, उस प्रकार स्नेह व्यक्त करते हुए उसके आस-पास एकत्रित हो गए। उनमें सरयू नाम की बड़े क़द की श्वेत घोड़ी भी थी, जिसे वह औरों से अधिक पसंद करता था। अन्य घोड़ों को उससे घनिष्ठता बढ़ाते देखकर सरयू अधीर हो उठी और उन्हें धक्का मारकर दूर हटाने लगी। वह उन सभी के लिए मातृ-वत् थी, सिर्फ़ प्रतीकात्मक ही नहीं बल्कि यथार्थ रूप से भी, क्योंकि वह उनमें से कम से कम पाँच की माँ थी और तीन के साथ संभोग कर चुकी थी।

आखिरकार, उसने सबको दूर धकेलकर सरयू को थपथपाया और फिर वहाँ रखे एक बड़े पात्र की ओर बढ़ा जिसे सारथियों ने पिछली रात को ही ताज़ा भरकर रखा था, चाहे उन पर मदिरा का नशा रहा हो या नहीं। तृत्सु राज्य में पशुओं के लिए ताज़ा भोजन तथा पानी का प्रबंध न किए जाने का कभी कोई कारण नहीं होता था। वह पात्र अँधेरे में उत्तरी छोर पर स्थित विशाल कक्ष की ओट में रखा हुआ था और उसे इस बात का एहसास बाड़े के सहारे-सहारे आते समय पूर्वज्ञान द्वारा हुआ था।

उसने अपने हाथों को पात्र के ठंडे पानी में डुबोया, फिर उन्हें ऊपर उठाकर अँधेरे में ही अपने चेहरे के निकट लाकर उस पानी को सूँघा। यद्यपि, उसके अश्वों ने उसमें से पानी पिया होगा, किंतु वह उसे अपने काम के लिए निर्मल लग रहा था : वह पहले इससे भी गंदे पानी में स्नान कर चुका था और उसे कोई परेशानी नहीं हुई थी। अश्व, कुत्ते, उक्सान और मनुष्य - जो भी मिल-जुलकर कार्य करते थे - उन्हें साथ में खाने-पीने का भी अधिकार था। यही तृत्सुओं का तरीका था। बल्कि, यही प्राकृतिक तरीका था।

वह निर्वस्त्र हो गया और उदारतापूर्वक जल का उपयोग करके उसने अपने पसीने और गर्म माँस-पेशियों को धोया। पानी बहुत स्फूर्तिदायक था - उसने उन्मुक्त भाव से उस पानी को पीने में क्षण-भर का भी संकोच नहीं किया। उसके निजी बाड़े में, उसके अश्व उत्साहपूर्वक

हिनहिना रहे थे, मानो कह रहे हों, *पियो, पियो, पेट भर के पियो। मुखिया, जो कुछ हमारा है, वह तुम्हारा भी है!*

'धन्यवाद, तुम्हारा, धन्यवाद' पानी पीने के बाद, वह दबी हुई हँसी में बोला। अपने अश्वों का पानी पीने के लिए उन्हें धन्यवाद देने का विचार मनोरंजक था और उसे सहसा लगा कि वह अपनी हँसी के आवेश को भीतर दबा रहा है। उसके मुँह में पानी भरा हुआ था जो उसके गले में अटक गया जिसके कारण वह खाँसा और फिर थूकने लगा। फिर उसने पात्र को नीचे पटक दिया। लकड़ी के बजने की धीमी-सी आवाज़ हुई।

'मनमोहक,' उसके बाएँ कंधे के पीछे से किसी का स्वर सुनाई पड़ा, 'अश्व-पात्र में स्नान करने वाला राजा, जो बिना किसी बात के हँस रहा है।'

अगले ही क्षण, सुदास ने अपनी तलवार सँभाली, और पलटकर एक झटके में उस अदृश्य वक्ता पर तान दी।

3

छज्जे के नीचे घोर अँधेरा था। सुदास की पैनी निगाह भी उस अँधेरे आवरण को नहीं भेद सकी जिसके पीछे वह वक्ता छिपा हुआ था। तलवार हाथ में पकड़े हुए उसने अपना हाथ ताने रखा और वह ख़तरे के पहले संकेत पर हरक़त में आने को तैयार था।

'अँधकार में डरपोक की भांति कौन घात लगाए बैठा है?' उसने संतुलित स्वर में पूछा। समस्त राजभवन परिसर को जगाने की ज़रूरत नहीं थी। विवाहोत्सव में सम्मिलित अधिकतर लोग क़रीब एक घंटा पहले ही सोए होंगे। वह स्वयं मुश्किल से तीन घंटे पहले सोया था कि उसकी नींद फिर खुल गई थी। 'बाहर निकलो, सामने आओ।'

स्वयं को मानो किसी लबादे में लपेटे हुए, सबसे अँधेरे स्थान से किसी की दबी हुई हँसी सुनाई पड़ी। वह अमावस की रात थी और कुछ देर पहले तक हीरे की तरह चमकते सितारों का टिमटिमाता प्रकाश पूर्व दिशा से बढ़ रहे उजाले में धुँधला होता जा रहा था। सुदास को केवल उत्तरी छोर का विशाल कक्ष और उसके लकड़ी के स्तंभ तथा अपने पैरों के नीचे, पाँच नदियों वाली समतल भूमि की लाल चिकनी मिट्टी दिखाई दे रही थी।

धीरे-धीरे कोहरे में लिपटी आकृति की तरह, छज्जे के नीचे गहन अँधकार में से एक पुरुष बाहर निकला। वह ऊँचे क़द का बलिष्ठ व्यक्ति था; ढीली मिट्टी में उसकी एड़ियों के धँसने की गहराई देखकर, सुदास भाँप गया कि वह वहाँ उपस्थित अन्य सभी लोगों से अधिक वज़नदार था। उसके शारीरिक आकार के अनुपात में उसका सिर अधिक बड़ा था।

गहरी परछाइयों ने उसके चेहरे को ढँक रखा था, हालाँकि उसकी आँखें उसकी घनी भँवों के नीचे चमक रही थीं।

इससे पहले कि वह व्यक्ति अपने दाढ़ी वाले चेहरे को ऊपर करके तारों के प्रकाश में स्वयं को उजागर कर पाता, सुदास समझ गया कि वह कौन था।

वह व्यक्ति परुष्णि नदी के मैदान पर तृत्सु भारतों की भूमि को सांझा करने वाले संभवतः सबसे शक्तिशाली अनु नामक कबीले का मुखिया था और उसका अपना नाम भी अनु था।

'तुम्हें यह भ्रम है सुदास कि जो अँधकार में घात लगाता है, वह डरपोक होता है,' अनु के मुखिया ने कहा। 'ऐसा व्यक्ति असल में, शिकारी होता है जो स्वयं को तथा अपने शिकार को दिखाई देने से वंचित कर इस आखेट को सहज-प्रवृत्ति, बुद्धि और कौशल के खेल में बदल देता है।'

अनु को पहचानते ही सुदास ने अपनी तलवार नीचे कर ली। एक और पल के लिए भी तलवार को ताने रखने का आशय होता कि वह अनु से डरता है। योद्धाओं के बीच, दुर्बलता का इतना-सा संकेत भी अपमानजनक होता है। एक सच्चा योद्धा अपने शत्रु द्वारा धनुष पर बाण चढ़ा लेने के बाद भी उसकी ओर अपनी पीठ घुमा लिया करता है। क्षत्रियों का यही तरीका होता है - धर्म के नाम पर पूर्ण विश्वास करना और मृत्यु या पीड़ा से न घबराना। धर्म अपमान से बड़ा होता है, जैसा कि मुखिया पिजवान कहता था। उसने ठीक वैसा ही किया, तलवार नीचे रखकर स्नान करना जारी रखा और बातें करता रहा।

'तुम यहाँ इस समय किसका शिकार करने आए हो? क्या अनु के राजा के पास अपनी धरती पर शिकार की कमी हो गई है कि उसे अच्छे शिकार के लिए मेरे महल के परिसर में, मेरे गाँव में आना पड़ा?'

सुदास का निशाना सही जगह लगा था। उसने देखा कि अनु आवश्यकता से कुछ अधिक समय के लिए निःशब्द हो गया, फिर उसे

लगा कि अनु ने जान-बूझकर उस टिप्पणी को अनदेखा किया और दबी-सी हँसी हँस दिया। अनु जाति अपने आत्म-सम्मान और आलोचना के प्रति असहनशीलता के लिए विख्यात थी।

'आखेट कई प्रकार का होता है, राजा सुदास,' वह बोला, 'और तुम्हें बढ़िया आखेट की इच्छा है, तो अनु तुम्हारे आजीवन खेल खेलने का पर्याप्त प्रबंध कर सकता है। लेकिन, बेहतर होगा कि तुम अपनी नाक पशुओं के पीने के पानी में डुबोना छोड़ दो!'

सुदास का उपहास करते हुए इस बार अनु की हँसी अधिक वास्तविक प्रतीत हो रही थी। सुदास ने उसका बुरा नहीं माना। उसने बहुत समय पूर्व एक अत्यंत विद्वान व्यक्ति से सीखा था कि अपमान, उपहास और अपशब्द, उन्हीं लोगों के चेहरे पर भाव दिखाते हैं जो उनका प्रयोग करते हैं। और जिनके लिए ये प्रयोग किए जाते हैं, उन पर इनका कोई प्रभाव नहीं पड़ता - बशर्ते वे ऐसा होने न दें। यदि आप अप्रसन्न न हों, तो बुरे से बुरा अपमान स्वतः प्रभावहीन हो जाता है।

'मैं यह वचन नहीं दे सकता,' सुदास ने रुककर उत्तर दिया, 'क्योंकि सत्य यह है कि मैं सभी प्रजातियों के पशुओं से प्रेम करता हूँ और मेरे लिए शेर के तालाब, अश्व के भोजन-पात्र या कुत्ते के कटोरे में नाक डुबोने तथा अनु जैसे राजाओं के साथ मदिरा-पान करने में कोई अंतर नहीं है!'

सुदास नहा चुका था, सो वह उठकर खड़ा हो गया।

आकाश में अभी हलका प्रकाश ही हुआ था, किंतु अब सुदास सामने खड़े व्यक्ति का चेहरा अधिक स्पष्ट रूप से देख पा रहा था। क्रोध का उघड़ा हुआ रूप सामने था। वह एक ऐसे व्यक्ति का चेहरा था जो बिना एक क्षण सोच-विचार किए मौके पर ही सुदास की हत्या कर देता। अनु ने कमर पर बँधी तलवार की मूठ को मज़बूती से पकड़ रखा था और उसकी मुट्ठी के कसाव का अनुमान उसके कंधे के तनाव से लग रहा था।

अब बोलो, सुदास, तुमने अभी-अभी उसकी तुलना पशु से की थी! तुमने क्या सोचा था? आख़िरकार, वह एक अनु है।

सुदास ने अनु द्वारा तलवार निकालने तथा पहल करने की प्रतीक्षा की। किंतु ऐसा हुआ नहीं।

अंतिम बार तीखी दृष्टि डालते हुए अनु मुड़ा और लंबे डग भरता हुआ वहाँ से चला गया। उत्तरी कक्ष के कोने पर मुड़ने के बाद वह आँखों से ओझल हो गया।

सुदास ने अपनी तलवार उठा ली जिसे उसने, आखेट के विषय में अनु की टिप्पणी सुनकर, मुड़ते समय इस आशंका से थाम लिया था कि अनु कहीं इस नोंक-झोंक से आगे न बढ़ जाए। अनु जाति के विषय में विश्वास से कुछ कहना कठिन था। आख़िरकार, पिछली शरद ऋतु में ही तो परुष्णि नदी पर अधिकार को लेकर उन दोनों में घिनौना मतभेद हुआ था। और यह व्यक्ति ऐसे अनुचित समय में अँधकार में छिपकर उत्तरी बाड़े में क्या कर रहा था?

आखेट, उसने कहा था।

तो वह किसका आखेट कर रहा था? उसकी मंशा किसे शिकार बनाने की थी?

सुदास ने यह सोचकर अपनी गर्दन हिला दी कि इस बात की कोई संभावना नहीं कि वह इसका उत्तर कभी जान पाएगा। अनु जाति जिस एक बात के लिए विख्यात, या कहें कुख्यात थी, वह था उनका बेहतरीन विवेक। हमले के लिए तैयार सांप की अत्यंत धीमी फुफकार जैसी उनकी शांत, घातक बातचीत! यह आलोचना नहीं है; अनु जाति सांप की मौन सीत्कार को भी अनुकरणीय गुण के रूप में पसंद करती थी। सुदास समझ गया था कि एक रात पहले के सिर चकरा देने वाले आमोद-प्रमोद एवं अति-भोग के बाद यदि अनु असमय वहाँ आने का अपना उद्देश्य सुदास को बताना भी चाहता, तो भी उनके बीच हुई उस मामूली बहस के बाद अब उसका पड़ोसी तथा साथी राजा अनु वह उद्देश्य उसे नहीं बताएगा।

4

सरमा उदास ढंग से भौंकती हुई आगे बढ़ी। उसके आगे बढ़ने के साथ, उसकी चिकनी चितकबरी खाल उसकी बलशाली पेशियों पर लहराने लगी और वह अनियंत्रित प्रसन्न्ता के साथ सुदास पर उछली। दूसरे कुत्ते भी दौड़ पड़े और आतंकित होकर भौंकने लगे। सुदास की उस पसंदीदा साथी ने खड़े होकर अपने अगले पंजे अधिकारपूर्वक उसके वक्ष पर रख दिए और बुरी तरह से उसे चाटने लगी। यह देखकर वह हँस पड़ा। असभ्य ढंग से चाटने के दौरान वह शिकायती स्वर निकालकर पिछली रात को उसे अकेला छोड़कर जाने का विरोध भी व्यक्त कर रही थी।

'हाँ, हाँ, मुझे पता है,' उसके स्नेह की प्रबलता के जवाब में उसकी खाल को ज़ोर-से सहलाते हुए वह बोला, 'तुम सदैव मेरे साथ जाती हो। किंतु कल रात को मैं चाहता था कि तुम यहीं मेरे परिवार की सुरक्षा करो क्योंकि मैं सबसे अधिक तुम पर विश्वास करता हूँ, स्वयं से भी अधिक। समझीं तुम?'

उसने भारी स्वर में एक बार भौंककर बता दिया कि वह बात समझ गयी और उसने सुदास की आज्ञा का पालन किया था। फिर चारों पैर नीचे रखकर वह लौटने के लिए मुड़ी तो उसने पलटकर यह सुनिश्चित कर लिया कि सुदास भी उसके पीछे आ रहा था। जब उसने देखा कि सुदास अन्य कुत्तों पर - जो शोर मचा-मचाकर उससे सरमा पर अधिक ध्यान देने की शिकायत कर रहे थे - अपना समय नष्ट कर रहा है तो उसने गुस्से से घुर्राकर सुदास को आगे चलने का संकेत दिया।

'हाँ मेरी माता, मैं आ रहा हूँ। इंद्र की सौगंध, तुम बहुत अधिकार जताती हो!' कहते हुए वह हँसा और फिर कुत्तों के झुंड को धक्का देकर सरमा के पीछे चल पड़ा।

सभी विशाल कक्ष सर्वोत्तम पहाड़ी लकड़ी से एक समान ढंग से बनाए गए थे। उन्हें नदी से नीचे की ओर लुढ़काकर हाथियों तथा उक्सान की मदद से गाड़ियों में रखकर गाँव तक लाया गया था। उसकी मूल रचना आयताकार थी जिसपर लकड़ी की सपाट छत थी और ऊपर से फूस का ढालू छप्पर डाला गया था, जिससे वर्षा और यदा-कदा होने वाली ओलावृष्टि या हलकी बारिश से बचा जा सके। कक्ष के विशाल द्वार भीतर को खुलते थे क्योंकि आर्यों का ऐसा मानना था कि यदि कभी देवगण वहाँ पधारें तो उन्हें भीतर घुसने से पूर्व रुकना या पीछे हटना न पड़े।

द्वार से अंदर आते ही अस्त्र-शस्त्र, गंदे जूते, काठी, कवच तथा विविध साज-समान रखने के लिए एक कक्ष था ताकि ऐसे सामान को घर के भीतर न लाना पड़े। उस कक्ष के आगे, लंबा चौड़ा मुख्य कक्ष था जिसकी छत पाँच व्यक्तियों की लंबाई जितनी ऊँची था। कक्ष के बीचोंबीच यज्ञ-स्थान था जो अग्निदेव के लिए सुरक्षित पवित्र स्थान के रूप में बनाया गया था और जिसके धुँए के निकास के लिए छत में से चिमनी निकाली गई थी। इसके इर्द-गिर्द विभिन्न आकार और आकृतियों के आसन बनाए गए थे जिनका निर्माण मुख्य ढाँचे में से बची हुई लकड़ी द्वारा किया गया था। उनमें से अनेक पर मखमली टुकड़े बिछे हुए थे जिन्हें सर्दी में ओढ़ने या बिछाने के काम में लिया जा सकता था। दीवार के किनारे भोजन के लिए अनेक लंबी मेज़ लगी हुई थीं, हालांकि उन पर बैठकर, वास्तव में, कोई भोजन नहीं करता था।

उस मुख्य कक्ष में से, तीन से चार निजी कक्षों के लिए बाहर की ओर मार्ग निकलता था। यह निजी कक्ष सार्वजनिक स्थान की अपेक्षा अधिक विलासपूर्ण ढंग से बने हुए थे। इनमें रखे आसन अधिक चमकदार थे और बहुत कुशलतापूर्वक बनाए गए थे। यहाँ लकड़ी की बनी बड़ी-बड़ी स्थायी शय्या थीं जिनके ऊपर बहुत मुलायम मखमल बिछा हुआ था।

सुदास को लेकर सरमा मुख्य कक्ष के अंतिम छोर तक चली गई और शेष कुत्तों का दल पूँछ हिलाता हुआ उनके पीछे चलता रहा। प्रातःकाल की हवा में उनके भौंकने की आवाज़ अधिक तेज़ सुनाई दे रही थी। उसकी पत्नी के साथ निजी महिला सुरक्षाकर्मियों और सेविकाओं का दल मुख्य अंगीठी के आस-पास मुलायम बिछावन के ऊपर सो रहा था। सुदास उनके निकट से गुज़रा तो कुछ लोग हिले-डुले, परंतु उठे नहीं। वे सब अपने-अपने हिस्से की बातचीत, गाना-बजाना और सोमपान कर चुके थे; अन्य लोगों के साथ नहीं, बल्कि वहीं एकांत में अपने कक्ष में। वहाँ मेज़ पर अनेक वाद्य-यंत्र रखे हुए थे जिन्हें देखकर उसने कुछ घंटों पूर्व वहाँ गूँजे आमोद-प्रमोद तथा संगीत का अनुमान लगा लिया। उत्सव मनाने हेतु अपने अन्य साथियों को वहाँ लाने के लिए उसने उन्हें अनुमति नहीं दी थी और इस बात के लिए उसे कोई पछतावा नहीं था। उन लोगों का मनोरंजन उसकी पत्नी तथा बच्चों की सुरक्षा से अधिक महत्त्वपूर्ण नहीं था।

सरमा ने मुख्य कक्ष के पिछले भाग में स्थित रानी के कक्ष का द्वार धकेलकर खोल दिया और प्रसन्नतापूर्वक अपनी पूँछ ऊपर उठाकर भीतर घुस गई। ऐसा करके वह अपने स्वामी को गर्व से यह बता रही थी कि उसे जो कार्य सौंपा गया था वह उसने कितनी कुशलता से निभाया था। उसके जोश से प्रसन्न होकर सुदास उसके पीछे-पीछे अंदर आ गया। उसकी पत्नी के उपयोग हेतु दो निजी कक्षों को जोड़कर एक बड़ा आवास बनाया गया था। दरअसल, मुख्य कक्ष के दूसरे सिरे पर दो अन्य कक्ष स्थित थे, जो आपस में तथा इस बड़े कक्ष के साथ जुड़े हुए थे। इनके माध्यम से तृत्सु रानी को एकांत उपलब्ध करवाने और उसके सहायकों को बंद द्वार के पीछे सहजता से चलने-फिरने की सुविधा प्रदान की गई थी।

यह कह पाना असंभव था कि विशाल शय्या पर कौन सो रहा था। लेकिन, सरमा की नाक ने उसे कभी धोखा नहीं दिया था। सरमा ने उस नरम कंबल की तलाशी ली और उसमें से एक नन्हा पैर, एक अन्य नन्ही हथेली तथा आख़िर में हिमालयी रीछ के बालों के समान चमकदार

काले बालों वाली एक वयस्क महिला के सिर को सूँघकर खोज निकाला। शय्या पर लेटे व्यक्ति को दिखाने के बाद, सरमा बैठ गई और सुदास की ओर देखा, मानो कह रही हो, 'देखा? यह रहे, सकुशल, ठीक वैसे, जैसे तुम इन्हें छोड़कर गए थे।' फिर वह लगातार भौंकती रही। उसका झुंड बाहर के कक्ष में ही था क्योंकि झुंड के कुत्तों को पता था कि उनके लिए भीतर जाना उचित नहीं, किंतु सरमा के भौंकने की आवाज़ सुनकर, उनमें से कुछ बहादुर कुत्ते द्वार को सूँघकर अपनी पूँछ को कक्ष की लंबी दीवार पर पटक-पटककर भीतर जाने की अपनी इच्छा व्यक्त करने लगे।

सुदास हाथों और पैरों के बल रेंगता हुआ बिस्तर पर जा पहुँचा। उसे अपने पुत्र का नन्हा पैर ढूँढ़कर उसके तलवे को अपनी अंगुलियों से गुदगुदाया। उसकी प्रतिक्रिया प्रसन्न कर देने वाली थी : नरम कंबल में लेटा नन्हा इंद्रौत किलकारी मारता हुआ हिलने लगा जिससे कंबल में बल पड़ गए। अपने विशिष्ट प्रकार के केश से ढँका चेहरा लिए वह विरोध करता हुआ उठ बैठा। तब तक सुदास, सरमा द्वारा उघाड़ी गई हथेली को देख चुका था। वह उसे गुदगुदाते हुए हँसने लगा और इस पर उसकी पुत्री इंद्राणी ने भी अपने अस्त-व्यस्त सिर को कंबल से बाहर निकालकर अपने भाई से अधिक उत्तेजनापूर्वक प्रतिक्रिया की।

दोनों बच्चों ने उन्हें नींद से जगाने वाले दोषी व्यक्ति की ओर देखा और हिंसक उग्रता के साथ, गुदगुदाते, कूदते, चीखते-चिल्लाते हुए सुदास के ऊपर धावा बोल दिया। सरमा ज़ोर-ज़ोर से भौंकते हुए उन्हें प्रोत्साहित कर रही थी और साथ ही वह अपनी पूँछ को बिस्तर पर लेटे हुए व्यक्ति के सिर पर मार रही थी। सुदास की पत्नी सुदेवी ने कराहते हुए ऊपर देखने का प्रयास किया, और अपने आस-पास हो रही गतिविधियों को देखकर एक बार फिर अपना सिर कंबल से ढँक लिया।

सुदास हँसी के आवेश में, दोनों बच्चों को अपनी ओर खींचते हुए गिर पड़ा। सरमा भी उस हँसी-मज़ाक में जुड़ गई तथा उसे इस मेल-मिलाप में सम्मिलित कर लिया गया। अगले कुछ क्षण के लिए, पिता, पुत्री पुत्र और श्वान, सभी परस्पर स्नेहमयी आलिंगन में बँधे हुए कंबल

पर लेटे रहे, जैसा कि कुश्ती थमने पर होता है।

कंबल के उलझे हुए ढेर नीचे से सुदेवी ने पूछा : 'युद्ध समाप्त हो गया? क्या अब बाहर निकलना सुरक्षित है?'

5

बाहर हलका उजाला हो गया था, जो दिन निकलने की अपेक्षा गोधूलि का आभास दे रहा था। सुदास मुख्य कक्ष के प्रवेश-द्वार के बाईं ओर वाले प्रांगण में खड़ा अपने बच्चों की प्रतीक्षा कर रहा था। सभी बड़े कक्षों में केवल बग़ल और पीछे की ओर प्रवेश-द्वार बनाए गए थे - सामने से प्रवेश करना नियम के विरूद्ध था। जहाँ वह खड़ा था, वहाँ से उसे अन्य कक्ष और उनकी चिमनियों से लगातार निकलता धुआँ दिखाई दे रहा था, जो सुबह की कुहासे-भरी धुंध को बढ़ा रहा था।

उसके अपने कक्ष में हो रही गतिविधियों के अलावा, उस समय कोई अन्य व्यक्ति गतिशील नहीं था। यहाँ तक कि रात-भर के उत्सव और उत्तेजना के बाद कुत्ते भी सो रहे थे। वहाँ से दूर, गाँव भी शांत प्रतीत हो रहा था। तृत्सु कबीला छोटा था और उसके लगभग सभी सदस्य पिछले कुछ दिनों से चल रहे विवाहोत्सव में या तो सेवा कर रहे थे अथवा उनकी सेवा की जा रही थी। हो सकता है उन्हें सर्वश्रेष्ठ मदिरा अथवा अपनी पसंद की खान-पान की वस्तुएँ न उपलब्ध हुई हों, किंतु उन्होंने पर्याप्त रूप से मौज-मस्ती की थी जिसकी थकान को दूर करने के लिए नींद आवश्यक थी। सुदास ने अनुमान लगाया कि गाँव में सुबह देर से ही गतिविधियाँ आरंभ हो पाएँगी।

ऐसी स्थिति होना, मुखिया के रूप में, एक अवकाश मिलने के समान था।

राजन्, उसने स्वयं से कहा, *मुझे अन्य सभी लोगों की भांति, स्वयं को अब राजा बुलाना चाहिए।* उसने स्वयं अपनी कठोरता पर सिर

हिलाया। *यह कितना अलग सुनाई पड़ता है, सबसे बिल्कुल दूर। मैं तृत्सु कबीले का मुखिया सुदास ही ठीक हूँ, भरत-पुत्र ऋषभ के वंशज दिवोदास के पुत्र पिजवान का पुत्र। मैं कोई राजा नहीं हूँ और न ही मुझे इससे जुड़ी राजनीति की कोई परवाह है।*

यद्यपि, वह राजा तो था और जो उसका अनुसरण करते थे, उनके लिए इस उपाधि का महत्त्व था। स्वयं राजा के लिए अपनी उपाधि की आत्म-निंदा करना सरल था, किंतु उसके क्षत्रियों और सैनिकों के लिए यह जानना आवश्यक था कि वे - राजा, मुखिया, ग्राम-रक्षक या सिर्फ़ स्वामी - किसकी सेवा कर रहे थे। उनकी संपत्ति व उनका धन उसी के अनुसार घटता या बढ़ता था क्योंकि विभिन्न पदों पर होने वाली पदोन्नति के साथ मवेशियों की संख्या भी बढ़ जाती थी। मवेशी किसी भी रूप में हो - दुधारु गाय, बैल, यहाँ तक कि बछड़े - संपत्ति माने जाते थे, संसार के किसी व्यक्ति की एकमात्र सच्ची संपत्ति।

और भूमि भी, उसे याद आया। नई धारणा के अनुसार, भूमि भी संपत्ति मानी जाती थी। यद्यपि, गायों के रूप में प्राप्त संपत्ति से उसकी तुलना कभी नहीं की जा सकती थी। अपने पूर्वजों की तरह, न जाने क्यों, वह भूमि को किसी व्यक्ति, ग्राम या वंश की संपत्ति मानने वाली नई धारणा को पूर्णतः आत्मसात् नहीं कर पाया था। भूमि धरती-माता होती है, वह समस्त जीवन का उत्पत्ति-स्थल और झूला है। कोई बालक किस प्रकार माता के आलिंगन पर अपने खास अधिकार का दावा कर सकता है? वह सब प्राणियों की है, मनुष्य हों अथवा कोई और। नए नियम के अनुसार, मवेशी की भांति भूमि को भी ख़रीदा व बेचा जा सकता था और मुखिया - क्षमा करें, *राजा* - होने के नाते नियमों का आदर व उनकी रक्षा करना उसका धर्म था।

क़दमों की आहट तथा प्रसन्न वाणी सुनते ही सुदास के राजा संबंधी सभी विचार ग़ायब हो गए। भीतरी कक्ष से, अपने दोनों बच्चों को साथ लिए सुदेवी प्रकट हुई। दोनों बच्चे यात्रा पर अपने पिता का साथ पाने के कारण बेहद प्रसन्न एवं उत्तेजित थे। पिता को अश्वों के साथ

प्रतीक्षा करते हुए देख, वे अपनी चप्पलें धरती पर पटकते हुए, एक-दूसरे से आगे निकलने की होड़ में दौड़ते हुए आए।

सुदेवी कंधों पर चादर लपेटे, द्वार पर ही रुक गई; उसकी आँखें अब भी नींद से भारी हो रही थीं। उसने अपना सिर दरवाज़े पर टिका दिया और नींद-भरी आँखों से बच्चों को अश्वों पर चढ़ते हुए देखती रही। सुदास ने उन्हें सहारा देकर ऊपर चढ़ाना चाहा किंतु वे इस बात से गुस्सा हो गए। उन्हें कूदकर स्वयं अश्व पर चढ़ते देख उसे गर्व अनुभव हुआ। बेशक़ वह राजा था, किंतु उसके बच्चे अश्वारोहण अथवा कोई भी अन्य कार्य, किसी भी तृत्सु की तरह, बल्कि शायद बेहतर ढंग से कर सकते थे। वे विवाहोत्सव में आए कुछ अन्य ग्राम-मुखियाओं के आलसी और मोटे उत्तराधिकारियों जैसे नहीं थे। कुछ बच्चों की तोंद तो उनके छोटे शरीरों से बाहर निकली जा रही थी और उन्हें घोड़े पर चढ़ने के लिए सहायकों की मदद लेनी पड़ती थी। सुदास के विचार से प्रचुर संपत्ति द्वारा आलस्य को उचित नहीं ठहराया जा सकता था। वैसे भी संपत्ति का इस बात से क्या संबंध है? राजा हो या कोई सामान्य व्यक्ति, सबको अपने हिस्से का बोझ उठाना चाहिए और अपने कार्य स्वयं करने चाहिए। यही एकमात्र तरीका है जिसके द्वारा कोई गाँव अस्तित्व में रहकर उन्नति कर सकता है।

लेकिन उसने स्वयं को याद दिलाया कि सभी कबीले ऐसा नहीं सोचते थे। उसके पड़ोस के अनेक ग्राम-मुखियाओं तथा राजाओं का यह मानना था कि जितनी अधिक गाएँ किसी के पास होंगी, उसे उतना ही कम परिश्रम करना चाहिए। इस मान्यता का औचित्य सुदास को समझ नहीं आता था क्योंकि यह पूरी तरह उसकी शिक्षा के नियमों के विरुद्ध था। उसने यह सीखा था कि धर्म के अंतर्गत प्रत्येक मनुष्य अथवा प्राणी समान है और बिना पुरस्कार, पदवी या परिणाम के विषय में सोचे, उसे निरंतर अपने कार्यों को करते जाना चाहिए।

अपने घोड़े पर चढ़ते समय उसने मुड़कर अपनी पत्नी पर दृष्टि

डाली और फिर दोनों ने एक-दूसरे को मुस्कुराहट-भरे शरारती अंदाज़ में देखा।

इस तरह उन्होंने बच्चों की प्रसन्नता और उत्सुकता की अभिव्यक्ति को अपनी स्वीकृति प्रदान की। तोंद वाले बच्चों के मोटे ग्राम-मुखिया पिताओं से भिन्न सोच रखने वाला सुदास बोझ को बाँटने, ताक़त को साझा करने तथा दूसरों के लिए उदाहरण प्रस्तुत करने में विश्वास रखता था। इसका मतलब यह था कि वह प्रायः आवश्यकता से अधिक कार्य करता था, अधिक समय तक करता था और इसलिए उसे अपने तथा अपने पारिवारिक दायित्वों के लिए कम समय मिल पाता था। यही कारण था कि उत्सव और उससे पहले अनेक रातों में उसने मुश्किल से एक या दो प्याले सोम के पिए होंगे और उसने अपने उत्साह से भरे साथियों से दूर, एकांत में दक्षिण दिशा वाले खाली कक्ष, जो सभा और समिति के समारोहों के लिए आरक्षित रहता था, की छत पर कुछ घंटे की नींद पूरी की थी। उसने सुबह जल्दी उठकर अपने बच्चों के साथ इस यात्रा पर जाने की योजना बनाई थी। सुदास व उसकी पत्नी दृढ़-संकल्प एवं आत्मानुशासन की उपलब्धि से परिचित थे।

उन दोनों ने जिस तरह से एक-दूसरे को देखा था, वह एक प्रकार से एक-दूसरे को दिया गया वचन भी था कि बच्चों के साथ इस भ्रमण के बाद अगली बारी उनकी होगी। जहाँ एक ओर, राज-काज और ग्राम-नेतृत्व का दबाव बहुत था, वहीं विवाहोत्सव तथा भूमि-संबंधी क़ानून पर उन दिनों चल रहे विवादों ने सुदास पर अत्यधिक भार डाल दिया था। इस कारण सुदास के पास अपनी रानी के लिए अपेक्षा से बहुत कम समय बचता था और अंतरंगता के लिए उन दोनों को वांछित से बहुत कम अवसर मिल पाते थे।

सुदेवी की दृष्टि ने यह संकेत दिया था कि इस कमी को जल्द ही दूर कर दिया जाएगा। सुदास ने भी अपने दमकते नेत्रों से प्रत्युत्तर में कहा था, *ऐसा होना भी चाहिए!*

वह पुनः मुस्कुराया और अपने घोड़े का मुख मोड़कर मुख्य कक्ष के प्रांगण से बाहर निकल गया; पीछे-पीछे उसके बच्चे भी उत्साह से चिल्लाते हुए निकल गए।

6

तृत्सु भूमि की सीमाएँ तीन ओर से नदियों से घिरी हुई थीं और उसके चौथी ओर पर्वतमाला थी। परुष्णि, विपाशा तथा शतुद्री ने - जिन्हें अन्य कबीले क्रमशः रावी, व्यास और सतलुज पुकारते थे - गाँव की पश्चिमी, दक्षिणी और पूर्वी सीमाओं को लगभग घेर रखा था। मोटे तौर पर, ये तीनों नदियाँ एक-दूसरे को काटती थीं और परस्पर सहयोगी जलमार्ग होने के कारण एक-दूसरे की उपनदियाँ बनकर अपना मार्ग बदलती हुई पर्वतीय ज़मीन में लुप्त हो जाती थीं। उदाहरण के लिए, यमुना नदी दरअसल, एक अन्य बड़ी नदी सरस्वती की उपनदी थी। अनेक कबीले परुष्णि को सरयू नदी की संतान मानते थे जबकि तृत्सु लोग परुष्णि को सरयू का स्त्रोत मानते थे। इसमें एक तथ्य और भी जुड़ा था कि सरयू का रूप मुख्यतः मौसमी जलप्रपात का था और वह बीच-बीच में कई वर्षों तक लुप्त हो जाती थी, जबकि परुष्णि या रावी अत्यंत शक्तिशाली रूप से उस समय से बह रही है जब से पृथ्वीलोक पर मानवता विद्यमान है। इस उपजाऊ भूमि को पाँच नदियों की भूमि भी कहते थे। इन पाँच नदियों द्वारा पोषित मैदानों के सबसे उपजाऊ भाग पर तृत्सु रहते थे। उनका गाँव रक्षा और आक्रमण दोनों ही दृष्टि से सर्वथा उपयुक्त था, क्योंकि वह तीन ओर से अति शक्तिशाली नदियों से और उत्तर-पूर्वी दिशा में निर्भीक शिवालिक पर्वतमाला से घिरा हुआ था।

लेकिन, तृत्सुओं ने उस भूमि पर कभी अपना अधिकार नहीं माना, वर्तमान में कुछ गाँवों द्वारा भूमि-स्वामित्व की नई अवधारणा के सीमित अर्थ में तो, कदापि नहीं। वे वहाँ अपने अधिकार को सिर्फ़ एक प्रकार की

तैनाती मानते थे। यादव वंश के पूर्वज, यदु के समय से ही तृत्सुओं को यहाँ एक रक्षक सेना तैयार करने तथा यह सुनिश्चित करने का दायित्व दिया गया था कि उत्तर तथा पश्चिम दिशा से म्लेच्छ हमलावर वहाँ धावा बोलकर लूटमार न कर सकें। ऐसी अनेक म्लेच्छ जातियाँ थीं जिनका उद्देश्य मात्र परस्पर विरोध करना था। वे सुदूर उत्तर में हिमवात पर्वतों के पार ऊँचे मैदानों से पथरीले परियात्रा पर्वत दर्रे से होकर नीचे आते, पाँच नदियों वाली समृद्ध भूमि में धावा बोलते, स्वेच्छा से लूटपाट करते और इस लूट-खसोट की शेखी बघारते हुए लौट जाते थे। उसके बाद वे अन्य म्लेच्छों को भी अपना अनुसरण करने के लिए उकसाते थे। राष्ट्रों और जातियों तथा कुलों के बीच बढ़ती हुई अनबन और मतभेदों के चलते, ये नाके बाहरी आक्रमणों के विरुद्ध महत्त्वपूर्ण प्रथम रक्षा-पंक्ति के रूप में कार्य करते थे।

यदि म्लेच्छ हमलावरों पर जल्द नियंत्रण न किया जाता तो पाँच नदियों द्वारा पोषित सुंदर हरियाले उत्तरी मैदान लुटेरों और हमलावरों के हाथों नष्ट किए गए आखेट के मैदान से अधिक कुछ नहीं रह जाते। तृत्सुओं ने इस सुंदर भूमि की रक्षा की और इसी कारण उन्होंने इसे अपना निवास-स्थान बना लिया; कोई संतरी जिस भूमि की सीमाओं की रक्षा करता हो, उसके अतिरिक्त वह और खड़ा भी कहाँ हो सकता है? इस प्रकार, तृत्सु इस महत्त्वपूर्ण स्थान पर सदैव दृष्टि रखते थे, जो वेदांत (आध्यात्मिक ज्ञान) एवं भौगोलिक सौंदर्य के विशालतम प्राकृतिक संसाधनों के खज़ाने रूपी उपमहाद्वीप का प्रवेश-द्वार था। वास्तव में, वे मात्र उत्तरी मैदानों की ही नहीं, अपितु उसके पार समस्त उपमहाद्वीप की रक्षा भी करते थे। यह उपमहाद्वीप दक्षिणी प्रायद्वीप के महान राज्यों से लेकर, जहाँ उनकी सहयोगी जातियों ने अपनी संस्कृत बोली सहित अपनी विशिष्ट सांस्कृतिक पहचान बनाई थी, सुदूर पूर्वी स्थानों व चिन लोगों की प्रख्यात सभ्यता और उसके पार तक फैला हुआ था। उस युग में परियात्रा पर्वत दर्रा, संपूर्ण सभ्य जगत का प्रवेश-द्वार था और यह उपमहाद्वीप, उस मुकुट में लगा कीमती रत्न।

हालांकि तृत्सु भूमि के उत्तरी तथा उत्तर-पश्चिमी सिरों पर शिवालिक पर्वतमाला थी, और दक्षिणपूर्वी दिशा में एक महत्त्वपूर्ण पर्वत शिखर था जो विपाशा नदी से दिखाई देता था। यह शिखर हालांकि कुछ ही गज़-भर अधिक ऊँचा होने के कारण पर्वतों में गिना जाता था, किंतु अपने आस-पास की समतल भूमि के चलते, वह ग्रामीण क्षेत्र में सोये हुए बौनों के बीच खड़ा दैत्य-सा ऊँचा प्रतीत होता था। इन मैदानों से बहती नदियों के अधिक बहाव के फलस्वरूप अलग हो गया यह शानदार शिखर अपने उत्तरी साथियों के बीच अकेला अपवाद था। हलके-से ऊपर की ओर उठते इसके घासदार ढलाव पर बहुत तेज़ ठंड के मौसम में कभी-कभी थोड़ा हिमपात हो जाता था। प्रत्येक हिमपात और बहाव से शिखर के पत्थर बाहर निकल आते थे, जिसके कारण वर्षा ऋतु के पश्चात् हरी-भरी शरद ऋतु में यह गंजे हो चुके आचार्य का आभास देता था।

तृत्सुओं ने इसे उत्तुंग नाम दिया था जिसका अर्थ होता है, बहुत ऊँचा।

इसी उत्तुंग शिखर पर सुदास अपने बच्चों को उस दिन प्रातः घुमाने लाया था। ऐसा मनोरंजन बच्चों के लिए दुर्लभ होता था। उन्हें सवारी करना और चढ़ाई करना दोनों ही बहुत पसंद थे। हलकी ढलान और बढ़िया घुमावदार मार्ग होने के कारण उनके अश्व उन्हें लगभग ऊपर तक ले गए। अंतिम सौ गज़ की चढ़ाई नौ वर्षीय इंद्राणी तथा ग्यारह वर्षीय इंद्रौत के लिए कठिन थी, किंतु असंभव नहीं। भाई-बहन में परस्पर अपने पिता को यह दिखलाने की प्रतिस्पर्धा चल रही थी कि पसीने से लथपथ होने एवं इतनी ऊँचाई पर कड़क ठंडी हवा के बावजूद वे दोनों कितनी बढ़िया चढ़ाई चढ़ सकते थे। अंत में घास वाले हिस्से को पार करके जब उन्होंने पथरीली चोटी पर पहुँचकर राहत की साँस ली, तो दोनों तुरंत एक-दूसरे की ओर देखकर चिल्लाए, 'मैं प्रथम हूँ!'

सुदास ने अपनी बाँहें उनके कंधों पर डालीं और उन्हें सहारा देता हुआ ऊपर बढ़ता गया। 'तुम दोनों प्रथम आए हो।'

दोनों ने एक-दूसरे को देखा।

'वैसे तो तुम मुझसे छोटी हो, फिर भी तुमने बढ़िया चढ़ाई की,' इंद्रौत ने घमंडी स्वर में अपनी बहन से कहा।

'बच्चों के हिसाब से तुमने अच्छी चढ़ाई की,' इंद्राणी ने कंधे उचकाते हुए उत्तर दिया।

'मैं बच्चा नहीं हूँ' 'इंद्रौत ने कड़े स्वर में कहा। सुदास ने बीच-बचाव करते हुए तुरंत कहा, 'उसका आशय पुरुष-वर्ग से है। उसे पता है कि अब तुम बच्चे नहीं हो, बल्कि बड़े हो गए हो। है न, इंद्राणी?'

इंद्राणी ने अनुमान-भरे ढंग से अपने भाई की ओर देखा। इंद्रौत की आँखें सिकुड़ गईं। वह शांत भाव से बोली, 'हाँ, मेरा यही आशय था पिताजी। वह पुरुषों के हिसाब से बढ़िया चढ़ता है।'

इंद्रौत ने भाई-बहन के झगड़े का अंत करते हुए पलकें झपकाईं और हँसते हुए अचानक शांत हो गया। फिर उसने उदारतापूर्वक स्वीकार करते हुए कहा, 'मुक़ाबला बराबर रहा।'

इंद्राणी ने हामी भरी। 'बहुत नज़दीकी मुक़ाबला था'। वह अपनी लंबी घनी चोटी को कंधे के ऊपर से झटककर अंतिम कुछ गज़ की चढ़ाई को देखने लगी। 'क्या हम अब चोटी तक दौड़ लगाएँ? मैं शर्त लगाती हूँ कि मैं पहले पहुँच जाऊँगी।'

'अब कोई दौड़ नहीं,' सुदास ने झटपट उत्तर दिया। 'हमें गुरु वशिष्ठ की तपस्या में विघ्न नहीं डालना चाहिए।'

दोनों ने बिल्कुल सुदेवी की तरह, गंभीर अंदाज़ में हामी भर दी। उसने मुस्कुराकर दोनों के सिर पर स्नेहपूर्वक हाथ फिराया। आह, घर में बच्चों का होना कितना सुखद होता है!

वे वहाँ से आगे चलने ही वाले थे कि तभी उसे अपने हाथ पर गर्माहट महसूस हुई। उसने मुड़कर देखा कि उत्तरपूर्वी पर्वतों पर फैला कुहासा छँट रहा था और उसमें से सूर्योदय का प्रकाश बाहर आ रहा था।

'ठहरो, हम एक क्षण के लिए यहाँ रुककर सूर्यदेव की गर्माहट लेकर फिर चलेंगे।'

वे एक चट्टान पर बैठ गए जो असंख्य बार वर्षाजल की बूंदों और हिमपात से चिकनी हो गई थी। वैसे तो सूर्योदय लगभग दो घंटे पूर्व हो चुका था किंतु धुंध के आवरण के कारण अब तक दिखाई नहीं दिया था। शिवालिक प्रकाशित हो रहा था। उसने दोनों ओर बैठे अपने पुत्र और पुत्री को देखा। उसकी पत्नी के समान उनके चेहरे, जो इस समय ऊपर को उठे हुए थे, शुद्ध निर्मल प्रकाश से चमक रहे थे। उसे लगा आज का दिन अच्छा है। कोई भी ऐसा दिन, जब व्यक्ति इतना स्नेहिल महसूस करे, बहुत अच्छा होता है।

उसने पीछे मुड़कर देखा कि दक्षिण-पश्चिम दिशा से तूफ़ानी बादल निकट आ रहे थे। ऐसा लग रहा था कि वर्षा हो सकती है, बल्कि मूसलाधार वर्षा की संभावना थी। तो, हो जाए! तूफ़ान, बिजली तथा वर्षा के देवता, इंद्र तो उनके पवित्र पूर्वज और कुलदेवता हैं और यदि वे तृत्सुओं को डाँटना अथवा भिगोना चाहते हैं, तो यह उनका अधिकार है।

इसके अलावा, अतिरिक्त वर्षा नदियों के लिए अच्छी होगी और वे जो तालाब व कुंड बना रहे थे, वह भी मूसलाधार वर्षा पर निर्भर थे। जितनी अधिक हो, उतना ही अच्छा! अंत में तो यह सब इंद्रदेव का ही आशीर्वाद था।

आज जो भी हो, पर दिन अच्छा बीतने वाला है। उसे ऐसी कोई बात महसूस नहीं हुई जिससे उसके इस विश्वास में कमी आती।

7

गुरु वशिष्ठ अकेले नहीं थे। सुदास और उसके बच्चे अभी शिखर से कुछ गज़ की दूरी पर ही थे जब उन्हें वहाँ कुछ आवाज़ें सुनाई पड़ीं - एक स्वर शुष्क व क्रोध भरा था तथा दूसरा शांत व संतुलित। शिखर पर वायु के तेज़ प्रवाह के कारण अधिकतर स्वर स्पष्ट नहीं सुनाई दे रहे थे, इसलिए किसी भी प्रकार का स्वर सुनाई देने मात्र से ही वहाँ व्याप्त आवेश के संकेत मिल रहे थे।

इंद्राणी और इंद्रौत ने बार-बार शिखर की ओर देखा और फिर उत्सुकतावश एक-दूसरे को देखने लगे, किंतु दोनों में से किसी ने भी अपने पिता से कोई प्रश्न नहीं किया। वे इससे पहले भी पुरुषों के बीच तर्क-वितर्क सुन चुके थे, विशेषकर इन दो पुरुषों के बीच।

उत्तुंग शिखर, वृद्धावस्था की ओर अग्रसर हो रहे किसी पुरुष के गंजे सिर जैसा दिखता था। जल एवं हिमपात के कारण चट्टानों के घिसने से शिखर पर एक हलका-सा गड्ढा बन गया था। यह शायद असंख्य शरद् ऋतुओं का परिणाम था। सुदास एवं उसके बच्चे इस पथरीली जगह पर पहुँच गए और फिर ढलावदार किनारे पर पैर रखकर एक चिकने पत्थर की समतल सतह पर जा पहुँचे। इस सतह के किनारे का ढलाव अंदर की ओर था। यह ढलाव मात्र इतना था कि उसके बीच में जल एकत्रित हो सकता था, किंतु यह इतना अधिक भी नहीं था कि इससे चलने में कठिनाई हो। यदि तृत्सु चाहते तो यह दुर्ग-निर्माण के लिए आदर्श स्थान था। वह जानता था कि उसके पूर्वजों ने पिछले कई दशकों में इस मामले पर अनेक बार विचार भी किया था।

लेकिन, इसका लाभ क्या है? उत्तुंग का सर्वश्रेष्ठ नज़ारा तृत्सु क्षेत्र का दक्षिणी छोर था, जहाँ उपमहाद्वीप के वह सभ्य क्षेत्र थे जिनमें सहयोगी कबीलों का निवास था। उनके साथ मित्रता नहीं थी, किंतु वे विरोधी भी नहीं थे; वे तटस्थ रहते थे अथवा दूरी बनाकर रखते थे। दक्षिण या दक्षिण-पूर्व अथवा दक्षिण-पश्चिम दिशा से कोई खतरा नहीं था।

वास्तविक खतरे की संभावना मात्र उत्तर तथा पश्चिम दिशा से थी। वहाँ की विदेशी भूमि से म्लेच्छ आ सकते थे, जो अत्यंत बर्बर हमलावर थे। उत्तुंग यदि तृत्सु क्षेत्र के उत्तरी छोर पर होता तो, उसके पिता अथवा पूर्वजों ने निश्चित रूप से इस शिखर पर दुर्ग-निर्माण के लिए प्रयास किए होते। यद्यपि, अपने वर्तमान स्थान के कारण, वह मनोरंजन की जगह में बदलकर रह जाता, और तृत्सु स्वार्थपरक मनोरंजन में लिप्त नहीं होते थे। वे रक्षक थे और उनके ऊपर अपने कबीले, अपने कुल तथा गाँवों की रक्षा और अपने सहयोगियों की मातृभूमि को विदेशी हमलावरों से बचाने का दायित्व था। वे अमीर लोगों की भांति आलसी नहीं थे तथा निष्क्रिय रहकर अपना समय व्यर्थ नहीं करते थे।

इसलिये यह बहुत समय पूर्व ही घोषित किया जा चुका था कि उत्तुंग शिखर इंद्र को दे दिया जाएगा। उत्तुंग शिखर के ऊपर स्थित गड्ढे के बीच में खड़ा वह पत्थर का ढाँचा देवता का प्रतीक था।

वह अब अपने बच्चों के साथ इसी ढाँचे की ओर बढ़ रहा था।

भगवान इंद्र तृत्सु भारत जाति के कुल देवता थे। उन्हें समर्पित किसी भी स्थान को उनके दिए उपहारों अर्थात वर्षा, बिजली, वायु तथा तूफ़ान से बचाकर या ढँककर नहीं रखा जाता था और उन्हें खुला छोड़ दिया जाता था। उत्तुंग शिखर पर वह ढाँचा उसी पर्वत के ग्रेनाइट पत्थर को काटकर बनाया गया था और वह यज्ञ-वेदी की भांति ऊपर से खुला हुआ था, जिसके बीच में अग्नि के लिए एक यज्ञ-चौखट थी तथा कुल के कृतध्वज हेतु कुछ लंबी सलाखें रखी हुई थीं।

यह अग्नि का उद्गम-स्थल था।

इसी पावन स्थल पर तृत्सु कबीले और भारत वंश के गुरू सामान्यतः पवित्र अग्नि को प्रज्ज्वलित रखते थे।

ब्रह्मर्षि वशिष्ठ, जो सुदास के परिवार तथा उसके कबीले के संरक्षक गुरु, उसके निकटतम सलाहकार एवं मार्गदर्शक, उसके पूर्वजों और उसके बच्चों के परामर्शदाता तथा सभी प्रमुख अनुष्ठानों और यज्ञादि के निरीक्षक थे, अपना अधिकांश समय इसी स्थान पर हवादार एकांत वातावरण में ध्यान करते बिताते थे। उस दिन, उस समय पर, सुदास ने सोचा था कि उसके गुरुदेव अकेले होंगे और पद्मासन में ध्यान लगाकर बैठे होंगे अथवा तृत्सुओं द्वारा किए जाने वाले महत्त्वपूर्ण परिवर्तन के विषय में विचार कर रहे होंगे।

यद्यपि, जैसा कि वह पहले ही सुन चुका था, गुरुदेव वहाँ अकेले नहीं थे और न ही वह ध्यान में लीन थे।

वहाँ इंद्र के पवित्र स्थल पर, गेरुआ वस्त्र पहने, एक नहीं, दो ब्राह्मण थे। दोनों ही ऊँचे क़द के थे; एक सुदास जितने ऊँचे और दूसरे उनसे भी ऊँचे, भयानक रूपधारी, बिल्कुल जैसे कोई ब्राह्मण वेश में राज-क्षत्रिय। अधिक ऊँचे क़द वाले ब्रह्मर्षि विश्वामित्र थे; उन्हें देखकर सुदास को प्रसन्नता नहीं हुई। यदि उसे विश्वामित्र की उपस्थिति का पता होता तो वह अपने बच्चों को लेकर वहाँ नहीं आता।

वहाँ आते समय जो तेज़ स्वर उन्होंने सुना था, वह विश्वामित्र का ही था। उनका स्वर प्रायः ऐसा ही रहता था। उस भूतपूर्व क्षत्रिय-राजा का व्यक्तित्व अत्यंत प्रभावशाली था तथा उन्हें सभी मामलों में अपनी बात मनवाने की आदत थी। जब वह राजा थे, तब उन्होंने निरंतर इतने युद्ध लड़े कि उनके शत्रुओं ने उनकी अदम्य महत्त्वाकांक्षा को निष्फल करने के उद्देश्य से विरोधी शक्तियों के साथ मिलकर उन्हें पराजित करने का प्रयास किया। राज-पाट त्याग देने और साधना का जीवन अपनाने के बाद भी, आध्यात्मिक लक्ष्यों की प्राप्ति हेतु उनके युद्ध-जैसे तरीक़े जारी रहे। ऐसा कहा जाता था कि स्वयं भगवान ब्रह्मा भी विश्वामित्र की

किसी इच्छा को मना करने में संकोच करते थे क्योंकि उन्हें डर रहता था, कहीं विश्वामित्र उन्हें शाप न दे दें। उनकी ख्याति उनसे पहले पहुँच जाती थी और संसार का प्रत्येक राजा, मुखिया या क्षत्रिय उस दिन की प्रतीक्षा करता रहता था जब विश्वामित्र उसके द्वार पर पहुँचकर उससे गुरु-दक्षिणा की माँग करेंगे, जो ऐसा ऋण है जिसे क्षत्रिय वर्ण के प्रत्येक सदस्य को ब्राह्मण वर्ण को देना पड़ता था। यह एक शिष्य का गुरु के प्रति ऋण होता है जिसे मना नहीं किया जा सकता, चाहे ऋण चुकाने के लिए वह क्षत्रिय दिवालिया हो जाए, उसका सर्वनाश हो जाए अथवा उसके प्राण चले जाएँ।

लेकिन, यदि कोई एकमात्र ऐसा व्यक्ति था, जिसे विश्वामित्र को न तो कोई ऋण देना था और न ही जो उनकी ज़बरदस्त इच्छाशक्ति तथा कीर्ति से भयभीत होता था, तो वह थे ब्रह्मर्षि वशिष्ठ। यदि कोई ऐसा व्यक्ति था जो विश्वामित्र का सामना कर सकता था और उनकी इच्छा का विरोध कर उनकी माँग को अस्वीकार कर सकता था, तो वह थे उनके वरिष्ठ सप्तर्षि गुरु वशिष्ठ। दोनों महान ब्राह्मणों के झगड़े का पुराना इतिहास था और आंशिक रूप से इसी झगड़े के कारण सुदास के पूर्वजों ने वशिष्ठ को अपना गुरु स्वीकार किया था जबकि विश्वामित्र समस्त भारत वंश के गुरु थे।

विश्वामित्र के क्रुद्ध चेहरे और उत्तुंग पर्वत पर वशिष्ठ से चल रहे उनके विवाद को देखते हुए यह निश्चित था कि उनकी पुरानी लड़ाई का शत्रुता-भरा नया दौर फिर से आरंभ होने वाला था।

8

'पुनः विचार कर लो,' विश्वामित्र बोल रहे थे, 'एक बार पुनः अपने विवेक का उपयोग कर लो।' ब्रह्मर्षि के चेहरे पर उभरती तनाव की सख़्त रेखाएँ तथा उनके स्वर की उग्रता उस व्यक्ति की बातों में उसके योद्धा-स्वभाव का परिचय दे रही थीं।

सुदास अपने बच्चों के साथ उस स्थान के किनारे पर ही रुक गया। उत्तुंग के शिखर पर हवा का प्रवाह बहुत तेज़ था और बोले गए शब्द मुख से बाहर आते ही बिखर जाते थे, फिर भी, विश्वामित्र के शब्द सुदास को स्पष्ट सुनाई दे रहे थे। वह नहीं चाहता था कि उसके पुत्र और पुत्री को यह दुर्भाग्यपूर्ण क्षण देखना पड़े।

गुरु वशिष्ठ ने अपनी चिर-परिचित शांत योगिक शैली में उत्तर दिया, 'तृत्सु भारत के लोग धार्मिक रूप से सदाचारी हैं। उनका गुरु होने के नाते, मैं उनका साथ दूँगा चाहे किसी के भी विरोध का सामना करने पड़े। यही मेरा धर्म है।'

हवा के झोंके से विश्वामित्र की दाढ़ी के बाल उड़ रहे थे किंतु उससे उनके उग्र तथा अनियंत्रित क्रोध का आभास मिल रहा था। ब्रह्मर्षि के कुख्यात क्रोध को ध्यान में रखते हुए ऐसा आभास मिलना तर्कसंगत था। बात करते-करते उनके नेत्रों के प्रकोप और थर्राती हुई आवाज़ से उनका अनिष्ट-सूचक सुर मेल खा रहा था।

'तुम संकट-भरे मार्ग पर चल रहे हो, वशिष्ठ। यह सुनसान और जोखिम-भरा मार्ग है और यदि तुम ऐसे ही अड़े रहोगे तो तुम जल्द ही

तृत्सुओं को नदी के तल में धकेल दोगे जहाँ उनकी हड्डियाँ, नदी के कछुए खा जाएँगे तथा वे अंतिम संस्कार व शोक के अभाव में ही नदी के जल के साथ विसर्जित हो जाएँगी।'

वशिष्ठ ने विश्वामित्र की प्रबलता और चेतावनी की चिंता किए बिना अपना सिर ज़रा-सा घुमाकर उत्तर दिशा में तृत्सु नगर की ओर देखा।

'अंत में मृत्यु सभी को आती है विश्वामित्र। मेरे भूतपूर्व शिष्य होने के नाते तुम यह बात भली-भांति जानते हो। मैंने तुम्हें तारक मंत्र सिखाया था और उसकी महिमा भी बताई थी। एक दिन हम सभी को यह भव-सागर पार करना है। इससे कोई कोई अंतर नहीं पड़ता कि हम उस पार पहुँच पाते हैं अथवा बीच पानी में बह जाते हैं। संस्कार होना, दफ़नाया जाना, पेड़ से लटकाए जाना, सूखे कुएँ में फेंका जाना, टुकड़े कर दिया जाना, भेड़ियों द्वारा खा लिया जाना... यम द्वारा हमारा यह नश्वर शरीर विभिन्न प्रकार से ले जाया जाता है, किंतु अंत सबका एक समान होता है। अच्छा यही है कि हम विषमताओं अथवा परिणामों की चिंता किए बिना अपनी क्षमतानुसार अपने दायित्वों को निभाएँ। स्वयं अपने ही आदर्श और विश्वास को भ्रष्ट करके लंबा जीवन जीने की अपेक्षा उन आदर्शों के लिए लड़ते हुए मर जाना बेहतर होता है। अपने सिद्धांतों की पराजय की कीमत पर मिली हुई विजय खोखली होती है!'

विश्वामित्र ने किसी क्रुद्ध पशु की भांति कुछ ऐसी आवाज़ निकाली कि सुदास आगे बढ़ गया। उसे लगा कि विश्वामित्र अपने से ज्येष्ठ ब्रह्मर्षि पर हमला करने वाले थे। वह समय रहते रुक गया जब उसे एहसास हुआ कि वह मात्र घृणा का स्वर था।

'वशिष्ठ, तुम्हारा यह श्रेष्ठ यौगिक अंतर्ज्ञान इस मामले में व्यर्थ है। यह युद्ध सिद्धांतों, मूल्यों या तुम्हारे मूल्यवान धर्म का युद्ध नहीं, अपितु विरोधी लक्ष्यों की प्राप्ति हेतु अत्यंत वास्तविक तथा व्यवहारिक युद्ध है! तुम तृत्सुओं से बात-चीत करके या तो उन्हें तर्कपूर्ण ढंग से समझाओ अन्यथा उनका विनाश निश्चित है। मैंने तुम्हारी ज्ञान की बातें बहुत सुन

लीं। अब मेरे प्रश्न का उत्तर दो : तुम तृत्सुओं को परामर्श द्वारा इस मामले को समझने का और उनके गुरु होने का अपना दायित्व निभाओगे अथवा नहीं?'

वशिष्ठ ने मुस्कुराकर कहा, 'मैं अपना दायित्व निभा रहा हूँ। केवल तृत्सु ही तो हैं जो इस मामले को ठीक से समझते हैं। सुदास मूर्ख नहीं है जो मात्र तुम्हारी इच्छापूर्ति हेतु अपने पूर्वजों द्वारा की गई संधि तोड़ देगा। वह अपने धर्म का पालन करेगा और निश्चित ही, ऐसा करने के मेरे आग्रह को स्वीकार नहीं करेगा। जो कार्य तुम मुझे सौंप रहे हो, वह मेरा नहीं है।'

विश्वामित्र ने आवेश से वशिष्ठ को देखा। 'फिर भी उस पर तुम्हारा बहुत प्रभाव है। वह तुम्हारे परामर्श को अवश्य मानेगा। वह तुम्हारे विवेक को अनदेखा नहीं कर सकता। तुम गुरु हो उसके!'

'हाँ, और उसका गुरु होने के नाते मुझे उसे वही परामर्श देना चाहिए जिसमें उसका भला हो। तुम जो मुझे कहने के लिए बोल रहे हो, वह विवेक नहीं, मूर्खता है।'

'क्या एक व्यक्ति, परिवार व जाति के रूप में जीवित रहना मूर्खता है? क्या धन, संपत्ति और शक्ति अस्वीकार करना मूर्खता है? क्या विषमताओं की घड़ी में जीवित रहने के लिए कुछ करना मूर्खता है?'

सुदास जब से उन दोनों झगड़ते हुए ब्रह्मर्षियों को सुन रहा था, तब से पहली बार उसने विश्वामित्र के स्वर को धीमा और कोमल होते सुना था। उनके स्वर में विशुद्ध स्नेह था, ऐसा सम्मान जो एक कनिष्ठ ब्राह्मण को अपने से ज्येष्ठ ब्राह्मण - स्वयं के गुरु - से बात करते हुए शोभा देता है। सुदास को यह सुनकर अच्छा लगा। अंततः शायद कोई समाधान निकलने वाला था।

'वशिष्ठ,' विश्वामित्र ने अपने स्वर को अधिक विनम्र करते हुए कहा, 'मैं तुमसे प्रार्थना करता हूँ। निश्चित तौर पर तुम जानते हो कि वास्तव में, मेरी चेतावनी को अनसुना करना मूर्खता है, समझौता न

करके तुम अपनी पराजय को अनुग्रहपूर्वक स्वीकार कर रहे हो, अपने समस्त प्रियजनों के विनाश एवं संपूर्ण जाति व कुल के संहार का ख़तरा मोल ले रहे हो। अभी भी समय है। सुदास से बात करो। उसे समझाओ। दुनिया बदल रही है। पुरानी मान्यताएँ समाप्त हो गई हैं और बेमतलब होती जा रही हैं। धर्मयुग बीत चुका है। वर्तमान युग, संपत्ति एवं सत्ता का युग है। यह युद्ध का युग है। इसमें जीवित रहने के लिए मनुष्य को शक्तिशाली होना चाहिए। एक मुखिया को वही करना चाहिए जिसमें उसके लोगों की भलाई हो। एक राजा को विवेक से काम लेना चाहिए और जो उपयुक्त हो, वही करना चाहिए। परिस्थितियाँ आज आत्म-चिंतन और परिवर्तन चाहती हैं।'

विश्वामित्र मुड़े। उन्होंने लंबे डग भरते हुए अपने और वशिष्ठ के बीच दूरी बना ली। फिर वह उस स्थान के सिरे पर रुके और अपने हाथ फैला दिए। उनके हाथ में एक लंबा दंड रहता था जिसे लेकर वह अपनी अस्वाभाविक पहुँच को विस्तार देते हुए पाँच नदियों वाले उस राज्य की लंबाई व चौड़ाई को नापते घूमते थे। वायु-प्रवाह और तेज़ हो गया था जिसने उनके अनिष्ट-सूचक स्वर में भयानक संभावना को जोड़ दिया था।

'कलियुग अब निकट है। इस युग में केवल लोहे की भाषा बोलने वाले लोग ही जीवित बचेंगे एवं समृद्ध हो पाएँगे। लोहे का कोई धर्म नहीं होता। वह माँस को चीरकर हड्डियों को चकनाचूर कर देता है। माँस तथा हड्डियों के अभाव में धर्म तो क्या, उसका स्वप्न भी नहीं बच सकता। समय बदल रहा है। पाँच नदियों वाला यह उपजाऊ प्रदेश समृद्धि का खज़ाना है, जिसे अनेक लौह-पुरुष लूटने के लिए बेचैन हैं। जो उनके सहयोगी बन जाएँगे, वे अपना हिस्सा ले जाएँगे और जो मूर्खतावश उनका विरोध करेंगे, वे इससे अलग हो जाएँगे। कथित सत्ता की तलवार धारण करने वाले राज करेंगे, वे इस पृथ्वी और इसमें मौजूद समस्त संपदा के सम्राट होंगे। प्रत्येक वह वस्तु, जिसे वे चाहेंगे, उनकी हो जाएगी और कोई उन्हें मना करने का साहस नहीं कर सकेगा।'

विश्वामित्र मुड़े और उन्होंने अपने दंड को वशिष्ठ की ओर तानते हुए पूछा, 'तुम हमारे साथ हो अथवा विरुद्ध?'

9

वशिष्ठ जैसे खड़े थे, वैसे ही खड़े रहे; उन्होंने न तो आँखें और न ही सिर घुमाकर विश्वामित्र की ओर देखा। तत्पश्चात, उन्होंने मुड़कर दूसरे ब्रह्मर्षि की ओर देखा और सुदास उस प्राचीन मुख पर मुस्कान देखकर स्तब्ध रह गया। वह मुस्कान सौम्य थी, लगभग नटखट, बिल्कुल ऐसी जैसी वह इंद्राणी और इंद्रौत के चेहरे पर देखने की अपेक्षा रखता था। गुरु वशिष्ठ जैसे विख्यात मार्गदर्शक के विद्वान व वृद्ध चेहरे पर ऐसी मुस्कुराहट आश्चर्यपूर्ण होने के साथ सुखदायी एवं आश्वस्त करने वाली भी थी। उनकी उस मुस्कान ने जिस कपटरहित सहजता से दूसरे ब्रह्मर्षि की तूफ़ानी प्रचंडता का सामना किया था, वह सचमुच बहुत उत्साहवर्धक थी। धीरे-धीरे वह मुस्कान फीकी पड़ गई और उसकी जगह दुखद एवं विवेकपूर्ण मुद्रा ने ले ली, जिसमें कुछ अनिष्ट होने की गंध थी और कुछ ऐसा था जो विश्वामित्र के उग्र भाषण से भी अधिक भयानक था।

'जो लोग संसार को पक्ष तथा विपक्ष के दो गुटों में बाँट देते हैं...' वशिष्ठ ने सदैव की तरह अपने शांत स्वर में बोलना आरंभ किया। शिखर पर तेज़ गति से बहती वायु के बावजूद उनका स्वर स्पष्ट सुनाई दे रहा था। सुदास समझ नहीं पाया कि ऐसा कैसे संभव था क्योंकि विश्वामित्र भी उसी प्रचंड वायु के बीच बोल रहे थे किंतु उन्हें चिल्लाकर अपनी बात कहनी पड़ रही थी। वशिष्ठ सामान्य रूप से ही बोल रहे थे मानो वह वायु-प्रभावित पर्वत-शिखर पर न खड़े होकर पत्थर के किसी शांत मंदिर में खड़े हों। सुदास को उनका बोला हुआ प्रत्येक शब्द मंदिर की घंटी के स्वर के समान एकदम स्पष्ट सुनाई दे रहा था।

वशिष्ठ ने मैत्री की दिशा में बढ़ने का प्रयास करते हुए अपने वक्तव्य को बदलकर फिर से कहा, 'जो लोग विश्व को उनमें और हम में, तुम में और मुझमें, तृत्सु और भारतों में, आर्यों और म्लेच्छों में, गहरे और हलके में, सबल और निर्बल में, ब्राह्मण और क्षत्रिय में, पुरुष तथा स्त्री में, दो पैर और चार पैर वाले प्राणियों में, दायें हाथ वालों और बायें हाथ वालों में विभाजित करते हैं... जो मूर्ख लोग यह सोचते हैं कि पृथ्वी-माता के गर्भ-रूपी वाहन में बैठे हम सभी लोग, जो विश्व के इस महान गाँव में रहते हैं, भिन्न हैं और अपने अस्तित्व हेतु परस्पर एक-दूसरे पर निर्भर नहीं हैं, और जो लोग मानते हैं कि आपस में झगड़ना आवश्यक ही नहीं, बल्कि ज़रूरी भी है और वे यह नहीं देख पाते कि वास्तव में हम स्वयं से लड़ रहे हैं, उन लोगों को यह बात समझ में नहीं आती कि जिन संसाधनों के लिए हम झगड़ रहे हैं, वे पहले से ही हम सबके लिए हैं और हमें मिलकर इनका उपभोग, संरक्षण तथा नवीनीकरण करना चाहिए। वह यह भी नहीं समझ पाते कि एक-दूसरे के विरुद्ध युद्ध करके हम अपने ही गाँव को अर्थात् जिस वाहन में अस्तित्व के अनंत कारवाँ के हम सब सह-यात्री सवार हैं, तहस-नहस कर रहे हैं। जो लोग अपने मवेशियों पर अपना कोई निशान लगा देते हैं जैसे अपनी गाय की चमड़ी को जलाकर उस पर कोई चिह्न बना देने से वह हमारी गाय हो जाती है और हमारा भाई उसे अपनी नहीं कह सकता, जो लोग पक्ष में अथवा विरोध में होने की चेतावनी जारी करते हैं...'
फिर वशिष्ठ रुके और ठीक विश्वामित्र की भांति अपने हाथों को उठाकर बोले, 'ऐसे भ्रम में रहकर तुम पहले ही स्वयं अपने विरुद्ध लड़ रहे हो। तुम्हारा युद्ध तुम्हारे अपने भीतर के पागलपन के कारण है। तुम्हारी लड़ाई अपनी ही हठी इच्छाशक्ति से है। तुम्हारा संघर्ष उस दैत्य से है जिसे तुमने स्वयं रचा है और फिर उसे शत्रु मान लिया है, तथापि वह और कुछ नहीं, तुम्हारी अपनी छवि है। तुम इसलिए लड़ते हो क्योंकि तुम लड़ना चाहते हो। तुम लोहे की तलवार इसलिए थामते हो क्योंकि तुम्हें लोहे से प्रेम है, तुम्हें माँस और अस्थियाँ काटना अच्छा लगता है।

तुम्हारे लिए इसका कोई महत्त्व नहीं है कि तुम ऐसा क्यों, कहाँ, कब या किसके साथ करते हो। तुम्हारे लिए यदि किसी वस्तु का महत्त्व है तो वह युद्ध की लालसा और सत्ता की चाहत और उनके प्रति घृणा है जो अकेले खड़े रहते हैं और इच्छापूर्ति की राह पर तुम्हें आगे बढ़ने से रोकते हैं। तो जाओ, अपने सैनिकों को एकत्रित करो। जाओ और उन्हें बलपूर्वक जोश दिलाओ। जाओ, अपने श्वेत मवेशी तैयार करो। ऐसी धमकियाँ शेर से टकराकर बहती हवा से अधिक कुछ नहीं। तुम उसके बालों को थोड़ा-सा हिला सकते हो पर उसे झुका नहीं सकते। अंततः संसार में परिवर्तन आएगा किंतु इसमें से विजयी होकर वह निकलेगा जो इस पृथ्वी द्वारा प्रदत्त आहार तथा जीवन-उपहार को अपने हृदय से लगाएगा और उसकी ठीक वैसे देख-भाल करेगा जैसे माली अपने उद्यान की देख-रेख करता है। तलवारों में ज़ंग लग जाएगा, कुल्हाड़ियों की धार मिट जाएँगी, किंतु पृथ्वी यह सब झेल जाएगी और जो प्रेम से इसे गले लगाएगा, केवल वही यह सब सह पाएगा। यहाँ से चले जाओ, विषैली ज़बान वाले विश्वामित्र! अपने विषैले शब्द भी अपने साथ ले जाओ! तृत्सु लोग, यहाँ धर्म के साथ अपने पूर्वजों की भूमि पर इंद्र और वरुण की शरण में रहते हैं। वे हज़ारों वर्षों तक यहाँ रहते रहेंगे। न तो तुम और न तुम्हारे लोहे की जीभ वाले षड़यंत्रकारी लोग उन्हें यहाँ से हटा सकेंगे। मैं, वशिष्ठ, यह घोषणा करता हूँ।'

विश्वामित्र ने ज्येष्ठ ब्रह्मर्षि की ओर देखा और दोनों तपस्वी आँखों में आँखें डालकर एक-दूसरे को अनंतकाल तक चल सकने वाले दृढ़-संकल्प से देखते रहे। दोनों में से कोई न हिला और न ही किसी ने पलक झपकी।

तत्पश्चात् अपनी आयु और वर्ण को झुठलाने वाली शीघ्रता तथा शक्ति के साथ विश्वामित्र ने अपना दंड ऊपर उठाया और फिर ज़ोर से उसे नीचे पत्थर पर दे मारा। पत्थर चटक गया। सुदास ने देखा कि जहाँ दंड मारा गया था, वहाँ से मकड़ी के जाले-सी बारीक तरंगे बाहर की ओर निकलीं और जब ब्रह्मर्षि ने अपना दंड दोबारा उठाया तो उसने

देखा कि दंड के प्रहार से ज़मीन में छोटा-सा गड्ढा हो गया था। हालांकि वह दंड उत्तरी क्षेत्र के लाल रंग के प्रसिद्ध लौह-काठ पत्थर का बना हुआ था, फिर भी वह दंड कितना शक्तिशाली था कि उसके प्रहार से चट्टान का पत्थर टूट गया? और ब्रह्मर्षि स्वयं कितने शक्तिशाली थे?

इतनी देर तक सुदास ने अपने हाथ बच्चों के कंधों पर ही रखे हुए थे ताकि वे भागकर अपने गुरु के पास न चले जाएँ और साथ ही, वह उन्हें अपनी उपस्थिति के प्रति भी आश्वस्त करना चाहता था। विवाद तेज़ होने की स्थिति में वह उनके भीतर के तनाव को महसूस कर रहा था। दो वयस्कों को बहस करते देखना सुखद नहीं होता, और ऐसे दो गुरुओं को, जो उनकी जाति एवं मान्यताओं के निर्देशक थे और अपने-आप में अति-उन्नत, विवेकी व बुद्धिमान थे, ऐसा करते देखना बहुत अशांतिकारक था। सुदास स्वयं भी उस विवाद को देखकर विचलित हो गया था, हालांकि उसे न तो इसका अर्थ समझ में आया और न ही उसे यह पता था कि विवाद किस बात पर हो रहा था। फिर भी उसके मन में कुछ विचार अवश्य था - विश्वामित्र और वशिष्ठ के बीच यह प्रतिद्वंद्विता बहुत पुरानी थी और इसे वह अपने जन्म के समय से देखता आ रहा था। इसके अतिरिक्त, वह राजनीति एवं अधिकार के उस जटिल ताने-बाने को भी समझता था, जिसका प्रतिनिधित्व दोनों तपस्वी करते थे, इसलिए इस विवाद से उसे अधिक आश्चर्य नहीं हुआ। उसके बच्चों के लिए, जिन्हें उच्चतम ज्ञान व तपस्वियों के विवेक का सम्मान करने और गुरु - जिसे ईश्वर से कम नहीं समझा जाता - को 'देव' कहकर संबोधित करने की शिक्षा दी गई थी, वह विवाद बेहद अशांत करने वाला था। उसे लगा कि दबाए गए क्रोध और आवेश के कारण उनके शरीर काँप रहे थे। उसने पुनः उन्हें आश्वस्त करने हेतु उनके कंधों को अपने हाथ से दबाया। किंतु उसे पता था कि दोनों पूजनीय गुरुओं के बीच लगभग हाथापाई की स्थिति आने तक हुई उस उग्र लड़ाई और फिर विश्वामित्र को उनके कबीले के सबसे पवित्र अग्नि-स्थल पर दंड मारकर उसे अपवित्र करते हुए देखकर, बच्चों के मन पर लगे आघात को कम

करना संभव नहीं था।

जैसे ही विश्वामित्र पर्वत से नीचे जाने वाले पथरीले मार्ग से उतरने के लिए उनकी ओर बढ़े, सुदास ने देखा कि इंद्रौत उसकी पकड़ से छूटकर भागा और तपस्वी का मार्ग रोककर खड़ा हो गया।

10

इंद्रौत ने अब तक जो कुछ देखा व सुना था, उससे उत्तेजित होकर वह चिल्लाया, 'गुरुदेव! आप ऐसा क्यों करते हैं? हम आपके ही लोग हैं। आप हमारे गुरु हैं। हमारी रक्षा और हमारा मार्गदर्शन करना आपका कर्तव्य है! इस प्रकार क्रोध करके मत जाइए।'

विश्वामित्र ने अपना मार्ग रोककर खड़े बालक को देखा। उनके चेहरे पर आए भाव को सुदास न समझ पाया और न ही उसे कोई नाम दे सका। वह भाव क्रोध से परे था, जैसे युद्ध के उन्माद में जकड़ा कोई योद्धा कठोर दृष्टि से सौ-योजन दूर तक घूरता है। हाथ में पकड़ा दंड भी किसी तलवार या भाले-सा घातक लग रहा था। उनके पीछे यदि एक हज़ार कवचधारी घुड़सवार भी होते तो भी शायद वह इतने विचित्र और ख़तरनाक न लगते जितने अभी लग रहे थे।

बिना कुछ बोले, वह लंबे डग भरते हुए नन्हें इंद्रौत की ओर बढ़ने लगे।

उस दृश्य को देखकर सुदास को लगा जैसे कोई गेंडा किसी नन्हे हिरन पर आक्रमण करने के लिए उसकी ओर आ रहा हो, अंतर सिर्फ़ इतना था कि ऐसी स्थिति में वह हिरन अपनी जान बचाकर वहाँ से तेज़ी से भाग जाता।

लेकिन इंद्रौत अपने स्थान पर खड़ा रहा।

बालक ने ज़ोर से किंतु स्पष्ट और विनतीपूर्ण स्वर में कहा, 'गुरुदेव!' उसका स्वर धमकी-भरा बिल्कुल नहीं था - वैसे भी ग्यारह

वर्षीय निहत्था बालक विश्वामित्र जैसे शक्तिशाली राज-क्षत्रिय से ब्रह्मर्षि बने व्यक्ति को क्या धमकी देता!

विश्वामित्र तेज़ी से चलते हुए सीधे इंद्रौत की ओर बढ़ रहे थे मानो उसे धक्का देकर पहाड़ से नीचे ही गिरा देंगे।

नन्ही इंद्राणी भी सुदास का हाथ छुड़ाकर तुरंत अपने भाई की सहायता हेतु आगे पहुँच गई। अपने भाई की प्रार्थना में अपना निवेदन मिलाते हुए वह चिल्लाई, 'गुरुदेव!'

तभी सुदास फुर्ती से आगे बढ़ा और नीचे झुककर उसने अपने पुत्र को ऋषि के मार्ग से हटा लिया। उसे लेकर वह तत्काल वहाँ से पीछे हट गया और तभी विश्वामित्र ठीक उसी स्थान से गुज़र गए जहाँ पर क्षण-भर पूर्व नन्हा इंद्रौत खड़ा था। उसने इंद्रौत को धीरे-से दोबारा ज़मीन पर खड़ा कर दिया और मुड़कर उस पवित्र अग्नि-स्थल से उतरकर नीचे जाते हुए ब्रह्मर्षि को उनके ओझल हो जाने तक देखता रहा। उसने नन्ही इंद्राणी की कलाई को थामा और अपने निकट कर लिया। इंद्राणी ने अपने भाई को कसकर गले से लगा लिया।

'इंद्रौत, मुझे लगा वह तुम्हें मार ही डालेंगे!' वह बोली।

दोनों भाई-बहन अग्नि-स्थल के पास एक पत्थर पर बैठकर एक-दूसरे को सांत्वना देने लगे।

दोनों को यह आश्वासन देकर कि वे सुरक्षित हैं, सुदास ने मुड़कर ब्रह्मर्षि वशिष्ठ की ओर देखा।

वशिष्ठ उस दिशा में देख रहे थे जिस दिशा में विश्वामित्र गए थे। उनके चिंताग्रस्त चेहरे पर अनंत उदासी का भाव था। ऐसा भाव सुदास को उनके वृद्ध चेहरे पर प्रायः देखने को नहीं मिलता था। वशिष्ठ के चेहरे पर अंकित अधिकतर रेखाएँ उदासी की न होकर मनोरंजन एवं प्रसन्नता की होती थीं।

उसने अपने गुरु को उचित मुद्रा एवं स्वर में संबोधित किया,

'गुरुदेव, गुरु विश्वामित्र के यहाँ आने का मंतव्य क्या था? आप दोनों किस बात पर इतनी उग्रतापूर्वक बहस कर रहे थे? ऐसा लग रहा था कि वह आपसे किसी विशेष बात के लिए मुझे चेतावनी देने को कह रहे थे। वह क्या बात है और वह इतनी महत्त्वपूर्ण क्यों है?'

वशिष्ठ गहरी श्वास भरते हुए अग्नि-स्थल के पास वहीं एक पत्थर पर पैर मोड़कर बैठ गए जहाँ विश्वामित्र ने अपना दंड पटका था। 'वह कह रहे थे कि मैं तुमसे कहूँ कि तुम पुनर्निमार्ण का कार्य आरंभ मत करो।'

सुदास को आश्चर्य हुआ। दोनों गुरुओं के बीच जितनी भी बातें उसने सुनी थीं उनमें ऐसा कुछ सुनने की तो उसने अपेक्षा ही नहीं की थी। 'नगर का पुनर्निर्माण?'

'हाँ,' वशिष्ठ ने उत्तर दिया, 'तुम्हें यह कार्य कल प्रातः काल ही आरंभ करना है क्योंकि यही शुभ मुहूर्त है जो मैंने इस कार्य के आरंभ के लिए निश्चित किया है। विश्वामित्र चाहते हैं कि मैं तुम्हें इस कार्य को योजनानुसार आरंभ न करने दूँ।'

'मैं समझा नहीं,' सुदास ने कहा।

वह सचमुच इस बात को समझा नहीं था।

तृत्सु वर्तमान स्थान के निकट ही अपने नगर का पुनर्निर्माण करने जा रहे थे जो बीते कई दशकों में तैयार की गई नगर-निर्माण योजना के अनुसार होना था। यह कार्य वास्तु-शिल्प, नगर योजना, सड़क-निर्माण, गृह-निर्माण तथा गंदे पानी की निकासी आदि की उत्कृष्ट तकनीकों के प्रयोग से किया जाना था। संक्षेप में, यह मानव मस्तिष्क तथा हाथों से बनाया जाने वाला अब तक का सर्वाधिक आधुनिक नगर होने वाला था। जहाँ एक ओर लकड़ी से बने यह ढाँचे, सुविधाजनक और जाने-पहचाने माने जाते थे, वहीं दूसरी ओर ये ढाँचे, अन्य बाधाओं के अलावा, आग के प्रति अतिसंवेदनशील थे, जो घर में पवित्र अग्नि को सदैव प्रज्ज्वलित रखने वाले लोगों के लिए यथेष्ट ख़तरा था।

नई योजना में दो-मज़िला इमारतों का प्रावधान था जिनमें ऐसी ईंटों का प्रयोग किया गया था जो मिट्टी, पानी और पुआल के नए प्रकार के मिश्रण को विशेष भट्टी में पकाकर तैयार की गई थीं और जिनसे इतनी शक्तिशाली दीवार बनाई जा सकती थी जो कवचधारी हाथी के सीधे प्रहार के अलावा लगभग कुछ भी झेल सकती थी। उत्तर से दक्षिण तथा पूर्व से पश्चिम दिशा की ओर जाते दस गज़ चौड़े मार्गों के निर्माण की भी योजना थी। प्रत्येक घर से - जिनका अपना-अपना निजी शौचालय होगा - जुड़ी भूमिगत नालियाँ होंगी जो सारे नगर की गंदगी को ले जाकर एक उपयुक्त गड्ढे में उँडेल देंगी। इसका उपयोग जैविक गैस बनाने के लिए किया जाएगा और जो आगे अनेक कामों में प्रयोग की जा सकेगी। शेष बचे अपगामी को, अधिकतर वर्तमान जातियों की तरह नदियों में न बहाकर, या तो जला दिया जाएगा अथवा वानस्पतिक उर्वरकों में परिवर्तित कर दिया जाएगा। सामूहिक स्नान-गृहों में नागरिक सामाजिक तौर से आकर्षक वातावरण में नियमित रूप से स्नान कर सकेंगे। इसके फलस्वरूप अंतर-वर्ण एवं अंतर-जातीय संबंधों को नित-प्रतिदिन प्रोत्साहन मिलेगा।

अन्य जातियों से अलग, तृत्सुओं में अन्य वर्ण के लोगों के साथ बात-चीत करना निषिद्ध नहीं था और वे सभी लोगों को समान मानते थे, चाहे वे रूढ़िवादी ज्ञान बाँचने वाले ब्राह्मण हों, लड़ाई एवं हत्या करके अपनी आजीविका चलाने वाले क्षत्रिय, यात्राएँ करके व्यापार करने वाले सौदागर अथवा निम्न कोटि के कार्य करने वाले लोग। नई निकास-व्यवस्था से रोज़मर्रा के जीवन में क्रांति आने की आशा थी - प्रत्येक व्यक्ति अपना शौचालय स्वयं साफ़ कर पाएगा तथा नगर कार्यकर्ता मल को ढोने, उसके रूपांतरण की तथा निकास की व्यवस्था करेंगे। इससे शौच व नालियों की सफ़ाई के लिए अलग से किसी विशिष्ट जाति की आवश्यकता नहीं रहेगी।

'गुरुदेव,' सुदास ने सचमुच विस्मय से कहा, 'हमें पता है कि नए शहर की कल्पना और योजना क्रांतिकारी है किंतु इससे ब्रह्मर्षि विश्वामित्र

को क्या परेशानी है? नगर-सुधार और उसके पुनर्निर्माण की हमारी योजना से वह क्यों क्रुद्ध हो रहे हैं?' कुछ सोचकर उसने जोड़ा : 'क्या उन्हें वर्णों के लोकतंत्रीकरण पर आपत्ति है?'

वशिष्ठ अपना हाथ दरारों में लगे मकड़ी के जाले पर फिरा रहे थे। ऐसा करते-करते वह उसके उद्‌गम तक पहुँच गए, फिर वह अपनी उँगली छिद्र के अंदर डालकर उसे टटोलने लगे। सुदास ने देखा कि गुरु की लंबी पतली उँगली प्रथम जोड़ तक भीतर चली गई और अब दिखाई नहीं दे रही थी। 'यह बात नहीं है, और न ही उन्हें नगर की योजना पर कोई आपत्ति है। दरअसल, उन्हें स्वयं नगर से ही आपत्ति है।'

सुदास अब भी समझ नहीं सका। 'किंतु क्यों? यह योजना तो मेरे दादा के समय में ही बना ली गई थी। मैं तो मात्र इसे क्रियान्वित कर रहा हूँ। इस पर अनेक बार बहस और चर्चा हो चुकी है तथा अनेक बार इसकी जाँच की जा चुकी है क्योंकि यह विषय संपूर्ण जाति से संबंधित है। अंततः राजा के पास अनुमोदन हेतु आने से पूर्व इस पर सभा व समिति में चर्चा और उसके बाद मतदान भी हो चुका है।'

वशिष्ठ ने अपना हाथ आगे बढ़ाते हुए कहा, 'सुदास, कृपया मुझे अपना खंजर दो।'

सुदास ने तुरंत अपनी पेटी पर बँधा खंजर आवरण में से निकालकर उसे पकड़ने वाली जगह की तरफ से अपने गुरु की ओर बढ़ा दिया। 'आप जानते हैं मैं किसकी बात कर रहा हूँ। मैंने एक दिन प्रातः जो स्वप्न देखा था वह कोई राजसी सनक नहीं थी!'

वशिष्ठ मुस्कुराए। 'तुम सत्य कहते हो, सुदास। तृत्सु शासक और उनकी पत्नियाँ स्वार्थी सनक के शिकार नहीं होते। तुम सभी धर्म का सारांश हो।'

सुदास इस बात से पूर्णतः आश्वस्त नहीं था कि तृत्सु जाति का प्रत्येक व्यक्ति प्रताड़ना से ऊपर था और वह स्वयं को भी धर्म का देवता नहीं मानता था, जैसा कि उसे यदा-कदा भजनों और प्रार्थनाओं में दर्शाया

जाता था। उसने पुनः आग्रह किया, 'तो फिर नगर योजना में ऐसा क्या है जिससे गुरु विश्वामित्र रुष्ट हैं?'

वशिष्ठ ने खंजर की नोंक से छिद्र को कुरेदा तो उसमें से पत्थर का चूरा और कंचे के आकार के टुकड़े निकले। छिद्र को और अधिक खोदते हुए उन्होंने उत्तर दिया, 'यह एक दुर्ग है, सुदास। अपने पूर्वजों की भांति तुम भी यह बात जानते हो। ईंटों और पत्थरों का बना यह दुर्ग, बाण, भालों, बरछों सहित और अधिकतर अस्त्र-शस्त्रों के लिए अभेद्य है। एक बार यदि तुम्हारे सैनिक इसके भीतर आ जाएँ तो तुम कई माह तक अपना नगर बचाकर रख सकते हो। मल-निकासी के रख-रखाव तथा बाढ़ की स्थिति से निपटने के लिए सुरंगों का जाल, भूमिगत अनाज-भंडार, जटिल वास्तु-शिल्प की प्रतिभा, निर्माण के लिए प्रयोग में लाई जाने वाली नई प्रकार की ईंटों के साथ यह आधुनिक काल एवं युग का सबसे गहरा रक्षा तंत्र है। एक बार निर्मित होने और आवश्यक भंडार उपलब्ध होने के पश्चात्, तृत्सु कबीले की घेराबंदी करना अथवा उस पर आक्रमण असंभव हो जाएगा।'

सुदास ने धीमे-से हामी भरी। 'हाँ, मैं इससे होने वाले सैन्य लाभ से अवगत हूँ, किंतु इससे किसी अन्य पर क्या प्रभाव पड़ता है? यह रक्षा प्रणाली का हिस्सा है, आक्रमण प्रणाली का नहीं। हम लोग ईंटों की मदद से सुरंगें अथवा मल-निकास तंत्र तैयार करके उनका उपयोग अपने पड़ोसियों पर आक्रमण करने के लिए तो नहीं कर सकते! इसके अतिरिक्त, तृत्सु रक्षकसेना पाँच नदियों के इस संगम-स्थल पर कितने लंबे समय से तैनात है, यह मुझे स्वयं भी याद नहीं। हम अपनी रक्षकसेना हेतु लकड़ी के महल बनवाते हैं अथवा ईंट के घर, इससे हमारे प्रमुख शत्रुओं को छोड़कर किसी और को क्या फ़र्क पड़ता है?'

'तुम्हारे शत्रु ही तो आपत्ति कर रहे हैं, सुदास। वे नहीं चाहते कि तुम अपनी रक्षकसेना के लिए कोई दुर्ग बनवाओ क्योंकि यदि तुमने ऐसा कर लिया तो तुम पर आक्रमण करने का अवसर वे गँवा बैठेंगे। इसीलिए, वे तुम्हारे नगर-निर्माण से पूर्व तुम पर आक्रमण करना चाहते

हैं, क्योंकि अभी तुम असुरक्षित हो।'

वशिष्ठ ने खंजर हाथ में उठाया और अग्नि-स्थल के छिद्र में घुसा दिया। वह मूठ तक भीतर समा गया।

11

'पिताजी!'

इंद्रौत की आवाज़ से सुदास का ध्यान भंग हो गया। उसने देखा कि उसके दोनों बच्चे उस स्थान के छोर पर खड़े दक्षिण दिशा की ओर देख रहे थे। वहाँ से ऊपर की ओर जाने वाला मार्ग उत्तुंग के दक्षिण-मुखी छोर पर था, अतः उसे सबसे पहले यही लगा कि वे दोनों विश्वामित्र को पहाड़ से नीचे उतरते हुए देख रहे होंगे, किंतु वे थोड़ा और आगे, नदी की दिशा में देख रहे थे।

सुदास ने उन्हें आवाज़ दी, किंतु फिर उसे महसूस हुआ कि हवा का प्रवाह विपरीत दिशा में था; उसने हाथ उठाकर, हथेली के संकेत से उन्हें रुकने के लिए कहा। इंद्राणी ने हामी भरी और फिर अपने भाई के कान में धीरे-से कुछ कहा। सुदास ने देखा कि इंद्रौत ने बहुत रूखे ढंग से गर्दन हिलाई, और उसकी अकड़ी हुई नन्ही ठुड्डी द्वारा उसके गंभीर मनोभाव बाहर उभर आए जिसे देखकर सुदास को अचरज हुआ कि उसके दोनों बच्चे यद्यपि शारीरिक बनावट में अपनी माँ से अधिक मिलते थे, परंतु आचरण और व्यवहार में उन दोनों की उससे कितनी अधिक समानता थी।

उसका ध्यान फिर से गुरु वशिष्ठ की ओर चला गया। वह अब भी खोद रहे थे। सुदास ने देखा कि वृद्ध ब्रह्मर्षि ने उस छिद्र को खंजर से खोदकर अधिक चौड़ा कर दिया था। स्पष्ट रूप से, विश्वामित्र द्वारा किया गया प्रहार इतना प्रबल था कि उससे चट्टान के पत्थर में गहरी दरार आ गई थी। उसने देखा कि जैसे-जैसे वशिष्ठ चाकू की नोंक को

भीतर घुसा रहे थे, पत्थर का चूरा अंदर गिरकर अदृश्य होता जा रहा था। अपने खंजर को इस काम के लिए उपयोग होता देखकर सुदास कुछ झिझका। अन्य खंजरों की भांति, इसमें भी वह स्वयं धार लगाता था। एक अच्छा क्षत्रिय अपने अस्त्र-शस्त्रों आदि की व्यक्तिगत रूप से देख-भाल करता है।

उस विचित्र कार्य पर अपने गुरु द्वारा लगाए जा रहे ध्यान तथा ऊर्जा का आशय सुदास समझ नहीं पा रहा था। 'गुरुदेव, आपको लगता है कि हमारे नगर के नव-निर्माण से पूर्व ही हम पर आक्रमण हो जाएगा? क्या विश्वामित्र ने यही धमकी दी है?'

वशिष्ठ ने खोदना रोककर चेहरे पर लटक आए केश हाथ से हटाए। फिर अपने लंबे सफ़ेद बालों से आधा ढँका अपना चेहरा उठाकर उन्होंने सुदास की ओर देखा और शेष आधे बाल उन्होंने खंजर थामे हुए दूसरे हाथ से हटाए। न चाहते हुए भी सुदास का ध्यान कुंठित हो चुके अपने खंजर पर चला गया, किंतु वह बोला कुछ नहीं।

'विश्वामित्र की धमकियों की चिंता करने की आवश्यकता नहीं है,' वशिष्ठ बोले। हवा में उनके केश लहरा रहे थे। 'चिंता का कारण वे शक्तियाँ हैं जिनके पक्ष में वह बोल रहे थे। अपने समस्त दोषों के बावजूद, विश्वामित्र ब्रह्मर्षि भी हैं और वेदों के ज्ञाता भी। लेकिन वह जिनके सलाहकार बने हुए हैं, वे लोग धनलोलुप दुष्टों से अधिक कुछ नहीं हैं। वे लोग तुमसे संधि करने की अपेक्षा तुम्हारा विनाश करना चाहते हैं। विश्वामित्र ने ऐसा करवाने की धमकी नहीं दी, अपितु वह तो ऐसी आपदा को रोकना चाहते हैं।'

सुदास ने शंकापूर्वक अपना सिर हिलाया और कहा, 'लेकिन उन्होंने जो कटु वचन बोले, अपने गुरु के प्रति उन्हें बोलने की अनुमति मैं किसी को नहीं देता। और यदि आपके पास अपने कुछ निजी कारण नहीं होते तो आप भी उन्हें ऐसा नहीं करने देते।'

वशिष्ठ कुछ पल के लिए सुदास को देखते रहे। धीरे-से एक मंद

मुस्कान उनके चेहरे पर छा गई, यद्यपि, उनकी मुस्कान का उत्साह उनके नेत्रों में दिखाई नहीं दिया। 'सुदास, तुम मेरे सबसे समझदार और श्रेष्ठ छात्र हो। मुझे तुमसे बहुत आशाएँ हैं। याद रखो, आपदा तो आएगी, आज नहीं तो कल। हमारी उन आपदाओं से सुरक्षित बच निकलने की कला ही हमें परिभाषित करती है। अच्छे तथा बुरे दोनों ही संदर्भों में, संकट एक महत्त्वपूर्ण मोड़ होता है। बुद्धिमान व्यक्ति बड़े से बड़े संकट को लाभ में परिवर्तित कर लेता है। व्यक्ति को विशालतम संकट के क्षणों में ही अपनी प्रबल शक्ति प्रदर्शित करने का अवसर मिलता है।'

सुदास ज्ञान के उन बिंदुओं पर अभी विचार कर ही रहा था कि उसे पुनः अपने बच्चों का स्वर सुनाई पड़ा। वशिष्ठ ने बिना उनकी ओर देखे सिर हिला दिया। 'जाओ, अपने उत्तराधिकारियों पर ध्यान दो। वे तृत्सुओं तथा भारत राष्ट्र का भविष्य हैं।'

सुदास अभी कुछ और कहना चाहता था, और सुनना भी चाहता था।

वह जानता था कि एक बार यह क्षण बीत गया तो फिर उसे अपने गुरु से इस संदर्भ में बात करने का अवसर नहीं मिलेगा। वशिष्ठ को बातों को अधिक स्पष्ट करने की आदत नहीं थी। वे चाहते थे कि उनके शिष्य स्वतंत्र रूप से सोचना सीखें तथा तर्क करने में सक्षम हों। वह केवल उन्हें यदा-कदा आशीर्वाद देने अथवा उनके निष्कर्षों पर अपनी निराशा व्यक्त करने के लिए ही हस्तक्षेप करते थे। युवा तथा अधीर लोग इससे हतोत्साहित हो जाते थे, पर चूंकि सुदास अपनी अवस्था के साथ परिपक्व हो चुका था, अतः वह जानता था कि उसके गुरु ने उसे जीवन का सबसे बड़ा पाठ सिखाया था - अपने गुरु पर निर्भर मत रहो।

अब, जब वशिष्ठ ने पुनः अपना ध्यान शिखर की चट्टान में गड्ढा खोदने पर केंद्रित कर दिया था, तो सुदास समझ गया कि वह पाठ अब समाप्त हो चुका था। शेष बात उसे स्वयं ही समझनी होगी। इससे अधिक स्पष्ट तथा प्रासंगिक प्रश्न पूछना अपने गुरु की दृष्टि में अपनी ही छवि को धूमिल करने जैसा होगा।

वह उठा और शिखर की ओर बढ़ गया। वायु का प्रवाह और प्रबल हो गया था और उसे इतने ज़ोर से धक्का दे रहा था कि उसे अपने पैरों को एक-दूसरे से दूर रखकर चलना पड़ रहा था। उसने भँवे सिकोड़ीं; वह जानता नहीं था कि इंद्राणी और इंद्रौत वायु-प्रवाह को बर्दाश्त कर पाएँगे अथवा नहीं, परंतु वे दोनों ठीक लग रहे थे। उसने अनुमान लगाया कि उनके छोटे कद और झुककर बैठने के उनके तरीक़े के कारण उनपर हवा का प्रभाव कम हो रहा था। इसके अतिरिक्त, उनका शिखर के छोर के निकट खड़ा होना उसे अधिक आश्वस्त नहीं कर रहा था - हवा उन्हें शिखर के छोर की तरफ़ न धकेलकर पीछे की ओर से थाम रही थी। फिर भी उसका पिताजी-हृदय उन्हें संकट के इतने निकट देखकर बेचैन था। यदि वायु अचानक दिशा बदल ले या फिर विश्वामित्र लौट आएँ तो...

उनके निकट आते हुए उसने कहा, 'छोर से दूर हटो तुम दोनों।'

वे तुरंत पीछे हट गए। इंद्राणी ने उसका हाथ पकड़ लिया और फिर पकड़े रखा। सुदास ने उसके उत्तेजित मुख की ओर देखा। वह दोनों गुरुओं के बीच हुए विवाद से घबरा गई थी पर शीघ्र ही उसके प्रभाव से निकल भी आई थी। आख़िर, वह तृत्सु थी। युद्ध और लड़ाई उनके दैनिक कर्तव्यों का हिस्सा थे।

किंतु किसी गुरु का बाल-शिष्यों पर क्रोधित होना अपेक्षित नहीं होता। उस वृद्ध ब्राह्मण ने तो इंद्राणी और इंद्रौत दोनों को पर्वत से नीचे धक्का दे दिया होता यदि मैंने उन्हें समय रहते वहाँ से हटाया न होता।

उसने इंद्रौत को दोनों हाथों से अपनी आँखों को ढँककर प्रचंड वायु-प्रवाह से बचाते देखा तो पूछा, 'क्या हुआ पुत्र?' सूर्य की रोशनी से तो उस समय नेत्रों की रक्षा की आवश्यकता नहीं थी क्योंकि बादलों से ढँकी भोर का स्थान अब धुँधली सुबह ने ले लिया था। आकाश में धीरे-धीरे जमा होते बादलों के कालीन के बीच की दरारों में से सूर्य की किरणें चिकतियाँ बनकर चमक रही थीं।

इंद्रौत ने हाथ के इशारे से उत्तर दिया।

सुदास ने उस ओर देखा। जैसे-जैसे इंद्राणी की दृष्टि इशारे की दिशा में जा रही थी, उसकी पकड़ सुदास के हाथ पर कसती जा रही थी। जो कुछ उन्होंने देखा था वह व्याकुल कर देने वाला था।

12

सुदास ने सरलता से उस हलचल को देख लिया था। परुष्णि की सहायक नदी उत्तुंग शिखर के दक्षिण में कुछ ही मील की दूरी पर थी और यह तृत्सु क्षेत्र की सीमा भी थी। नदी के दोनों ओर हरी-भरी कुश घास के विशाल खाली मैदान थे। बादलों के बीच से आती सूरज की किरणें घास के मैदान पर तिरछी पड़ रही थीं जिससे मैदान पर हलके एवं गहरे रंग की रज़ाई जैसी आकृति बन रही थी जो समुद्र की लहर-सी प्रतीत हो रही थी। हलके और गहरे रंग की कुश की डंडियों के इस विशाल समुद्र के बीच एक काली छाया तेज़ी से बढ़ रही थी। इतनी दूरी तथा ऊँचाई से देखने पर, वह मक्खी से भी छोटी दिखाई दे रही थी, किंतु उसे विशाल घास के मैदान में निरंतर आगे सरकते देखकर सुदास तुरंत समझ गया कि वह वस्तु क्या थी।

वह एक घुड़सवार था जो नदी के रास्ते तृत्सु सीमा में प्रवेश कर रहा था।

वह बहुत तेज़ी से आ रहा था; ऐसा लग रहा था मानो वह अपने प्राण बचाने के लिए भाग रहा हो।

सुदास को लगा कि इंद्राणी ने उसका हाथ थाम लिया। वह, नदी के निकट, उस घुड़सवार से लगभग एक मील की दूरी पर चुपचाप इशारा कर रही थी।

सुदास ने उस दिशा में देखा।

उसने देखा कि नदी के मार्ग से मक्खी-मच्छरों की भांति, एक

बड़ा समूह इस ओर आ रहा था। इतनी दूरी से ऐसा लग रहा था मानो वे घास के समुद्र को रेंगकर पार कर रहे हों, किंतु वह जानता था कि वास्तव में वे घुड़सवार थे जो तेज़ गति से चले आ रहे थे।

घुड़सवार।

डेढ़ दर्जन। संभवतः पूरे बीस।

उसने उनके पीछे नदी के ऊपर भूरे रंग का आयताकार मानव-निर्मित ढाँचा भी देखा।

वह रस्सियों से बँधा एक बेड़ा था; वह भी उस सहायक नदी के सबसे सँकरे स्थान पर, जहाँ से तृत्सुओं के नियमानुसार, नदी को पार करने की अनुमति नहीं थी। इसीलिए, हमने उस स्थान पर घुसपैठियों पर नज़र रखने हेतु रक्षक तैनात किए हुए थे।

इन रक्षकों को आज तक कभी लौटकर किसी प्रकार की समस्या की सूचना देने की आवश्यकता नहीं पड़ी थी, चूंकि नदी-पार वाली भूमि मित्रों की थी; वास्तव में वह भारत भूमि थी।

अब जब वह जान चुका था कि वह क्या देख रहा था। उसने नीचे झुककर हाथों से अपनी आँखों के ऊपर कोटर बनाकर, नदी के आस-पास के क्षेत्र को ध्यान से, किंतु जितनी जल्दी हो सकता था, देखा।

उस बिंदु पर नदी का दूसरा छोर झुरमुट की ओट में ढँका हुआ था जिसके कारण वह देख नहीं पा रहा था कि नदी-तट पर और भी घुड़सवार थे अथवा नहीं। यद्यपि, वह झुरमुट में हिल रही काली आकृतियों के कारण उसमें हो रही हलचल को भाँप रहा था, जिसका आशय यह था कि वहाँ और भी लोगों ने पड़ाव डाल रखा था, जो उस बेड़े के लौटने की प्रतीक्षा कर रहे थे ताकि वे भी नदी पार करके अपने नेताओं के पीछे जा सकें।

वैसे तो, तृत्सु की तरफ़ के घुड़सवार बिल्कुल भिन्न थे। वे सभी मिलकर उस अकेले घुड़सवार का पीछा कर रहे थे, जो शायद नदी के

सँकरे स्थान पर तैनात सुदास के अपने रक्षकों में से ही एक था।

इसका अर्थ है कि वे विरोधी पक्ष के लोग थे, अन्यथा वे मेरे अनुरक्षक का पीछा क्यों करते?

इंद्राणी ने कसकर उसका हाथ पकड़ लिया।

उसने इंद्राणी की ओर देखा। अपनी वर्तमान झुकी हुई स्थिति के चलते, उसका और इंद्राणी के नेत्र एक ही स्तर पर देख रहे थे। इंद्राणी ने अपनी बड़ी भूरी आँखों से सुदास को देखा। उसकी आँखों के कोनों पर पड़ी सिलवटें उसकी माँ के चिर-परिचित तेवर का पूर्ण अनुकरण कर रही थीं।

'वह कौन है, पिताजी? ये घुड़सवार कौन हैं?' यहाँ तक कि उच्चारण में भी उसकी आवाज़ अपनी माँ के समान थी।

विपत्ति, उसने सोचा। *उसी प्रकार की विपत्ति जिसकी धमकी गुरु विश्वामित्र दे रहे थे। जो संदेश गुरु ने शब्दों के माध्यम से दिया, उसी की पुनरावृत्ति ये शरारती-तत्व कर रहे थे, या संभवतः उससे भी कुछ अधिक।*

उसने ज़ोर से कहा, 'मुझे नहीं पता इंद्राणी, किंतु मैं जानना चाहता हूँ। इंद्रौत?' वह उठ खड़ा हुआ।

उसके पुत्र और पुत्री ने उसकी ओर आशा-भरी दृष्टि से देखा; उनके चेहरे लाल हो गए थे और उनकी आँखों में सतर्कता व चमक थी।

सुदास ने अग्नि-स्थल के केंद्र की ओर देखा। गुरु वशिष्ठ अब भी खंजर से ज़मीन खोद रहे थे; उनकी दृष्टि में उस समय वही कार्य महत्त्वपूर्ण था। सुदास के पास गुरु के उस कार्य का उद्देश्य जानने हेतु नष्ट करने के लिए समय नहीं था। ऐसा लग रहा था कि उसका संकट आरंभ हो चुका था।

उसका ध्यान दोबारा अपने बच्चों की ओर चला गया जो वायु के विरुद्ध ज़ोर से न बोलकर उससे नीचे स्वर में बोलने की वर्षों पुरानी

युक्ति का उपयोग करके धीरे-से और सावधानीपूर्वक बात कर रहे थे। किसी विद्वान पुरुष ने उसे सिखाया था : आप मौसम तथा प्रकृति के देवताओं से नहीं लड़ सकते। आप सिर्फ़ उनके साथ यदा-कदा कोई चाल चल सकते हैं!

उसने अपने बच्चों से कहा, 'मैं चाहता हूँ कि तुम दोनों मेरी बात ध्यान से सुनो और ठीक वैसा ही करो जैसा मैं कहता हूँ।'

वे सुनने लगे।

कुछ ही क्षणों बाद, वह पहाड़ से नीचे की ओर दौड़ने लगा। वह जिस गति से भाग रहा था, उस गति से उसके पुत्र अथवा पुत्री के लिए भागना असंभव था; यदि वह ऐसा करने का प्रयास भी करते तो यह अत्यधिक ख़तरनाक हो सकता था। उनके कोमल तन अभी ऐसा कुछ भी करने के लिए तैयार नहीं थे। भागते-भागते वह लगभग अपना नियंत्रण खो बैठा; यदि गिर जाता तो उसकी मृत्यु निश्चित थी। इस ख़तरनाक खेल में, यह उसका वर्षों का अनुभव ही था, जिसने उसे सिर के बल गिरने से बचा लिया और वह नीचे की ओर दौड़ता चला गया। उसकी माँ ऊँचे पहाड़ी क्षेत्र की रहने वाली थी और उन लोगों को ऊँची पर्वत चोटियों पर रहने की आदत थी। उनके गाँव में, छोटे-छोटे बच्चे भी सँकरे छोर पर उछलते-कूदते रहते थे और टट्टू भी आराम से पहाड़ से ऊपर-नीचे आते-जाते रहते थे। सुदास ने उनके अनुभवों से लाभ उठाया था और उन्होंने भी सुदास को सब कुछ सिखाया था जिसका आरंभ, सर्वोच्च पर्वत की ढलान को भी, साधारण पैदल-पथ समझने की कला सीखने से हुआ था। 'एकमात्र अंतर,' उन्होंने कहा था, 'यह है कि संसार सामान्यतया जितना होता है, उससे थोड़ा अधिक झुका हुआ है। तुम्हें बिना इसके बारे में सोचे, सिर्फ़ इस अंतर की पूर्ति करनी है।'

उसकी माँ ने जो भी कला उसे सिखाई थी और जो भी अनुभव उसे अपने ममेरे भाइयों के साथ, इस पहाड़ सहित, अन्य पर्वतों पर ऊपर-नीचे दौड़ने से हुए थे, अब उन सबका उपयोग उसने किया।

उत्तुंग के इस शिखर पर भी वह अब तक अनेक बार चढ़-उतर चुका था। एकमात्र समस्या यह थी कि अंतिम बार उसने ऐसा लगभग एक दशक पूर्व, इंद्रौत के जन्म से भी पहले किया था। तथापि, उसे लगा कि वह उस तकनीक को सहजबोध के साथ सरलता से कर पाया था। यदि उसका मस्तिष्क कुछ बातें भूल भी गया था, तो भी उसके शरीर को सब कुछ याद था।

कुछ पल बाद, जब वह शिखर के नीचे पहुँचा तो उसके अश्व उसे देखकर अचंभित-से हिनहिनाने लगे। उसे पता था कि वह ऐसा क्यों कर रहे थे। वे अपने स्वामी को इस प्रकार धूसरित अवस्था में पर्वत से नीचे दौड़कर आते देखने के अभ्यस्त नहीं थे। उसके पास उन्हें शांत तथा आश्वस्त करने का समय नहीं था; उसने केवल पारंपरिक ढंग से उन्हें थपथपाया और वे तुरंत शांत हो गए; वे अपनी लंबी नाक से उसे सूँघकर इस बात की पुष्टि कर चुके थे कि वह उनका स्वामी ही था।

उसने दक्षता से सरयू को खोला, फिर वह उछलकर उसकी पीठ पर सवार हुआ और एड़ लगा दी। वह अभी पर्वत के किनारे आधे रास्ते पर ही था, किंतु वह मार्ग पथरीला था क्योंकि पिछली वर्षा में मिट्टी बह गई थी, जिससे सरयू अपने पैर जमाकर रख रही थी।

'दौड़ो, मेरी सुंदरी,' उसने सरयू के कान में धीरे से कहा, 'हमें उस अनुरक्षक तक उसका पीछा करने वालो से पहले पहुँचना है।'

13

उत्तुंग शिखर से धीमे-धीमे नीचे उतरते समय, सुदास वहाँ की स्थिति को स्पष्ट रूप से देख पा रहा था। अनुरक्षक अभी लगभग एक मील दूर था और वह तिरछी दिशा में इस प्रकार आगे बढ़ रहा था, जिससे वह उत्तुंग को पार करके नगर की ओर जा सके। सुदास उसे वहीं चट्टानों के ढेर के पास ही रोक सकता था।

लेकिन पीछा करने वाले अपने शिकार के बहुत निकट आ चुके थे। जब सुदास ने उन्हें शिखर के ऊपर से देखा था, तब वह संभवतः नदी-तट पर पहुँचे ही थे और उन्होंने तब तक पूरी गति ली नहीं थी। इसके अलावा, अश्व अकेले दौड़ने की अपेक्षा झुंड में अधिक तेज़ दौड़ते हैं। उसने अनुमान लगाया कि वे लोग भी उस अनुरक्षक को चट्टानों के ढेर के आस-पास ही पकड़ेंगे। यदि वह उसी दिशा में भागता तो संभवतः उस व्यक्ति की सहायता हेतु पहुँचने में उसे देर हो जाती - उसे पीछा करने वालो के हाथों में छोटे धनुषों की पैनी आकृतियाँ अभी से दिखने लगी थीं। वे सिर्फ़ उसके करीब पहुँचने की प्रतीक्षा कर रहे थे।

बिना रुके अथवा इस विषय में सोचे, उसने सरयू का सिर थोड़ा-सा घुमाया और अपनी दिशा इस प्रकार बदली जिससे वह अनुरक्षक और पीछा करने वालो के झुंड के बीच पहुँच सके। इस तरह वह उन्हें अनुरक्षक तक पहुँचने और उसे मार देने से पहले ही रोक पाएगा।

हाँ, किंतु इसका अर्थ यह भी होगा कि तुम्हें अकेले ही उनका सामना करना पड़ेगा। बीस सशस्त्र घुड़सवारों के विरुद्ध अकेला सुदास।

वह मुस्कुराया। वह इससे भी विषम परिस्थितियों का सामना कर

चुका था और जीवित बच गया था।

हाँ, किंतु उस समय तुम सिर्फ़ एक तृत्सु क्षत्रिय थे, अविवाहित तथा बिना सिंहासन के। तुम्हारा धर्म था लड़ना और अधिक से अधिक शत्रुओं को मार गिराना। तुमने ऐसा किया भी, किंतु तुम्हें उसकी भारी कीमत चुकानी पड़ी थी - तुम जीवित बच गए, यही आपने आप में आश्चर्य की बात है।

तीन-चौथाई मील की दूरी शेष रह गई थी और अनुरक्षक की गति किसी कारणवश धीमी पड़ रही थी।

सुदास को उस पर बहुत क्रोध आया।

'दौड़ो, मूर्ख!' उसने मन में ही कहा और फिर सरयू को तेज़ दौड़ने के लिए प्रेरित किया।

वह बेचारी जितना कर सकती थी, कर ही रही थी। सुदास को आश्चर्य हुआ कि सरयू अधिक तेज़ भागने का प्रयास करने लगी - शायद इसलिए कि उसने दूर से ही अन्य अश्वों को पहचान लिया था। उसकी प्रिय सरयू, वह प्रतिस्पर्धात्मक होने के अतिरिक्त कुछ नहीं थी। सुदास ने उसकी गर्दन को अपनी हथेली से थपथपाया, और अपना हाथ गोल-गोल घुमाया; यह इस बात का संकेत था कि वह उससे प्रसन्न था। उसने गति पकड़ ली।

अनुरक्षक निश्चित रूप से धीमा हो रहा था। सुदास को उसके धीमे होने का कारण समझ नहीं आ रहा था, किंतु इस गति से तो उसके पीछे आ रहे लोग, सुदास से पहले उस तक पहुँच जाते। यह स्वीकार्य नहीं था! हाथ में धनुष लिए उन लोगों ने निशाना साधकर बाण भी छोड़ने आरंभ कर दिए थे। इसके बाद महाविपदा घटी।

अनुरक्षक का अश्व धीमा हुआ। वह एक बार, दूसरी बार और फिर तीसरी बार उछला, जोर से हिनहिनाया और गिरकर एक तरफ लुढ़क गया।

घुड़सवार भी उछला और लंबी घास में लुढ़कता चला गया।

एक क्षण के लिए दोनों लंबी कुश घास के भीतर सुदास की दृष्टि से ओझल हो गए।

'हे इंद्र!' सुदास ने दाँत पीसते हुए कहा।

बाण चलने लगे। सुदास ने देखा कि बाण ठीक उसी जगह चलाए जा रहे थे, जहाँ वह अश्व तथा उसका सवार गिरे थे।

एक के बाद एक।

'कायरों! वह अकेला है और नीचे गिर चुका है! दूर से मत मारो, साहस है तो तलवार से उसका सामना करो!'

सुदास को पता था कि तेज़ वायु के प्रभाव में पीछा करने वाले लोग शायद उसकी बात सुन नहीं पाए थे, किंतु किसी चीज़ ने उनका ध्यान उसकी ओर आकृष्ट कर लिया। फिर उसने देखा कि सामने वाले घुड़सवारों ने अपने अश्वों को मोड़ा और एक-दूसरे से से कुछ बात करने लगे। वह तुरंत समझ गयाः *अनुरक्षक अवश्य कुछ जानता है। मेरे वहाँ पहुँचने और उस बात को जान लेने से पूर्व ही वे उसे मार डालना चाहते हैं।*

सुदास गुर्राया। 'दौड़ो, सरयू!' उसने अपने अश्व के कान में कहा। सरयू ने न कोई उत्तर दिया और न ही कोई प्रतिक्रिया - वह पहले ही पूरे वेग से दौड़ रही थी।

आधा मील से भी कम दूरी शेष थी। वह भी शीघ्रता से समाप्त होती जा रही थी।

सुदास देख रहा था कि अनुरक्षक की नियति अब तय थी। जिस स्थान पर वह अपने अश्व के साथ गिरा था, पीछा करने वाले लोग वहाँ से अब मुश्किल से सौ गज़ दूर थे और वह सवार अभी तक उठ नहीं पाया था। इसका अर्थ यह था कि वे दोनों या तो घायल थे, मूर्छित हो गए थे अथवा मर चुके थे।

बाण फिर चलने लगे।

और फिर चले।

सुदास को ऐसा लगा, उसने किसी अश्व को कष्ट में कराहते सुना है, मानो वह बाणों से आहत हो। लेकिन वह पूर्ण विश्वास से नहीं कह सकता था। उस घास के समुद्र में हवा की सरसराहट के बीच अन्य सभी ध्वनियाँ दब गई थीं। कुश के उन मैदानों में वह जितना आगे बढ़ता जा रहा था, हवा का स्वर उतना ही मुखर होता जा रहा था। जैसे-जैसे वायु का वेग प्रबल होता गया, उसकी सरसराहट इतनी तेज़ होती गई कि व्यक्ति अपने ही विचारों को सुनने में अक्षम था। गुरु वशिष्ठ सुदास को अपने साथ यहाँ बाल्यावस्था में लाए थे ताकि वह उस ऊँची घास के बीच में बैठकर ध्यान लगा सके। पृष्ठभूमि में मौजूद, इस प्राकृतिक शोर की सर्वव्यापी आवाज़ उसके मस्तिष्क में भर गई थी और उसने सभी अनचाहे लघु विचारों तथा छोटे-छोटे आकर्षणों को ढँक लिया था, जिसने आदर्श ध्यानावस्था के लिए खाली स्थान तैयार कर दिया। सुदास ने यहीं पहली बार ध्यान लगाया था और उसके बाद वह प्रायः स्वेच्छा से अनेक बार वहाँ आया था। जब भी वह दैनिक समस्याओं एवं अपने पद से संबंधित दायित्वों से परेशान अथवा दुखी होता था, तो वह उत्तुंग शिखर और कुश के उन मैदानों में आ जाता था। एक उसे शांतिपूर्वक ध्यान करने में सहायता करता था तो दूसरा उसे भविष्य की अनंत आशाओं और संभावनाओं के विषय में विचार करने में सहायक सिद्ध होता था।

लेकिन अब, कुश घास का वह गीत उसके लिए बाधक बन रहा था। उसके कारण वह उन महत्त्वपूर्ण आवाज़ों तथा स्वरों को नहीं सुन पा रहा था जिससे उसको सामने चले रहे क्रिया-कलाप की बेहतर जानकारी मिल सकती थी। वह मैदान में और आगे बढ़ा तो कहीं-कहीं पर घास इतनी ऊँची थी कि उसमें एक युवा हाथी भी छिप सकता था। उससे दृष्टि पूर्णतः बाधित हो रही थी - ऊपर सिर्फ़ नीला-सफ़ेद आकाश था जिसमें बीच-बीच में बादल तैर रहे थे। आस-पास सर्वत्र फैली दृश्य-रोधक कुश घास उसके चेहरे, वस्त्रों और बदन से टकरा रही थी जिसके कारण घास

की लंबी डंडियों पर ठहरे हुए वर्षा-जल से उसके वस्त्र पूरी तरह भीग चुके थे और अब उसे ऐसा प्रतीत हो रहा था मानो वह किसी वास्तविक समुद्र के मध्य सवारी कर रहा था। उसकी घुड़सवारी की तेज़ गति से सैकड़ों डंडियाँ जब उसके चेहरे से टकराती थीं तो उनकी नोंक पर टिकी पानी की बूँदे सुदास पर आ गिरती थीं। उसे घास के अतिरिक्त कुछ दिखाई नहीं पड़ रहा था। घास ने उसे पूर्णतः ढँक लिया था और उसे वैसा ही महसूस हो रहा था जैसा पहली बार वहाँ आकर हुआ था जब वह अपना मार्ग भटक गया था और उसे लग रहा था कि वह फिर कभी अपना मार्ग नहीं खोज पाएगा। कम से कम, इस बार उसे इस बात का भय नहीं था कि घास में न जाने उसे क्या मिल जाए; सभी जानते थे कि वह छिपने योग्य आदर्श स्थान था तथा सर्प व अनेक दूसरे शिकारी जीवों से भरा पड़ा था, जो उसमें छिपकर शिकार करते थे। यद्यपि, इस समय, वह उन मानव-शिकारियों के विषय में अधिक चिंतित था जो उसके अनुरक्षक का पीछा कर रहे थे।

उसने अनुमान लगाया कि अब दूरी सौ गज़ से भी कम रह गई थी। उसने सावधानीपूर्वक अपना मुँह बंद कर रखा था और सिर को झुकाकर, सरयू की गरदन से सटा रखा था। उसने स्वयं को उस क्षण के लिए तैयार कर लिया जब उसका सामना पीछा करने वालों से होने वाला था।

14

यदि घास के समुद्र ने सुदास की दृष्टि और आवाज़ को बाधित कर रखा था, तो वही स्थिति उसके शत्रुओं की भी थी। हालांकि, सुदास को अकेले होने का लाभ मिल रहा था क्योंकि समूह में होने के कारण उसके शत्रु एक-दूसरे को आवाज़ें दे रहे थे जिससे उनका शोर अधिक हो रहा था। इस शोर का लाभ लेकर जब सुदास ने अनुमान लगाया कि वह अनुरक्षक के बहुत निकट है, तो वह सरयू की पीठ से नीचे उतर गया।

उसने सरयू को थपथपाया; दौड़ने के कारण सरयू का शरीर गर्म तो था किंतु वह थकी नहीं थी। सुदास ने धीमे-से उसके कान में शांत रहने और वहीं उसकी प्रतीक्षा करने को कहा। सुदास रेंगता हुआ आगे बढ़ा तो सरयू ने पीछे से अपनी नाक उसकी बगल और पीठ पर रगड़ी। वह हँसा और मुड़कर पीछे देखने लगा। उसे यह देखकर प्रसन्नता हुई कि सरयू के इर्द-गिर्द की घास उसके सिर से लगभग एक गज़ ऊपर थी।

अपने धनुष पर बाण चढ़ाकर वह घास के बीच से रेंगने लगा। घास के मध्य से बहती हवा की सरसराहट अब भी इतनी तेज़ थी कि उसके शोर में कोई अन्य स्वर सुनाई नहीं दे रहा था। लेकिन वह जैसे ही थोड़ा और आगे बढ़ा, उसे एक शब्द सुनाई दिया।

ठाक!

यह निश्चित रूप से बाण छोड़े जाने का स्वर था जो निकट ही था। यह अच्छा संकेत था। यदि वे अब भी तीर चला रहे थे तो इसका अर्थ था कि उन्होंने अब तक अनुरक्षक को मारा नहीं था। उसने अनुमान

लगाया कि संभवतः वे उसे खोज नहीं पाए थे। घायल अश्व को सरलता से देखा जा सकता था किंतु अभी तो सिर्फ़ ज़मीन पर चुपचाप लेटे रहना ही उचित था। वे लोग उसे देखे बिना एक फ़ुट दूर से निकल सकते थे, बशर्ते उनकी दृष्टि ठीक उसी स्थान पर न पड़ती, जहाँ वह लेटा हुआ था। कुश घास के इस समुद्र में नीचे देखना ख़तरनाक हो सकता था क्योंकि घास के लंबे तिनके इतने मोटे और मज़बूत थे कि ज़रा-सी असावधानी से व्यक्ति अपनी दृष्टि खो सकता था। उन तिनकों की नोंक पर टिकी वर्षा की बूँदे ही व्यक्ति को अस्थायी रूप से दृष्टिहीन करने के लिए पर्याप्त थीं। सुदास को धनुष दोनों हाथों में पकड़े रहना था और हाथों को अपने सिर से ऊपर उठाकर रखना था, अन्यथा उन्हें नीचे रखने पर उसे कुछ दिखाई नहीं पड़ता।

ठाक!

ये वाला तीर अधिक पास से चलाया गया था; दूरी दस-पंद्रह गज़ से अधिक नहीं थी। यद्यपि, उस सरसराती घास में दूरी का बिल्कुल सही अनुमान लगा पाना कठिन था। उसने आवाज़ की दिशा में निशाना साधा और प्रतीक्षा करने लगा।

ठाक!

इस बार उसका अनुमान सही था। वहीं, दक्षिण-पश्चिम दिशा से लगभग दक्षिण में।

उसने तीर चला दिया और वह तुरंत आगे बढ़ने लगा। वह भागा नहीं, क्योंकि ऐसा करना मूर्खता होती, अपितु कैंची जैसी तिरछी चाल से अपने पैर घसीटता हुआ आगे बढ़ा ताकि अपनी आँखों और चेहरे को बचा सके तथा शत्रु के लिए सरल लक्ष्य भी न बने।

कुश के ऊपर से उसे एक व्यक्ति के कराहने की आवाज़ सुनाई दी। उसका बाण निशाने पर लगा था।

एक तो गया!

उसे अब रुक-रुककर कुछ आवाज़ें सुनाई दे रही थीं। सर्पों से भरे घासदार मैदानों में सकुचाते हुए अश्वों की हिनहिनाहट, तथा कुछ परेशान, क्रोधित एवं अधीर लोगों के स्वर।

उसने पुनः ध्यान लगाया और निकट से आ रही आवाज़ों को सुनने लगा। फिर उसने एक और बाण छोड़ा।

बाण को धनुष से छोड़ते ही वह पुनः आगे बढ़ गया।

वह लगभग छह गज़ आगे गया था और शीघ्रता से बढ़ रहा था कि तभी उसने एक और व्यक्ति के चिल्लाने का स्वर सुना, फिर उसे एक अश्व की घबराहट भरी हिनहिनाहट सुनाई दी। उस प्रकार का स्वर प्रायः अश्व तब निकालते हैं जब उनका सवार उनकी पीठ से गिर जाता है।

दूसरा भी ख़त्म!

उसने बादलों के घने पर्दे में से हलके-से झलक रहे सूर्य एवं उत्तुंग की विशाल आकृति की सहायता से अपने स्थान को नियत किया और बाण छोड़ता हुआ आगे बढ़ता गया। उसने अनुमान लगाया कि वह पीछा करने वाले लोगों के चारों ओर एक बड़े घेरे में घूम रहा था और भीतर की ओर उन पर बाण चलाता जा रहा था। उसे पता था कि ऐसा करने में उसके अपने अनुरक्षक को भी बाण लगने का ख़तरा था, किंतु उस समय कोई और चारा नहीं था। उसने सोचा, यदि वह उस विषम संकट को कम नहीं कर सका तो उन दोनों की मृत्यु निश्चित है और संभवतः उनके शव भी किसी को नहीं मिलेंगे। यह जाने बिना कि निश्चित तौर से किस स्थान पर ढूँढ़ना है, खोजी लोगों की पूरी सेना भी उन्हें वहाँ नहीं ढूँढ़ सकती थी। यदि वे खोज भी लेते, तो यह केवल भाग्यवश ही हो पाता।

इस समय शत्रुओं को खोजने से अधिक, उसकी रुचि उन्हें सिर्फ़ समाप्त करने में थी। यही वह कार्य था जिसके लिए वह जन्मा एवं बड़ा हुआ था। बहुत कम समय में उसे पता लग गया कि उसके बाण कम से कम एक दर्जन शत्रुओं को ढेर कर चुके थे। हो सकता है वे सब मरे

न हों, किंतु इतने पास से बाण लगने पर वे निश्चित रूप से अशक्त तो हो ही गए होंगे।

उस पर भी बाण चलाए जा रहे थे किंतु वह सदैव उस स्थान पर लगते थे जहाँ से वह पहले ही आगे बढ़ चुका होता था। यदि शत्रु सुदास की तीर चलाकर भागने वाली चाल समझ भी गए होंगे तो भी उन्हें यह नहीं पता चलता था कि वह तीर चलाकर किस दिशा में भागा है। वह इस बात का ध्यान रखता था कि वार करने के बाद वह हमेशा एक ही दिशा में न भागे; कभी पीछे लौटता था, कभी तिरछा मुड़ जाता था और एकाध बार उनके इतना निकट चला जाता था कि आधा दर्जन अश्व धड़धड़ाते हुए उसके पास से निकल जाते थे और उनके सवार अपने अदृष्य प्रतिशोधी को क्रोधित स्वर में चिल्लाते हुए अपशब्द बोलते रह जाते थे। यदि वे नीचे दृष्टि डालते तो उसे तुरंत खोज लेते, किंतु घास होने के कारण, वे बिना नीचे देखे आगे बढ़ जाते थे। तभी उसे एक बड़ी-सी सफ़ेद रंग की आँख और फड़कते हुए नथुने दिखाई पड़े; एक निकट खड़ा अश्व उसे उसे घूर रहा था। सुदास उसके पास से निकलते हुए हाथ बढ़ाकर उस अश्व को थपथपा भी सकता था।

अंततः वहाँ की आवाज़ों में परिवर्तन से वह जान गया कि वे लोग उसकी चाल समझ चुके थे और उन्होंने उसी के अनुरूप कार्रवाही आरंभ कर दी थी। अब उसे कोई स्वर सुनाई नहीं दे रहा था - न बाणों का, न मनुष्यों का और न ही अश्वों का। इसका एक ही अर्थ हो सकता था - वे लोग अपने अश्वों से उतरकर अब उसे पैदल खोज रहे थे।

अन्य आवाज़ों के अभाव में कुश-घास के मध्य वायु का स्वर और भी गहरा हो गया था।

वह उनकी हलचल अथवा हरकतों को जान नहीं पा रहा था। उसे मात्र इतना पता था कि वे अचानक ही उससे टकरा सकते थे अथवा इससे भी बुरा यह कि वे अनुरक्षक को खोजकर उसे मार सकते थे। सुदास के लिए यह जानना अति अनिवार्य था कि वह अनुरक्षक ऐसा क्या

कहना चाहता था कि वह बात उसके जीवन के लिए घातक बन चुकी थी।

अब वह उस स्थान की ओर बढ़ने लगा जहाँ वह अनुरक्षक और उसका अश्व गिरे थे। तब से सूर्य ने अपना स्थान ज़रा-सा ही बदला था और उस विशाल मैदान में पहचानने हेतु इतना ऊँचा कोई चिह्न भी नहीं था, जिससे उस विशिष्ट स्थान को खोजा जा सकता। यद्यपि, विरासत में मिले शिकारी-अंतर्ज्ञान ने उसे बताया कि उसे उत्तर-पूर्व दिशा की तरफ से आगे उत्तर में बढ़ना चाहिए।

सुदास अनुरक्षक से लगभग टकरा ही गया।

अनुरक्षक धरती पर गिरा पड़ा था, दो बाण उसके धड़ में गड़े हुए थे तथा उसकी कनपटी पर घाव था। उसके सिर की खाल का एक हिस्सा खुलकर लटक गया था जिसमें से रक्त बह रहा था। उसके खुले हुए घाव में मिट्टी चिपक रही थी। सिर के अन्य घावों की भांति, पट्टी बाँधने के बाद ही उसमें से बहता हुआ रक्त रुक सकता था, किंतु सुदास ने ऐसा करने की अपनी इच्छा पर अंकुश लगा लिया।

स्पष्ट था कि अनुरक्षक की स्थिति सहायता से परे जा चुकी थी।

15

कुश घास को काटती हुई तलवार की धार की आवाज़ शत्रु के अति निकट होने की पहली चेतावनी थी। वह आवाज़ हालांकि बहुत धीमी थी और कठिनाई से सुनाई दे रही थी, किंतु सुदास तलवार का अथवा घास को चीरकर उसकी ओर आते हुए तीर का स्वर सुनने का प्रयास कर रहा था। उसकी ध्वनि कुश घास में चलती वायु से मिलती-जुलती थी, पर उससे अधिक गहन और धातु का स्वर लिए हुए थी। यद्यपि, सुदास के तेज़ कानों के लिए उन दोनों में उतना अंतर था, जितना कोयल के ऊँचे आलाप और चीनी गुरुंग के गान में।

अपनी तलवार ऊपर उठाए, किसी नर्तक की भांति घूमता हुआ वह वहाँ से दूर हट गया। अभी तक वह तलवार को नीचे की ओर झुकाकर और उसे पीछे करके घास में चल रहा था जिससे किसी प्रकार की आवाज़ न हो सके, किंतु अब घूमते हुए उसने तलवार को ऊपर उठा लिया, फिर वह अपनी एड़ी की नोंक के सहारे पुनः घूम गया, और उस दिशा में लपका जहाँ से आवाज़ आ रही थी। यह सब करते समय तक उसने किसी को देखा नहीं था।

पीछे से आकर शत्रु ने सुदास पर तलवार से जो वार किया था, उसके बाद शत्रु का हाथ अब भी हिल रहा था। वह संभवतः सुदास को अचानक पकड़ना चाहता था परंतु उसने यह नहीं सोचा था कि उसका शिकार पलटकर उसी पर बिना तलवार वाले हाथ की ओर से हमला कर देगा।

सुदास के वार से उसके घाव तो हुआ किंतु वह गहरा नहीं था;

सुदास ने वार करने के बाद तलवार खींच ली जिससे उसकी हड्डी पर चोट नहीं लगी। सुदास चक्कर खाता, घूमता रहा और आगे बढ़ता रहा और दूसरे व्यक्ति की पीठ के ऊपर से लुढ़कता हुआ उसके तलवार वाले हाथ की ओर आ गया। उसने एक बार फिर वार किया; इस बार घाव गहरा हुआ था। वह व्यक्ति चीखता हुआ गिर पड़ा, उसके प्राण लगभग निकल चुके थे। उसकी धमनियों से रक्त का फव्वारा छूटा और मोर-पंख के समान घास में आस-पास बिखर गया।

दूसरे शत्रु-सैनिक निकट ही थे।

सुदास ने अपनी मुद्रा बदली और वह आगे को झुककर आगे बढ़ने लगा, फिर उसने इतनी तेज़ दौड़ लगाई कि कुश घास के बीच इस प्रकार दौड़ने की कल्पना करना भी कठिन था। अपना सिर नीचे रखते हुए उसने अपनी आँखों को बचा रखा था किंतु वह गज़-भर से अधिक दूर नहीं देख पा रहा था। उससे कोई अंतर नहीं पड़ता क्योंकि वैसे भी उस घास में गज़-भर से अधिक दूर दिखाई ही नहीं देता! उसे इसका ज़बरदस्त लाभ मिला।

वह घास को चीरता हुआ दो शत्रु क्षत्रियों के पास जा पहुँचा जो उसकी ओर पीठ किए हुए खड़े थे। अपनी तलवार और छुरे का एकसाथ उपयोग करते हुए उसने एक शत्रु के पसलियों के नीचे दाहिनी ओर और बिना रुके दूसरे की जांघ के ऊपर वार किया - खच्च, खच्च! - वे जब तक पीछे मुड़े, वह ओझल हो चुका था। पीछे से सिर्फ़ उनकी चीख सुनाई दे रही थी।

सुदास ने अपना कोण बदला और वह अर्द्ध-वृत्ताकार दौड़ने लगा।

अपने साथियों की चीख सुनकर एक सैनिक घास में से बाहर निकला। स्वाभाविक रूप से संकट उसी ओर से अपेक्षित था। लेकिन सुदास उसके पीछे से आया, उसने अपने दोनों हथियारों से शत्रु पर दोहरा वार किया और फिर दौड़ता हुआ वहाँ से निकल गया। वह घास पर टिकी मीठी ओस में नहाया हुआ था और घास के अनेक तिनके

उसके कान तथा नाक में चले गए थे, जिनसे उसे खुजली हो रही थी, किंतु वह जब भी लड़ाई में जाता था तो सब कुछ भूलकर उसका पूरा ध्यान मारने और स्वयं को बचाने में रहता था। वास्तव में, युद्ध के दौरान इन दोनों बातों का एक ही अर्थ होता है।

एक और सैनिक, इस बार सामने से आया। वह कुछ सीमा तक सुदास की चाल के लिए तैयार था। उसके हाथ में तलवार थी और वह सुदास की ओर बढ़ा।

सुदास ने छलांग लगाई।

वह सैनिक की तलवार के वार के ऊपर से कूद गया और अपनी तलवार शत्रु की गर्दन पर चला दी। रक्त बह निकला; सैनिक का रक्त, जो गर्म था, जब घास की ठंडी ओस से भीगे सुदास के तन पर गिरा तो वह उसे उबलता हुआ जान पड़ा।

हवा में छलांग लगाते समय, कुछ क्षण के लिए सुदास ने अपनी दाहिनी ओर त्रिकोणीय व्यवस्था में खड़े तीन सिर और देखे थे।

वह नीचे गिरा, बाईं ओर लुढ़का और एक बड़ा-सा अर्द्ध-वृत्त बनाता हुआ तेज़ी से दौड़ा। फिर वह पीछे से उन तीनों पर बाईं ओर से लपका, जबकि वे अनुमान के आधार पर उसे खोजने के लिए उसी स्थान पर जा रहे थे।

सुदास ने सरलता से पहले व्यक्ति के पैर पर वार किया और जब वह पीड़ा से चिल्लाता हुआ मुड़ा तो सुदास ने उसका गला काट दिया।

शेष दोनों व्यक्ति भी मुड़े परंतु वे अधिक फुर्तीले थे।

सुदास ने अपनी तलवार की नोंक से एक व्यक्ति के गले पर वार किया जिससे वह तुरंत समाप्त हो गया। तीसरा व्यक्ति कुल्हाड़ी लेकर उस पर झपटा। यदि वह थोड़ा समझदार होता तो सुदास पर कुल्हाड़ी फेंककर मारता, किंतु उसे लगा कि सुदास बहुत फुर्ती से अपनी जगह बदल रहा है। चूंकि वह अपना हथियार गँवाना नहीं चाहता था, अतः

जैसा कि प्रायः कुल्हाड़ी-धारी लोग करते हैं, वह भी अपनी कुल्हाड़ी को घुमाता हुआ, सुदास को मारने के लिए उसकी ओर भागता हुआ आया।

सुदास ने नीचे झुककर स्वयं को बचाया और फिर उसके हाथ पर वार किया। उन दोनों की संयुक्त गति के प्रभाव से सुदास की तलवार से उस सैनिक का ऊपरी हाथ लगभग कट गया। रक्त और माँस के टुकड़े छिटककर सुदास के चेहरे पर गिरे जिससे क्षण भर के लिए वह दृष्टिहीन हो गया। वह फिसला और संतुलन बिगड़ने के कारण घास में कई गज़ दूर जा गिरा। उसकी तलवार वहीं सैनिक की हड्डी में गड़ी रह गई।

उसी से उसकी जान बची।

वहाँ आगे घास में दो और व्यक्ति छिपकर उसकी प्रतीक्षा कर रहे थे जिन्हें वह देख नहीं पाया था।

वे दोनों अपने समूह में सबसे समझदार थे और वे स्वयं सुदास के पास न जाकर, उसके निकट आने की प्रतीक्षा कर रहे थे।

उन्होंने यह नहीं सोचा था कि उनके पहुँचने से पूर्व वह स्वयं ही धरती पर फिसलता हुआ उनकी तलवार के नीचे आ जाएगा।

वह उनके पैरों से जा टकराया; वे दोनों लड़खड़ाकर गिर पड़े। उनमें से एक सैनिक तो कूल्हे पर हाथ रखे हुए मिट्टी की नर्तकी, जिससे इंद्राणी खेलती है और जिसे खड़ा करके इंद्रौत को चमड़े की गेंद से मारना बहुत अच्छा लगता था, की भांति उलटा लुढ़क गया। फिर वह सैनिक गर्दन के बल गिरा और तेज़ चीख के साथ अपनी गर्दन तोड़ बैठा। वह तो पुनः उठ ही नहीं सकता था।

दूसरा सैनिक गिरा, लुढ़का और अगले ही क्षण पुनः उठ खड़ा हुआ।

सुदास तुरंत मुड़ा। उसने देखा कि वह सैनिक हाथ में तलवार लिए सुदास की ओर आ रहा था। सुदास अपने स्थान से हिला नहीं; मूर्तिवत् वहीं खड़ा रहा।

सैनिक ने अपेक्षा की थी कि सुदास वार से बचने के लिए अपनी जगह से हटेगा और बदले में उस पर वार करेगा।

लेकिन क्योंकि सुदास लेश-मात्र भी नहीं हिला तो उस सैनिक को अपनी गति धीमी करके अपने वार को नियंत्रित करना पड़ा। पर इतनी देर में, सुदास उसके वार की पहुँच में आ चुका था। उसने तुरंत अपना छुरा उस व्यक्ति के सीने में भोंक दिया, फिर दोबारा भोंका और तीसरी बार फिर भोंका।

इस बीच वह भी तलवार से सुदास पर वार कर चुका था।

लेकिन उसका वार खाली गया और ज्यों ही सुदास ने अपनी हथेली से उसके हाथ के अग्रभाग पर मारा, उस सैनिक के हाथ से उसकी तलवार छूट गई।

तलवार और वह व्यक्ति दोनों ही धरती पर निरर्थक होकर गिर पड़े।

सुदास वहाँ से एक गज़ पीछे हट गया और सुनने लगा; उसे डर था कि कहीं उस व्यक्ति के पास कोई अन्य हथियार या उसे चलाने की शक्ति शेष न हो।

कुछ क्षण पश्चात्, सुदास आश्वस्त हो गया कि कोई अन्य व्यक्ति वहाँ जीवित नहीं बचा था।

कूदते समय सुदास को धुँधला-सा कुछ दिखलाई पड़ा था। अब वह उस स्थान पर पहुँचा। उसने देखा कि वहाँ लगभग बीस अश्व एकत्रित थे और घबराए हुए खड़े थे। उन परिस्थितियों से, मारे गए शत्रुओं की संख्या के उसके अनुमान की पुष्टि हो गई। बीस अश्व का अर्थ था बीस सवार और उसने बीते कुछ मिनटों में उन सभी को मार गिराया था।

सुदास लौटकर उस अंतिम व्यक्ति के निकट पहुँचा जिसे उसने मात्र घायल किया था और जान-बूझकर मारा नहीं था।

वह व्यक्ति घास में रेंगता हुआ अपने अश्व के पास पहुँचने का

प्रयास कर रहा था ताकि वहाँ से निकल सके। आस-पास की घास रक्त से रंगी हुई, किंतु अब भी, निर्भय और तनी हुई खड़ी हुई थी। उस कुश घास की एक डंडी को नीचे दबाने के लिए एक व्यक्ति का वज़न भी कम था।

सुदास ने सैनिक को पीछे से उसके वस्त्र पकड़कर घुमा लिया। वह युवा था और उसकी घनी दाढ़ी थी - जिसमें कोई बाल सफ़ेद नहीं था जबकि सुदास की दाढ़ी के कुछ बाल सफ़ेद हो गए थे - किंतु उसके अतिरिक्त, यह कह पाना असंभव था कि वह किस कबीले का था।

'तुम कौन हो तथा तृत्सु नियमों का उल्लंघन क्यों कर रहे हो?' सुदास ने पूछा।

उस व्यक्ति ने सुदास को नीरस किंतु विद्रोही ढंग से घूरा। उसके होंठ के कोने से रक्त बह रहा था। सुदास की तलवार ने उसकी छाती भेद दी थी; फफकता हुआ गहरा गुलाबी रक्त उसके शरीर से बह रहा था।

सुदास ने उसे झिंझोड़ा और उसका सिर धरती पर पटकते हुए कहा, 'बोलो!'

वह सुदास की बात पर हँसा और फिर धीमे स्वर में कुछ बड़बड़ाया जो किसी अपशब्द जैसा सुनाई दिया। सुदास की त्योरी चढ़ गई। वह इसमें किसी प्रकार की चाल होने के संदेह से सैनिक के ऊपर झुक गया। सुदास ने उस व्यक्ति के हाथ पर अपना घुटना रख दिया। जिस प्रकार, वह व्यक्ति चीखने की जगह कराह रहा था, उससे यह निश्चित था कि उसके पास जीवन के कुछ ही क्षण शेष थे।

'यह क्या था, दास्य?' उसने जान-बूझकर धृष्टता-भरे स्वर में पूछा। वह शब्द भारत कबीले के लिए प्रयोग किया जाता था, किंतु वह 'दास' शब्द से भी मिलता था जिसका अर्थ सेवक, गुलाम या अधीन था। और यह शब्द प्रायः भारतों द्वारा अपने ही लोगों के लिए अपमानजनक शब्द के रूप में प्रयोग किया जाता था।

उस व्यक्ति की आँखें क्रोध से लाल हो गईं जो इस बात का सूचक

था कि सुदास का निशाना सही जगह लगा था। उसने पहले बोला गया अपशब्द फिर दोहराया, और इस बार सुदास ने कुश की निरंतर चल रही सरसराहट के बीच भी उसे सुन लिया।

इसके बाद, तेज़ी से बहते रक्त से उसका मुख भर गया और उसके चेहरे को रंगता, गर्दन के ऊपर से बहता हुआ धरती में समा गया। घरघराते हुए उसने एक अंतिम साँस ली और फिर निश्चेष्ट हो गया। अब वहाँ सुदास के पास, घास के अतिरिक्त, मरने से पूर्व उस व्यक्ति द्वारा बोला गया मात्र वह शब्द शेष था।

वह शब्द था, 'दशराजन्'।

दस राजागण।

16

हालांकि वह अपने कार्य में व्यस्त था, उसे यह देखकर प्रसन्नता हुई कि उसके निर्देशानुसार, इंद्रौत तथा इंद्राणी झुरमुट के पीछे उसकी प्रतीक्षा कर रहे थे। वे भौचक्के और चंचल अवश्य थे किंतु जब सुदास वहाँ पहुँचा तो दोनों अपने धनुषों पर बाण चढ़ाए निशाना साधकर तैयार बैठे थे।

इंद्राणी अपने पिता को देखकर हर्षित हो गई। उसने अपना धनुष नीचे करते हुए बाल-स्वर में कहा, 'मैंने कहा था न!'

इंद्रौत ने कठोर मुख-मुद्रा बनाते हुए अपना धनुष-बाण नीचे रख दिया। 'हमें बहुत-से अश्वों का स्वर सुनाई दे रहा था; वह कोई भी हो सकता था।'

'मैंने इंद्रौत से कहा था कि आप निश्चित ही उनके अश्वों को अपने साथ लेकर लौटेंगे। आख़िरकार अश्व, मवेशी तथा उक्सान ही तो इस संसार में रखने योग्य संपत्ति है,' इंद्राणी ने उद्धत स्वर में कहा। फिर उसने तुरंत अपने भाव बदलते हुए, चिंतित स्वर में पूछा, 'पिताजी, क्या आप घायल हैं?'

सुदास के ओस से भीगे वस्त्रों में से अधिकांश रक्त साफ़ हो चुका था, फिर भी रक्त के कुछ छींटे व धब्बे अब तक उसके कपड़ों पर लगे हुए थे और सुदास जानता था कि बच्चों के समक्ष उसे कैसा दिखना चाहिए। अतः उसने सिर हिलाते हुए कहा, 'यह मेरा रक्त नहीं है, मुझे कहीं चोट नहीं लगी।'

इंद्रौत ने प्रशंसापूर्वक अपना निचला होंठ बाहर की ओर निकालते हुए कहा, 'वाह! चालीस लोग और आपने सबको अकेले मार डाला!'

'बीस लोग बुद्धू!' उसकी बहन ने कहा, 'वे बीस थे, है न पिताजी?'

उसने हामी भरी। 'अब हमें शीघ्र घर लौट जाना चाहिए। हो सकता है मैं तुमसे थोड़ा अधिक शीघ्रता से चलूँ, किंतु तुम मेरे साथ चलने का प्रयास करना, समझे?'

'हम बिल्कुल आपके साथ रहेंगे, पिताजी,' इंद्रौत ने आत्मविश्वास के साथ उत्तर दिया।

सुदास ने गर्दन हिलाई और फिर अपने पीछे खड़े उत्तुंग शिखर को देखते हुए पूछा, 'गुरुजी उत्तुंग पर ही रह गए?'

'हाँ,' इंद्राणी ने मुँह बनाते हुए कहा, 'वे खोदने में लगे हुए थे और फिर किसी वस्तु की प्राप्ति से सहसा अत्यंत हर्षित हो गए थे। यद्यपि, वह शिखर के छोर तक हमारे साथ आए और सुनिश्चित किया कि हम अश्वों पर ठीक से बैठ गए। उन्होंने वहीं से हमारे साथ खड़े होकर आपकी लड़ाई का कुछ अंश भी देखा और उसके बाद ही आपके आदेशानुसार, हमें इस झुरमुट तक नीचे आने की अनुमति दी।' तो आज उसके बच्चों ने उसे बीस लोगों से लड़ते और उन्हें मारते देखा था। वह समझ नहीं सका, क्या वह चाहता था कि उसके बच्चे उसे ऐसा करते हुए देखें। यद्यपि, वे क्षत्रिय थे और उन्हें भी किसी दिन ऐसी ही विषम परिस्थितियों का सामना करना पड़ सकता है, फिर भी वह चाहता था कि इससे पूर्व ऐसे युद्ध संबंधी विचार उनके मस्तिष्क को घेरने लगें, उनकी बालवत् निष्कपटता कुछ और समय बनी रहे। परंतु इस विषय में अब कुछ नहीं किया जा सकता था और ऐसी बात के लिए उनकी आलोचना करना व्यर्थ था जिसमें उनका कोई दोष नहीं था - वे तो बस वहाँ उस समय उपस्थित थे, जब यह सब कुछ घटा था। जो कुछ हुआ, वह किया तो उसने ही था।

'मेरे साथ चलो!' सरयू को घर की ओर मोड़ते हुए वह बोला।

सुदास के स्वर और निर्देश को पहचानने के बाद सरयू को किसी अन्य आग्रह की आवश्यकता नहीं थी। उसने जिस गति से दौड़ना आरंभ किया, सुदास जानता था कि उसके बच्चों के लिए उसका अनुसरण करना कठिन होगा, लेकिन वे दोनों धनी लोगों के बच्चों की भांति टट्टुओं पर नहीं बल्कि, वयस्क अश्वों पर सवार थे।

पीछा करने वाले लोगों के जिस अश्व-झुंड पर सुदास ने कब्ज़ा किया था, वह भी उसके पीछे चल पड़ा; उनमें से एक अश्व की पीठ पर सुदास के अनुरक्षक का शव लटका हुआ था और एक पर पीछा करने वाले एक व्यक्ति का। वह यह नहीं जान पाया था कि अनुरक्षक का अश्व कैसे गिरा था और अब उसका कोई महत्त्व भी नहीं था। अब तो उसके लिए घर पहुँचना तथा उस रहस्यमय शब्द का आशय समझना आवश्यक था। वैसे तो गुरु वशिष्ठ तथा गुरु विश्वामित्र का वार्तालाप सुनने के बाद उसे काफ़ी बात समझ में आ गई थी, किंतु उसकी पुष्टि करना आवश्यक था। ऐसा करने का एकमात्र उपाय जल्द-से-जल्द और सुरक्षित घर पहुँचना था।

यह सोचकर, इससे पूर्व कि मुझे जिस बात के होने की आशंका है, वह आरंभ हो जाए, उसने सरयू से अधिक तेज़ दौड़ने का आग्रह किया। उसने प्रसन्नतापूर्वक फुफकार भरी और अपनी गति बढ़ा दी। घर लौटते समय वह सदैव अपनी अधिकतम गति से दौड़ती थी।

नगर पहुँचने से पूर्व ही उसे संकट की गंध आ गई। मुख्य नगर के बाहर खेतों में बने मकानों पर, सब लोग बात-चीत करते, बहस करते बाहर घूम रहे थे, कुछ अपने अस्त्र-शस्त्र साध रहे थे। स्पष्ट था कि बात सर्वत्र फैल चुकी थी। इसमें आश्चर्य की कोई बात नहीं थी। आख़िरकार, तृत्सु कबीले के लोग बहुत मिल-जुल कर रहते थे। उन्होंने लगभग एक पीढ़ी से ही, तृत्सुओं ने साथ मिलकर एक विशाल बाड़-युक्त गाँव, या नगर अथवा शहर, जो भी शब्द उचित लगे, में रहना आरंभ किया था। प्राकृतिक संसाधनों के श्रेष्ठ उपयोग हेतु श्रम के विभाजन की आवश्यकता ने ज़्यादा से ज़्यादा परिवारों को अन्य स्थानों पर जाने के

लिए प्रेरित किया था, हालांकि कोई भी स्थान एक दिन से अधिक की दूरी पर नहीं था। कुछ लोगों का अब भी यही मानना था कि पुराने दिन श्रेष्ठ थे जब संपूर्ण जाति एक शिविर, एक ग्राम में एक साथ रहती थी और उन्हें प्रत्येक घटना का पता होता था और संकट के प्रथम संकेत पर वह एकजुट हो जाते थे।

अनेक लोगों ने सुदास को आते देखा, उसे पहचाना और हाथ हिलाकर अथवा चिल्लाकर उसे आवाज़ दी। उसने हाथ के संकेत से उन्हें नगर आने के लिए कहा किंतु अपनी गति धीमी नहीं की। यदि वह रुककर उन परिवारों से बात करने लगता तो उसे घर पहुँचने में कई घंटे लग जाते। तृत्सु राज्य के भीतर आज जो भी षड्यंत्र रचा जा रहा था, उसका केंद्र उसका अपना नगर था; यह बात उसे उतने ही विश्वास से पता थी, जितनी यह कि इसके पीछे किसका हाथ था।

उसे वहाँ से गुज़रते हुए देखकर लोग अचंभित रह गए। अनेक आँखों में विद्रोह व क्रोध था और यहाँ तक कि कुछ में आँसू छलक रहे थे। कोई भी व्यक्ति अपने नित्य-कर्म नहीं कर रहा था, जिससे यह स्पष्ट था कि स्थिति पहले ही कितनी गंभीर हो चुकी थी। उसे यह सोचकर आश्चर्य हुआ कि वहाँ कितने लोग ऐसे होंगे जिन्होंने यह अफ़वाह सुनी होगी अथवा जिन्हें वहाँ चल रही गतिविधियों की लेश-मात्र भी सूचना होगी, किंतु उन्होंने इस विषय में कुछ नहीं बताया। उसे यह सोचकर भी अचंभा हुआ कि उसकी अपनी सभा व समिति में ऐसे कितने ही लोग होंगे जिन्हें इसका पता था पर उन्होंने भी वह बात उससे छिपाई। ऐसा नहीं था कि उसे बिल्कुल भान ही नहीं था कि वहाँ कुछ चल रहा था, किंतु ऐसे समय में तथा इस प्रकार की स्पष्ट योजना की उसने अपेक्षा नहीं की थी। *इस प्रकार नहीं, आज नहीं, अभी नहीं।* यदि उसने कुछ समय पूर्व ही बीस लोगों की हत्या, सिवाय इसलिए कि वे लोग उसे मारना चाह रहे थे, न की होती, तो उसे विश्वास नहीं होता कि यह सब सचमुच घटित हो रहा था।

नगर का माहौल गंभीर था। द्वार पार करते ही उसे यह महसूस

हो गया था। संतरी किसी विषय पर बहस कर रहे थे जिसका स्वरूप बिगड़ता जा रहा था। जब सुदास वहाँ से गुज़रा तो प्रत्येक व्यक्ति रुककर उसे देखने लगा किंतु अपने मुखिया - बल्कि, अपने राजा - को देखकर भी उनके व्यवहार में नरमी नहीं आई। निकलते समय उसे लगा कि उनकी आँखें उसे किसी आरोपी की भांति घूर रही थीं। उसने पीछे मुड़कर देखा कि इंद्राणी और इंद्रौत उसके पीछे आ रहे हैं। वे दोनों समझदारी से सिर झुकाए हुए थे ताकि उनकी दृष्टि किसी से न मिले क्योंकि वे जानते थे कि ऐसे समय में, मात्र किसी दृष्टि अथवा मुद्रा का भी ग़लत अर्थ लगाया जा सकता था।

सुदास का हृदय अपने बच्चों, अपनी पत्नी और उन सभी निर्दोष लोगों के लिए व्यथित हो उठा जिनका जीवन उस आपदा से उजड़ने वाला था, जिससे अंत में, उन्हें संभवतः सर्वाधिक पीड़ा होगी। युद्ध और लड़ाई में सदा ऐसा ही होता है। तथापि, यह अनुचित था।

अंततः ऐसा प्रतीत हो रहा था कि भारतों और उनके बंधु कबीलों ने परस्पर अपनी शत्रुता तथा भेद-भाव भुलाकर सामंजस्य के साथ रहना आरंभ कर दिया था। पिछले कुछ दिनों से चल रहे विवाहोत्सवों को देखकर उसे महसूस हो रहा था कि आख़िरकार चीज़ें सचमुच बदल गई थीं। अब उसे समझ में आ रहा था कि वह साझा बंधुत्व, मिल-जुलकर बैठना और खाना-पीना कितना बड़ा स्वाँग था जिसके पर्दे में बंद दरवाज़ों के पीछे प्रत्येक क्षण ज़बरदस्त राजनीति चल रही थी एवं षड्यंत्र रचे जा रहे थे।

उस समय भवन परिसर के द्वार बंद किए जा रहे थे। परिसर के बाहर भीड़ थी जिसे देखकर लग रहा था कि वह शीघ्र ही उत्तेजित एवं उपद्रवी हो जाएगी। लोग अपने अस्त्र-शस्त्र तैयार कर रहे थे और चिल्लाते हुए भद्दी धमकियाँ दे रहे थे। उसे देखकर संतरियों ने झुककर प्रणाम किया और उसके भीतर जाने के बाद द्वार बंद कर दिए। उसने भीतर जाते समय अनेक बार अपना नाम सुना और अपने लिए अभद्र बातें सुनी। यद्यपि, वह जानता था कि वे लोग उसके लिए ऐसे अपशब्दों

का प्रयोग हृदय से नहीं कर रहे थे, तथापि उसे वह सब सुनकर दुख हो रहा था।

उसे राज-पद की अभिलाषा नहीं थी। वह तो सिर्फ़, बिना किसी को चोट या दुख पहुँचाए, लोगों के लिए अच्छे से अच्छा कार्य करना चाहता था। फिर भी, यह स्वाभाविक था कि संकट की घड़ी में, दोष उसी व्यक्ति का माना जाता है जो राज्य-संबंधी कार्यों के लिए उत्तरदायी होता है तथा इस मामले में, वह व्यक्ति वह स्वयं था। उनका राजा।

17

कुत्ते भौंक रहे थे। वह उन्हें आंगन के बाहर तक सुन सकता था। वे अब भी उत्तरी कक्ष में बंद थे और उसकी भांति छिपे हुए संकट से अनभिज्ञ थे, किंतु जिस प्रकार वह भौंक रहे थे, ऐसा लगता था कि वे कक्ष में अकेले थे। यह उन्हें बिल्कुल पसंद नहीं था।

कुछ सारथियों एवं घोड़ों की देख-रेख करने वालों का समूह दक्षिणी छोर वाले कक्ष के बाहर घूमते हुए मुख्य कक्ष की ओर देख रहा था। उनके व कुछ अन्य लोगों के अतिरिक्त, जो दुविधापूर्ण स्थिति में अपने-अपने कार्यों में मग्न थे, भवन परिसर वीरान नहीं बल्कि त्यागा गया लग रहा था।

वह अश्व से उतर गया और बिना कुछ बोले, अश्व की लगाम निकट खड़े व्यक्ति को थमा दी। असमंजस एवं उत्तेजना की स्थिति में खड़ा वह व्यक्ति भी स्वाभाविक रूप से हड़बड़ा गया। उसने सुदास को सिर झुकाकर प्रणाम किया और फिर उसे जिस ख़ास कार्य के लिए कहा गया था, वह उसे करने के लिए चला गया।

सुदास मुख्य कक्ष की ओर बढ़ा। उत्तरी कक्ष को पार करने के साथ ही भौंकने का स्वर हलका होने लगा। स्पष्ट था सरमा को सुदास की गंध मिल गई थी। उसने सरमा को आशापूर्ण स्वर में पुकारते सुना। पर सुदास के पास सरमा को सांत्वना देने का समय नहीं था। वह वहाँ से मुख्य कक्ष की सीढ़ियाँ चढ़ने लगा।

मुख्य कक्ष के द्वार बंद थे किंतु भीतर से कुंडी नहीं लगी थी। उसने

लात मारकर द्वार खोल दिए, जो संभवतः भीतर खड़े लोगों से टकराए होंगे। एक व्यक्ति क्रोधित स्वर में बड़बड़ाया और उस अशिष्ट प्रवेशकर्ता को घूरने लगा। वह कोई अनु था और उसके हाथ में कुल्हाड़ी थी। उसने सुदास को घूरा और उसका मार्ग रोकने के उद्देश्य से आगे बढ़ा, किंतु जब सुदास अपना सिर झुकाए उसकी ओर उसी गति से बढ़ता आया तो वह व्यक्ति एक ओर हट गया और उसने अपने समीप खड़े लोगों को धीमे स्वर में कुछ कहा।

मुख्य कक्ष खचाखच भरा हुआ था।

लोग अस्त्र-शस्त्र लिए शराब पी रहे थे और खा भी रहे थे - एक व्यक्ति गोश्त का अधपका टुकड़ा चबा रहा था। सुदास उन्हें धक्का देता हुआ भीतर आ गया। उसे जहाँ तक ध्यान आ रहा था, वहाँ सभी कबलों के लोग उपस्थित थे, जो अपने-आप में अस्वाभाविक नहीं था क्योंकि वे सभी लोग विवाहोत्सव में सम्मिलित होने के लिए आए थे। अस्वाभाविक तो यह बात थी कि वे लोग अलग-अलग समूह में न बैठकर मिल-जुलकर बैठे थे। उसने वहाँ पंच मानव के सभी प्रतिनिधियों को देखा, जो मनु से आरंभ होकर ययाति के वंशज थे - पुरु, यदु, अनु, द्रह्यु तथा तुर्वसु। अन्य सभी प्रमुख जातियाँ भी उपस्थित थीं - मत्स्य, पनी, दास, भालन और भृगु, और साथ ही लघु जातियाँ भी थीं जैसे शिव, पख़्त, विसनिन, अलीनस, अनव, सिग्रु, अज और आश्चर्यजनक रूप से दोनों वैकर्ण जातियाँ। उसे याद नहीं आया कि उसने उन दोनों को एक-दूसरे की गर्दन काटने के बजाय, अंतिम बार, साथ में बातें करते और खाते-पीते कब देखा था।

कुछ ऐसे सामंत भी वहाँ थे जिनकी किसी कबीले के साथ स्थायी निष्ठा नहीं थी; ये वह लोग थे जिनका उस समय के प्राचीन तरीकों में विश्वास था जब सभी जातियाँ ग्राम-गाड़ियों में विश्व-भर में घूमती थी, और जहाँ भी पड़ाव डालती थीं, वही स्थान उनका निवास हो जाता था। इनमें से अंत में, सुदास ने भेद, शिम्यु, कवस तथा दो विदेशियों को भी पहचान लिया, जिनकी विचित्र-सी दाढ़ी थी और जिनके नाम तो

उसे नहीं पता थे परंतु उसने प्रायः उन्हें अनु के साथ देखा था। उसने अनुमान लगाया कि कुल मिलाकर, वहाँ मुख्य कक्ष में प्रधान तल तथा ऊपरी तल के कठघरे पर झुके हुए लगभग सौ कुलीन पुरुष एवं स्त्रियाँ थीं। सुदास उन बलशाली व बलिष्ठ लोगों और उनके अस्त्रों के भार के नीचे, लकड़ी के ढाँचों की चरमराहट को स्पष्ट रूप से महसूस कर पा रहा था। महिलाएँ तक आर्य परंपरा के अनुसार, आभूषणों तथा प्रचुर रोएँदार वस्त्रों से सुशोभित थीं एवं सशस्त्र भी थीं।

अनु राजसिंहासन पर बैठा था।

सुदास पर, उसके अपने ही सभागृह में जो उसके शासन और राज्य का केंद्र था, अब तक किसी की दृष्टि नहीं पड़ी थी। वहाँ चल रही बात-चीत एवं खान-पीन इतना अभद्र था और वहाँ एकत्रित अभिजात्य वर्ग के लोग अपने-आप में इतने तल्लीन थे कि वह किसी सामान्य दर्शक की भांति लगभग अनदेखा-सा खड़ा वहाँ के माहौल को देखता रहा। वह अत्यंत सारगर्भित था। वहाँ ऐसे अनेक गुट उपस्थित थे जिन्हें वह परस्पर प्रतिपक्षी समझता था और जिन्हें विगत कई अवसरों पर - यहाँ तक कि तलवार की नोंक पर बलपूर्वक - एक-दूसरे से दूर रहने का आदेश देना पड़ा था ताकि सभा अथवा समिति के समारोहों में शिष्टाचार बनाए रखा जा सके। अब वे सब परस्पर शिष्टतापूर्वक बात कर रहे थे, यद्यपि, उनकी त्यौरियाँ चढ़ी हुई थीं और अपनी तलवारों को म्यान में रखे तथा फरसों को कँधों पर लटकाए हुए वे एक-दूसरे से गज-भर की दूरी बनाए हुए थे, फिर भी बात-चीत कर रहे थे। यह एक उपलब्धि थी!

कुछ ऐसे लोग भी वहाँ उपस्थित थे, जिन्हें उसने न जाने कब से, ऊपरी या निचली, किसी भी परिषद में देखा नहीं था और जो इस प्रकार उन्मुक्त भाव से खा-पी रहे और बातें कर रहे थे तथा अत्यंत मिलनसार व्यवहार कर रहे थे, जैसा उन्होंने विगत दिनों में हुए विवाहोत्सव में शायद किया होगा - हालांकि वह ज़ानता था कि उनमें से अधिकांश लोग उस

उत्सव में सम्मिलित नहीं थे। इसका अर्थ यह था कि वह विशेष रूप से इसी समारोह के लिए वहाँ पहुँचे थे।

सभा एवं समिति की सभी बैठकों का आह्वान, राजा होने के नाते, सुदास स्वयं करता था और उसने आज किसी भी परिषद् की बैठक नहीं बुलाई थी।

वहाँ बहुत तरह की बातें हो रही थीं और शोर इतना अधिक था कि वह स्वयं भी यदि ताली बजाता तो उसे आवाज़ सुनाई नहीं देती। किसी झाड़ी जैसी दाढ़ी और मोटी तोंद वाले व्यक्ति को सहसा एहसास हुआ कि उसका प्याला खाली हो चुका है, तो उसने वह पास की दीवार पर दे मारा। वह चमचमाता प्याला लकड़ी की दीवार से टकराकर चकनाचूर हो गया किंतु सुदास को उसकी आवाज़ सुनाई नहीं पड़ी; मनुष्यों के शोर-शराबे में वह दब गई थी। वह झगड़ालू विशालकाय व्यक्ति कवस था जो एक स्वतंत्र सामंत था और सभी प्रकार की चीज़ों - मदिरा, भोजन, स्त्रियों तथा युद्ध - की भूख के लिए कुख्यात था। यद्यपि, इन वस्तुओं का क्रम उसके मनोभाव और अवसर पर निर्भर करता था।

सुदास बचपन से सभा, समिति अथवा सामाजिक अवसरों पर चुप रहकर लोगों की मनोदशा भाँपने की कला में पारंगत हो चुका था। अपने बातूनी पिता के साथ, जिनका ऊँचा स्वर तथा आडंबर से भरपूर बातें प्रत्येक अवसर व समारोह में सब पर भारी पड़ते थे, रहते हुए सुदास ने प्रारंभिक अवस्था से ही यह जान लिया था कि पिजवान के मुख्य आकर्षण बनने पर अप्रसन्न होने की अपेक्षा उस प्रख्यात मुखिया की शरण में रहकर उसे सुनना, देखना, उससे सीखना अधिक सुखदायक था। अधिकतर लोग इससे वंचित रह जाते थे। वयस्क क्षत्रियों के बीच एक बालक किसी कुत्ते के समान था - किसी को इस बात की चिंता नहीं थी कि वह किसे देखता था और क्या सुनता था। राज-पाट के विषय में सुदास जो कुछ भी जानता था, उसने वह सब मात्र अपने पिता की बग़ल में रहकर और उन्हें देखकर सीखा था। बाद में, जो बात उसे समझ

नहीं आती थी, उसे वह गुरु वशिष्ठ से समझ लेता था। वह उनसे जाति, कुल, परिवार, सामंतों और यहाँ तक कि एक ही परिवार के सदस्यों के बीच के जटिल एवं सदैव परिवर्तनशील राजनीतिक संतुलन के विषय में भी पूछता था।

सैद्धांतिक रूप से, भारत लोग वंश संदर्भ में एक संघ की तरह थे, किंतु व्यावहारिक तौर पर, वे मुट्ठी-भर बिखरी हुई जातियों का समूह थे जिसकी अन्य जातियों और संघों के साथ समानता थी। उनके संदर्भ में, पिजवान ने एक बार कहा था, 'मनु के हाथ से फेंका गया हड्डी का पाँसा'। युवा सुदास की उपस्थिति में उसके पिता ने एक सभा के सत्र के दौरान यह समझाया था कि किस प्रकार शक्तिशाली, हिंसक पुरुषों तथा स्त्रियों के लिए अपने-अपने व्यक्तिगत गढ़ पर शासन करना सरल होता है। इसे समझाने के लिए ही पिजवान ने कहा, अपनी राजगद्दी छोड़कर किसी हठी का पीछा करने के बजाय 'जो अपनी पहुँच में हो, उसे थप्पड़ और लाठी के प्रयोग से सँभालो'। पुराने तरीकों के अनुसार कोई मुखिया प्रेम, विस्मय, भय और सम्मान के मेल से शासन करता था और जो उसकी सत्ता का विरोध करते थे, वे चुपचाप ग्राम छोड़कर चले जाते थे। जब समस्त संसार आपके लिए खुला हो, तो अपने स्वामी या मुखिया से लड़ाई करने की आवश्यकता नहीं होती।

आज इन शक्तिशाली व समृद्ध राजाओं तथा मुखियाओं के इस सभागृह में एकत्रित होने तथा एक-दूसरे को झेलने का एकमात्र कारण यह था कि इन सभी के पास अपने लिए तथा आने वाली अनेक पीढ़ियों के जीवनकाल के लिए पर्याप्त संसाधन उपलब्ध थे। किसी को आने वाले समय या भारत देश अथवा किसी भी देश के भविष्य की चिंता नहीं थी। अधिकतर के लिए तो ऐसा कुछ था ही नहीं; उनके लिए मात्र भारत राजाओं का महत्त्व था, जो उन्मुक्त भाव से घूमते थे और मनचाहे ढंग से जीते थे।

सहसा, सुदास को शोर की आवाज़ धीमी होती प्रतीत हुई। उसने

देखा कि वहाँ एकत्रित लोगों के मनोभाव बदल रहे थे। फिर उसका ध्यान अपने निकट खड़े लोगों पर गया जो सिर घुमाकर उसकी ओर देख रहे थे।

उसने ऊपर देखा तो पाया कि प्रत्येक व्यक्ति उसे ही देख रहा था।

वहाँ चल रही बात-चीत धीमी हो गई और फिर बिल्कुल बंद हो गई। पृष्ठभूमि में, सिर्फ़ उसके कुत्तों के भौंकने का स्वर सुनाई पड़ रहा था।

उसके आस-पास एकत्रित लोग बँट गए और तब उसकी दृष्टि राजगद्दी पर बैठे व्यक्ति पर पड़ी। कायदे से वह सुदास का आसन था, जो अब उसका मखौल उड़ा रहा था।

'तृत्सुओं के राजा, सुदास का स्वागत है; हम तुम्हारी ही प्रतीक्षा कर रहे थे,' राजा अनु ने कहा।

18

भीड़ ने सिंहासन तक जाने के लिए सुदास का मार्ग छोड़ दिया, किंतु उसके रास्ते में जो पुरुष एवं स्त्रियाँ खड़े थे, उनके चेहरे के भाव शब्दों से कहीं अधिक अभिव्यक्तिपूर्ण थे। वे किसी साथी राजा अथवा समान व्यक्ति का स्वागत करने वाले स्त्री-पुरुषों के चेहरे नहीं थे, अपितु किसी क्षत्रिय अथवा आर्य के चेहरे थे। कुछ तो खुलकर धृष्टता कर रहे थे। कवस, भेद और शम्यु के साथ खड़े दो लोगों ने तो उनके बीच से होकर गुज़रते समय, सुदास के कंधों को हलका-सा धक्का देकर अपनी शत्रुता का खुलकर प्रदर्शन भी किया। वह स्वयं को ऐसे व्यवहार से उत्तेजित होने से बचाना जानता था। उसने कुछ राजाओं के चेहरों पर दृष्टि डाली जिन्हें वह आज सुबह तक अपना मित्र समझ रहा था किंतु जब उन्होंने उसकी उपेक्षा कर दी तो सुदास को भी आश्चर्य नहीं हुआ।

इसका अर्थ है कि मुझे अकेला छोड़कर समूह से अलग किया जा रहा है। अकेले पशु की बलि की तैयारी हो रही है।

वह लकड़ी के मंच तक पहुँचा जिसके ऊपर तृत्सु राजाओं और उनकी रानियों के सिंहासन रखे हुए थे।

सुदास के सिंहासन पर अनु विराजमान था।

सुदास की पत्नी और अनु की बहन, सुदेवी साथ वाले आसन पर बैठी थी।

उसके चेहरे पर सुदास के प्रति कोई भाव नहीं था; न तो उसके

मुख पर, कक्ष में उपस्थित कुछ लोगों की भांति, अनादर का भाव था, न ही ढिठाई का और न ही अन्य लोगों की भांति लज्जित भाव झलक रहा था। वह सिर्फ़ अपने भाई को देख रही थी और उसे ध्यान से सुन रही थी।

ऐसा लग रहा था मानो वह सुदास को कह रही हो : *मेरे भाई पर ठीक से ध्यान दो। उसकी बात को सुनो।*

सुदास ने दृष्टि उठाकर अनु की ओर देखा।

उसने अनु से, जो रिश्ते में उसका साला था, कहा, 'ऐसा प्रतीत होता है कि तुम मेरे आसन पर बैठे हो।'

उसने यह बात अत्यंत सहजता से, बिना अपना सुर बदले कही थी, मानो वह उस दिन के मौसम अथवा समय के बारे में कह रहा हो। तभी उसे लगा कि उसके पीछे उपस्थित सैकड़ों आँखों ने उसे एक साथ बेध दिया हो, किंतु उसने अपने भाव अथवा व्यवहार को प्रभावित नहीं होने दिया।

अनु हँस पड़ा।

'तुम्हें देखकर प्रसन्नता हुई, सुदास। कैसे हो तुम? पुनः अश्वों के साथ स्नान कर रहे थे? या इस बार तुम्हारे साथ कुत्ते थे?' अनु ने प्रभुत्व से भरे कक्ष को देखा। 'आज सुबह, या कहें पिछली रात्रि को, मैंने अपने मित्र सुदास को उत्तरी बाड़े में अश्वों के साथ मौज मनाते देखा था। संभवतः इन्हें ऐसा करने के लिए इनके महान गुरु ने कहा होगा... आधुनिक वशिष्ठ-योग का नया ढंग, क्यों सुदास?'

इस पर कक्ष में उपस्थित लोगों ने ज़ोरदार ठहाका लगाया।

अपने अपमान पर सुदास न तो मुस्कुराया और न ही उसने कोई अन्य प्रतिक्रिया व्यक्त की। पहले सभी भारत जातियों के एक ही गुरु हुआ करते थे, किंतु समय के साथ, ब्राह्मण वर्ग में परस्पर मतभेदों के कारण एक बड़ी दरार पैदा हो गई जिसके फलस्वरूप, आध्यात्मिक एवं अन्य

पक्षों पर सलाह के लिए तृत्सु जाति ने गुरु वशिष्ठ को तथा अनु जाति ने गुरु विश्वामित्र को चुना। अन्य जातियों के अपने-अपने गुरु थे, किंतु चूंकि ये दोनों गुरु अन्य सभी में वरिष्ठ थे, अतः ये दोनों पुराने झगड़े वाले परस्पर विरोधी गुटों के प्रतिनिधि बन गए और सभी ब्राह्मण भी इन दो में से किसी न किसी गुट में सम्मिलित हो गए। लेकिन एक भारत वंशी द्वारा वशिष्ठ के लिए किया गया इस प्रकार का व्यंग्य ओछा और अशोभनीय था। बल्कि वह इतना अशोभनीय था कि सुदास ने उसकी उपेक्षा करना ही उचित समझा। सुदास को इस बात का विश्वास था कि अनु चाहता था कि सुदास उसकी बात से उत्तेजित होकर वशिष्ठ के समर्थन में कुछ बोले जिससे उसे भी विश्वामित्र का पक्ष लेने का अवसर मिल जाए। दार्शनिक वाद-विवाद में उलझने का सुदास का कोई इरादा नहीं था। उसका यह मानना था कि सबका अपना मत होता है। यदि दूसरे लोग उसके विचारों से सहमत नहीं होते तो भी उसे इस बात से कोई परेशानी नहीं थी। वह मात्र इतना चाहता था कि इस भावना को अन्य लोग भी अपनाएँ और वे भी उसके विचारों का तथा उनके अनुसार चलने की उसकी इच्छा का सम्मान करें।

'तुम अपने आरक्षित आसन पर आराम से क्यों नहीं बैठ जाते?' अपने दाहिनी ओर, सभा के अन्य प्रमुखों के लिए रखे गए आसनों की पंक्ति की ओर संकेत करते हुए सुदास ने अनु से कहा। आख़िरकार, अनु कबीले का मुखिया होने के नाते, अनु स्वयं तृत्सु सभा का वरिष्ठ मंत्री था। अनु की राजधानी के प्रधान कक्ष में ऐसा ही स्थान स्थायी रूप से सुदास के लिए भी आरक्षित रहता था। यद्यपि, वे आसन मात्र औपचारिकता दर्शाते थे और प्रायः रिक्त रहते थे, तो भी वह एक भारतवंशी द्वारा दूसरे भारतवंशी के प्रति सम्मान व शिष्टाचार के प्रतीक थे।

अनु निकट खड़े अपने घनिष्ठ मित्रों और सहयोगियों को देखकर धीरे-से हँस दिया। उसके समीप बैठी सुदेवी अपने भाई को ध्यान से देख रही थी, मानो उसकी रूप-रेखा के प्रत्येक विवरण को याद करने का प्रयास कर रही हो। उसने सुदास से अब तक एक बार भी

दृष्टि नहीं मिलाई थी।

सुदास को पुनः संबोधित करते हुए अनु ने कहा, 'मुझे यह आसन अधिक पसंद है।' उसने अपना हाथ सुदास के सिंहासन के हत्थे पर टिकाया और फिर दंभपूर्वक पीछे होकर बैठ गया। 'इसके अतिरिक्त, यदि तुमने अपने धर्म का ठीक से पालन किया होता तो मुझे आज यहाँ बैठकर यह सब निर्णय नहीं लेने पड़ते।'

'अपने धर्म का पालन?' सुदास ने बात दोहराते हुए कहा, 'तुम्हारी राय में मैंने अपने धर्म का किस प्रकार पालन नहीं किया, अनु?'

अनु ने कटु तरीके से कंधे उचकाए और फिर अपना दूसरा हाथ उठाकर हथेली खोलकर ऐसे संकेत किया मानो सुदास का वह प्रश्न ही व्यर्थ था। 'अपनी प्रजा की रक्षा करना और उनके जीवन की सुरक्षा करना एक राजा का धर्म है, सही है न?'

'उससे भी अधिक,' सुदास ने शांत स्वर में उत्तर दिया, 'प्रत्येक राजा को अपनी प्रजा की रक्षा करना और उनके जीवन की सुरक्षा करनी चाहिए। यद्यपि, एक अच्छे राजा को अपने लोगों की प्रगति तथा समृद्धि का भी ख़याल रखना चाहिए। न्यूनतम कार्य करना पर्याप्त नहीं होता। सदैव अपेक्षा से अधिक करने का प्रयास करना चाहिए।'

अनु ने दो बार उसके उत्तर की प्रशंसा में अपनी गर्दन हिलाई। 'बहुत अच्छा! अत्यंत बुद्धिमत्ता की बात कही! तुम सदा से ही शब्दों के जादूगर रहे हो, सुदास।'

वह कुछ कहना चाहता था परंतु उससे पहले ही सुदास बोल पड़ा।

'अनु, मुझे खेद है कि मैं तुम्हारी तरह धारा-प्रवाह नहीं बोल सकता,' सुदास ने कहा, 'अब हम मुद्दे की बात पर आते हैं। आज प्रत्येक राजा, मुखिया और सामंत यहाँ एकत्रित है? मुझे याद नहीं कि मैंने किसी सभा, समिति अथवा किसी भी परिषद् की बैठक के लिए आह्वान जारी किया है। और तुम मेरे आसन पर क्यों बैठे हो? जैसा कि मैं पहले भी

कह चुका हूँ, तुम्हारा अपना स्थान यहाँ सुरक्षित है, तुम वहाँ से उठकर कृपया अपने स्थान पर बैठो। यदि तुम कुछ कहना चाहते हो तो मैं उसे सहर्ष सुनने के लिए तैयार हूँ, किंतु पहले तुम वहाँ से हटो और मुझे अपने स्थान पर बैठने दो।'

19

अनु तृत्सु सिंहासन पर बैठा रहा।

'तुम भूल रहे हो, सुदास,' उसने मुस्कुराते हुए कहा, 'यह मेरा स्थान है।'

सुदास ने अपनी आँखें सिकोड़ लीं। यह क्या कोई नई चाल थी? अथवा यह किसी प्रकार का मज़ाक था? 'तुम्हारा क्या तात्पर्य है अनु? यह तृत्सु के राजा का आसन है। मैं ही नियुक्त किया गया राजा हूँ। यहाँ सिर्फ़ मैं बैठ सकता हूँ।'

अनु ने सभागृह में दृष्टि दौड़ाई और वहाँ एकत्रित लोगों को संबोधित करते हुए बोला, 'क्या ऐसा है? मेरे साथी आर्य और मित्रों, क्या सचमुच ऐसा है?'

रूखे स्वर में सभी ने एक साथ धृष्टतापूर्वक उत्तर दिया, 'नहीं!'

कोई ऊँचे स्वर में बोला, 'यह तुम्हारा आसन और तुम्हारा ही घर है, अनु। जैसा चाहो, करो!'

सभी ने ज़ोरदार ठहाके से इस अंतिम टिप्पणी का अभिवादन किया।

अनु ने सवालिया भाव से सुदास को देखा और फिर सुदेवी की ओर मुड़कर बोला, 'तुम क्या कहती हो, प्रिय बहन? क्या मुझे यहाँ बैठने का अधिकार है?'

सुदेवी एक क्षण के लिए चुप रही। सुदास की भँवें तन गईं; वह

समझ नहीं पा रहा था कि सुदेवी से इस प्रकार का प्रश्न पूछकर अनु कौन-सा खेल खेल रहा था। और वह यहाँ उसकी बग़ल में बैठकर क्या कर रही है? वह अचंभित था। मुख्य कक्ष में प्रवेश करने के बाद पहली बार उसे अपने मस्तिष्क में क्रोध की चुभन महसूस हुई।

सुदेवी ने स्नेहपूर्वक कहा, 'तुम्हें यह अधिकार है, भाई।'

अनु ने प्रसन्नतापूर्वक अपने हाथ फैलाकर कहा, 'देखा तुमने? मेरी बहन ने पुष्टि कर दी। मैं अधिकारपूर्वक सही स्थान पर बैठा हूँ। यह मेरा आसन है, सुदास, तुम्हारा नहीं। तुम्हारा जहाँ मन करे, वहाँ बैठ जाओ! जाओ, जाओ। आराम से बैठो। इसे अपना ही घर समझो।'

इस अपमानजनक प्रस्ताव का घुरघुराकर और दबी हुई हँसी में अभिवादन हुआ।

सुदास को लगा उसकी पीठ अकड़ने लगी थी। बात अधिक आगे बढ़ गई थी। उसने अपनी पत्नी को संबोधित करते हुए कहा, 'मेरे उत्तराधिकारियों की माता, कृपया मुझे अपनी इस बात का आशय समझाओ। मुझे तुम्हारे भाई की बात करने का ढंग समझ में नहीं आ रहा, क्योंकि उसमें शिष्टाचार का अभाव है। कृपया मुझे यह समझाने का कष्ट करो कि तृत्सु सिंहासन अब एक अनु राजा का आसन कैसे हो गया?'

बात करते समय सुदेवी की दृष्टि नीचे थी। वह अपने गंभीर पत्नी-स्वभाव से बहुत अलग थी और यह स्पष्ट हो रहा था कि वह इस मुद्रा के माध्यम से ही उससे बात कर रही थी। वह कह रही है कि वह अनु से सहमत नहीं है तथा वह जो कुछ कर रहा है और उससे करवा रहा है, वह उसकी अनदेखी कर रही है, किंतु अपनी निष्ठावश वह ऐसा करने के लिए बाध्य है। सुदास को क्रोध की सुई एक बार पुनः चुभ गई; क्रोध उसे सुदेवी पर नहीं आ रहा था क्योंकि वह समझ रहा था कि सुदेवी दबाव के कारण विवश थी, परंतु क्रोध उसे अनु पर आ रहा था जो अपनी बहन के हाथों सार्वजनिक रूप से उसी के पति का

अपमान करवा रहा था। इस संपूर्ण क्रिया-कलाप का एकमात्र उद्देश्य ही राजा सुदास और उसके समस्त तृत्सु कबीले को अपमानित करना था। तृत्सुओं द्वारा आज तक किए गए सभी कार्यों में - अश्वों तथा कुत्तों सहित उनकी दक्षता से लेकर धातु-कला, सड़क-निर्माण, गृह-निर्माण, जल निकासी व्यवस्था, और निस्संदेह युद्ध-कौशल - स्वयं को श्रेष्ठ सिद्ध करने का बदला लेने का, यह अनु का अपना तरीका था। अनु जैसे व्यक्ति के लिए बस, इन्हीं बातों का महत्त्व था।

सुदेवी ने धीमे स्वर में बोलना आरंभ किया तो सभा में मौन छा गया और सभी उसकी बात सुनने लगे : 'सुदास, जैसा कि तुम्हें पता है, हमारे समाज की संरचना प्रमुख रूप से मातृसत्तात्मक है। भारत क़ानून के अंतर्गत, भूमि एवं अन्य सभी प्रकार की संपत्ति का उत्तराधिकार, विरासत और स्वामित्व किसी भी वंश की मातृ सत्ता के पास होता है। तुम्हारी माता की अनुपस्थिति में - ईश्वर उनकी आत्मा को शांति दें - मैं ही तुम्हारे घर की स्वामिनी हूँ। तृत्सु संबंधी मामलों में चला आ रहा तुम्हारा शासन और अधिकार, अब मेरे आदेशानुसार व मेरे ही द्वारा होगा। तुम यह सब पहले से ही जानते हो, प्रिय, क्योंकि तुम विधि के जितने अच्छे ज्ञाता हो, उसके क्रियान्वयन में भी उतने ही समझदार हो। तुम्हें यह भी पता होना चाहिए कि कुछ विशेष परिस्थितियों में, तुम्हारी गृह-स्वामिनी होने के नाते मैं अपने अधिकारों का प्रयोग कर सकती हूँ और तुम्हें तुम्हारे दायित्वों से कार्यमुक्त कर सकती हूँ ताकि मैं अपने ढंग से शासन कर सकूँ। मैं भारत क़ानून के अंतर्गत अपने अधिकारों का प्रयोग करते हुए ऐसा कर रही हूँ और तृत्सु की राजगद्दी तथा तुम्हारे अधीन सभी क्षेत्रों के लोगों एवं संपत्ति सहित तुम्हारे समस्त वैभव पर अब मेरा अधिकार होगा। अपने इस अधिकार के अनुरूप, इन मामलों में सहयोग देने हेतु अपने स्थान पर, मैंने अपने भाई को शासक नियुक्त किया है। मेरे स्थान पर वह बोलेगा और मेरे द्वारा प्रदत्त अधिकार के अंतर्गत उसकी कही गई प्रत्येक बात राज आज्ञा होगी। मैं तुमसे प्रार्थना करती हूँ कि उसे वही सम्मान, आदर और आज्ञा-पालन प्रदान करो जो

किसी भी भारत वंशी को एक तृत्सु राजा को देना चाहिए। आज से, प्रत्येक संदर्भ में, अनु ही तृत्सु का राजा होगा।'

उसने यह संपूर्ण व्याख्यान, जिसमें पूर्वाभ्यास और पहले से तैयार भाषण-शैली की गंध आ रही थी, बहुत मेहनत से एक सुर में दे दिया जिससे यह स्पष्ट हो गया कि वह इन सब बातों को कहने में न तो प्रसन्नता महसूस कर रही थी और न ही वह ऐसा कहना चाहती थी, किंतु उसके पास कोई अन्य विकल्प नहीं था।

सभा-गृह की दीवारों और छत से टकराकर अनुमोदन का गुंजायमान हो रहा स्वर सुदेवी के नीरस नियम-पालन के पूर्णतः विपरीत था।

'साधु! साधु!' अपना निश्चित अनुमोदन व्यक्त करते हुए वहाँ एकत्रित भीड़ चिल्लाई।

तभी मदिरा-पान व झगड़े के भाव से भरा एक कठोर स्वर सुनाई पड़ा, 'भारत वंशियों के राजा अनु की जय!'

सुदास ने पीछे मुड़कर देखने की अपनी उत्तेजना को रोक लिया। उसे विश्वास था कि अंत में बोले गए ये शब्द बोलने वाला व्यक्ति कोई अन्य नहीं बल्कि, भेद नाम का घुमक्कड़ सामंत और अनु का करीबी मित्र था।

अनु, जो इस समारोह के केंद्र में था, आगे की ओर झुका, और फिर उसने अपने घुटनों पर हाथ टेकते हुए कौतहूल से सुदास की ओर देखा।

'तो देखा आपने, मेरे प्रिय जीजाजी, यह स्थान सचमुच मेरा है और मैं विधि अनुसार, अपनी बहन की आज्ञा से और उसके अधिकार से यहाँ बैठा हूँ।'

उसने उपेक्षापूर्ण मुद्रा बनाते हुए कहा, 'मैं तुमसे प्रार्थना करता हूँ कि तुम अपने लिए कोई स्थान देख लो और अपने थके हुए शरीर को आराम दो। मुझे विश्वास है कि आने वाले दिनों में सोच-विचार करने के

लिए तुम्हारे पास पर्याप्त मुद्दे होंगे। इसे अपने राजसी दायित्वों से मुक्त होकर आराम करने हेतु उचित समय समझो। थोड़ा सोम-पान करो, मेरे इस सभा-गृह के अतिथि सत्कार का आनंद लो, अपनी पसंद की किसी मनोरम युवती के साथ अपना मन बहलाओ। तुम तृत्सु लोग कार्य, दायित्व, धर्म, त्याग जैसी बातों के प्रति अत्यधिक आसक्त रहते हो... तुम्हें अपने दायरे का विस्तार और थोड़ा मनोरंजन करने की आवश्यकता है।'

20

सुदास की इच्छा हुई कि वह अनु की पक्षियों जैसी नाक पर घूँसा जड़कर उसे अनु के दाढ़ी-भरे गाल की तरफ़ मोड़ दे; यह इच्छा सुदास को पहली बार नहीं हुई थी। उसने ऊँचे स्वर में कहा, 'तुमसे भूल हो रही है।'

अनु ने प्रसन्नतापूर्वक उसकी ओर देखा। 'भूल तुमसे हो रही है -'

'चुप रहो अनु,' सुदास ने धीरे-से कहा, इतना धीरे कि उसे वहाँ मंच के निकट खड़े लोगों के अतिरिक्त कोई नहीं सुन सका, 'मैं तुम्हारी बहन से बात कर रहा था।'

सुदेवी ने इतनी देर में पहली बार ऊपर देखा। वह चकित किंतु घबराई हुई थी। 'मुझसे, सुदास?' उसने पूछा। उसे सामन्य ढंग से बात करते देखकर सुदास को तसल्ली हुई।

'तुमसे भूल हो रही है,' उसने बिना किसी भूमिका के बोलना आरंभ कर दिया, 'जिस क़ानून की तुम बात कर रही हो वह तब लागू होता है जब मातृसत्ता पक्ष की संपत्ति आदि का संचालन करने अथवा उसकी देख-रेख करने के लिए उसका पति अथवा उसके पति का भाई न हो। मैं तो जिवित हूँ और सभी त्रत्सु संबंधी मामलों के संचालन में पूर्णतः सक्षम भी हूँ। तुम मुझसे ऐसे छुटकारा नहीं पा सकतीं।'

उसे सुदेवी के चेहरे पर तुरंत चमक देखकर प्रसन्नता हुई। 'सचमुच?'

वह मंच की अंतिम सीढ़ियाँ चढ़ता हुआ उसके आसन की ओर बढ़ा। वह उसके सम्मान में उठ खड़ी हुई; किसी राजा अथवा उसके पति

के प्रति सम्मानवश नहीं, अपितु इसलिए कि बैठे-बैठे ही विशाल क़द वाले सुदास की ओर देखना हास्यास्पद लगता। सुदास ने उसके हाथों को अपने हाथ में लेकर प्रेमपूर्वक उसकी हथेलियाँ सहलाईं।

'तुम ठीक हो?' वह धीरे-से बोला।

उसने बिना बोले हामी भर दी। फिर वह ऊँचे स्वर में बोली : 'इस बात को विस्तार से समझाओ!'

'जिस नियम का तुमने उल्लेख किया है, उसकी व्याख्या इसे बिल्कुल विपरीत ढंग से प्रयोग करने हेतु की गई थी।'

सुदेवी ने त्योरी चढ़ाई और फिर कंधे के ऊपर से देखते हुए कहा, 'क्या मतलब है तुम्हारा?' यह बात सुदेवी ने ज़ोर से और इतने अविश्वसनीय रूप से बढ़ा-चढ़ा कर बोली कि सुदास समझ गया कि वह चाहती थी कि सभा-गृह में उपस्थित सभी लोग उसकी बात सुन सकें। सुदास ने भी अपना स्वर उसके स्वर जितना ही ऊँचा कर लिया।

'चूंकि तृत्सु संपत्ति पर स्वामित्व और अधिकार रखने हेतु मेरी माँ अथवा दादी-माँ या कोई चाची-मौसी या बहन नहीं है, इसलिए उनकी अनुपस्थिति में तुम ही मेरे घर की गृह-स्वामिनी हो। परंतु, तुम सर्वप्रथम अपनी जाति की स्वामिनी हो।'

'अपनी जाति?' उसने पूछा।

'अनु जाति!' वह ज़ोर से बोला, 'आख़िर, तुम अनु स्त्रियों में सबसे बड़ी हो, ऐसा है न?'

'हाँ,' सुदेवी ने औपचारिकता के साथ उत्तर दिया।

'ऐसी स्थिति में, यदि तुम चाहो तो तुम अपने भाई को उसकी राजगद्दी से अपदस्थ करके आज से संपूर्ण अनु संपत्ति का स्वामित्व प्राप्त कर सकती हो। इसके लिए तुम्हें मात्र ऐसा करने की इच्छा व्यक्त करनी होगी और तुम चाहो तो अपने स्थान पर मुझे समस्त लोगों व संपत्ति की देख-रेख का उत्तरदायित्व सौंप सकती हो। ऐसा इसलिए कि अनु तुम्हारा

छोटा भाई है और सौतेला भी, है न?'

'अवश्य!' वह बोली और उस एक शब्द में उसने अपनी प्रसन्नता व्यक्त कर दी।

'और यदि तुम्हें लगता है कि शासन या कार्य-संचालन के मामले में अनु तुम्हारे जितना समझदार और सक्षम नहीं है, तो तुम्हें यह भी अधिकार है कि तुम उसके स्थान पर मुझे अर्थात् अपने पति को अनु जाति का राजा बना दो।'

ओह, अच्छा!' वह बोली। इसी के साथ, उसकी तेजपूर्ण भूरी आँखें खुशी से चमक उठीं। फिर वह बोली, 'क्या तुम मुझे ऐसा करने की सलाह दे रहे हो, प्रिय?'

'बहुत हुआ!'

अनु झटके से उठ खड़ा हुआ। वह दो क़दम आगे बढ़ा और उसके पतले चेहरे पर आए तीव्र क्रोध के भाव से स्पष्ट था कि उसका मन हुआ होगा कि सुदेवी को उसके लंबे चमकदार बालों से पकड़कर एक तरफ़ धकेल दे। किंतु सुदास भी वहीं एक हाथ की दूरी पर खड़ा था और उसके मुख पर जो भाव थे उन्हें देखकर कोई भी होता तो अपने अस्त्र-शस्त्र छोड़कर वहाँ से भाग खड़ा होता। लेकिन अनु ने ऐसा करने के स्थान पर शब्दों द्वारा क्रोध प्रदर्शित कर स्वयं को शांत कर लिया।

'मैं क़ानून की इस व्याख्या से सहमत नहीं हूँ,' वह बोला, 'यह फ़र्ज़ी है और ग़लत भी!'

'फिर तुम्हारे अनुसार क़ानून की सही व्याख्या क्या है?' सुदास ने शांत भाव से पूछा। उसने सुदेवी की बाँह को छुआ और हलके से उसे एक ओर हट जाने का संकेत किया। उसका आशय समझते हुए, वह धीरे-से सहजतापूर्वक एक ओर हट गई।

अनु एक क्षण को बड़बड़ाया और फिर अपनी मुट्ठी भींचकर सुदास को दिखाते हुए बोला, 'जो कुछ मेरी बहन ने पहले कहा!' वह

चिल्लाया, 'वह थी सही व्याख्या।'

'क्या सचमुच?' सुदास ने अनु की ओर पीठ करके सभा-गृह में उपस्थित चेहरों को देखते हुए पूछा। उनमें से अनेक लोग, जो द्वेष, क्रोध और घृणा से भरे थे, उस पर लपकने को तैयार थे, किंतु बहुत-से ऐसे भी थे जिनमें सहानुभूति थी या, कम से कम, जो तटस्थ दिखने के इच्छुक थे। तख़्ता-पलटने का यह प्रयास उतना सरल था नहीं, जितना अनु ने सोचा था।

सुदास को लगा कि अनु की यह पूरी योजना शीघ्रतापूर्वक सत्ता हथियाने की प्रक्रिया पर निर्भर थी और उसको यह भी विश्वास था कि वह पूर्णतः विधि के अनुरूप कार्य कर रहा है। उसे यह विश्वास निश्चित तौर से किसी ऐसे व्यक्ति ने दिलाया होगा जो क़ानून तथा उसके क्रियान्वयन से पूरी तरह अवगत था। अनु स्वयं इतना विद्वान अथवा समझदार नहीं था। सुदास को संदेह हुआ कि अवश्य ही अनु के लंबी दाढ़ी वाले गुरु ने अनु को यह बताया होगा कि यह चाल आर्य नियमों के अनुसार निर्विवाद है। पर उसके गुरु उसे यह बताने से चूक गए कि यही क़ानून दोनों पक्षों द्वारा प्रयोग किया जा सकता था, और यह भी कि किसी प्रकार के विवाद की स्थिति में, अंतिम निर्णय अधिक क़रीबी रिश्ते के पक्ष में होगा। इस मामले में, वह निश्चित रूप से सुदेवी थी, जो अनु परिवार की सबसे ज्येष्ठ स्त्री होने के नाते अपने मातृ-सत्तात्मक अधिकार का प्रयोग कर सकती थी। दूसरी ओर, सुदास से विवाह होने के बाद उसकी पत्नी होने के नाते, सुदास के परिवार में उसका यह अधिकार न के बराबर था। सुदास को मात्र एक काम करना था; यदि वह सुदेवी से अपना विवाह तोड़ दे तो वह उसकी पत्नी नहीं रह जाएगी और तब, उसके इस परिवार एवं सभा-गृह पर सभी मातृ-सत्तात्मक अधिकार अपने-आप समाप्त हो जाएँगे। वह ऐसा करना नहीं चाहता था, किंतु क़ानूनी रूप से यह वैध था। दूसरी ओर, अनु परिवार एवं उसके सभा-गृह पर तो सुदेवी का जन्म-सिद्ध अधिकार था, जिसे कोई नकार नहीं सकता था।

लेकिन वह जानता था कि आर्य उत्तराधिकार क़ानून पर इस लंबे विवाद द्वारा वर्तमान मुद्दे को नहीं सुलझाया जा सकता था। अतः अनु के साथ और अधिक विवाद करने की अपेक्षा उसने मात्र इतना कहा, 'ऐसी स्थिति में, हमें यह मामला सभा के वयोवृद्ध लोगों के समक्ष रखना चाहिए और उनका मत जानना चाहिए।'

अनु एक क्षण के लिए मौन हो गया।

सुदास जानता था कि अनु के पास इस सुझाव का कोई उत्तर नहीं था।

यदि वे इसे सभासदों के समक्ष रखते तो इसका निर्णय होने में कई दिन लग सकते थे, और इसका निर्णय भी लगभग निश्चित तौर से, सुदास के पक्ष में जाता। अनु की संपूर्ण योजना रातों-रात नाटकीय ढंग से तख़्ता पलट करके अपने इस काम को विधि व सम्मान का रूप देने की थी। सुदास को पता था कि अनु जैसा व्यक्ति विधि एवं सम्मान की लेश-मात्र भी चिंता नहीं करता था। इसका अर्थ था कि यह सब कुछ गुरु विश्वामित्र के कहने पर ही हुआ था। अनु जिस क़ानूनी धरातल पर खड़ा होना चाह रहा था, उसे ध्वस्त करके सुदास ने उसे बलपूर्वक बोलने के लिए विवश कर दिया। अब अनु को अपना वास्तविक रूप प्रकट करना ही था।

और ऐसा ही हुआ।

अनु के नेत्र भावशून्य हो गए और उसने अपने होंठ कसकर सिकोड़ लिए। मिलनसार होने एवं दयालु सौम्यता का संपूर्ण ढोंग मानो किसी हथौड़े की आकस्मिक चोट से टूटकर बिखर गया।

अनु ने अपनी तलवार निकाल ली और सुदास की गर्दन पर तान दी। 'मुझे लगता है कि हम लोग क़ानूनी विषयों पर आज के लिए पर्याप्त चर्चा कर चुके हैं। इस मामले को अपने पुराने और उचित ढंग से सुलझाना ही ठीक रहेगा। समस्त तृत्सु भूमि और संपत्ति पर मेरा अधिकार है। किसमें साहस है जो मुझे रोके?'

21

इसके बाद के सभा में छाए मौन पर अनु हँसा - वह मौन विचित्र था; हालांकि मुँह से कोई कुछ नहीं बोला, सुदास को सभा में अस्त्र-शस्त्रों के अपने आवरण से बाहर निकाले जाने तथा उन पर हाथों की बढ़ती हुई पकड़ से उत्पन्न धातु की खनक का स्वर स्पष्ट सुनाई दे रहा था। उसे कोई संदेह नहीं था कि कम से कम, सौ तलवारें अपनी म्यानों से बाहर आ चुकी थीं और मुख्य कक्ष में आक्रमण करने हेतु तैयार थीं। इतनी कम दूरी पर और ऐसे बंद स्थान पर नरसंहार निश्चित था। अनु हँस रहा था क्योंकि वह भी यह बात जानता था।

'मुझे याद है सुदास कि तुमने आज सुबह ही मुझपर तलवार तानी थी,' वह बोला। अपनी नाक के नीचे से अपने जीजा को देखते हुए उसने अपना सिर पीछे किया तो उसके दाँत दिख रहे थे। 'अब तलवार मेरे हाथ में हैं और गर्दन तुम्हारी संकट में है; कैसा लग रहा है?'

'कायर!' सुदास ने शांत और स्थिर भाव से उत्तर दिया। उसका स्वर इतना ऊँचा था कि वहाँ एकत्रित सभी लोगों ने उसे सुना।

अनु की मुस्कुराहट ग़ायब हो गई। उसके ओंठ बंद हो गए व नेत्र सिकुड़ गए। 'क्या तुमने मुझे अभी-अभी कायर कहा?'

'हाँ, मैंने कहा,' सुदास बोला, 'क्योंकि कोई कायर तथा अपने संबंधियों का विश्वासघाती ही अपना अधिकार जमाने के लिए सशस्त्र योद्धाओं को सभा-गृह में ला सकता है। सच्चा क्षत्रिय तो रण-क्षेत्र में खुले-आम युद्ध करने का साहस रखता और अपने प्रतिद्वंद्वी को लड़ने

का अवसर देता।' अनु के नेत्रों में उस समय जो भाव था, उसे विद्वेषपूर्ण ही कहा जा सकता था। 'तुम मुझसे अभी लड़ सकते हो। यह सभा-गृह भी लगभग रण-क्षेत्र ही है। पहले भी यहाँ अनेक विवाद सुलझाए गए हैं। संभवतः कायर तुम हो, सुदास।'

मज़े की बात यह थी कि सुदास ने देखा कि अनु के शब्दों का किसी ने न समर्थन किया और न विरोध। ऐसा लग रहा था कि वह विवाद, यदि उसे विवाद माना जा सकता था, ऐसी स्थिति में पहुँच चुका था, जहाँ सभा में एकत्रित लोग यह जानने को उत्सुक थे कि अब आगे क्या होगा, और किसी एक का पक्ष लेने से पूर्व अंतिम निर्णय होने तक प्रतीक्षा करने हेतु तत्पर थे। सुदास ने सोचा, इसका आशय यह है कि वे लोग अब तक अनु के प्रति समर्थन को लेकर अनिश्चित हैं।

सुदास ने एक साहसी, खतरनाक और कदाचित घातक क़दम उठाने का निर्णय लिया।

उसने अनु तथा उसकी तलवार की नोंक की ओर अपनी पीठ घुमा ली।

उसने अपने हाथ उठाए, फिर अपनी भावनाओं को नियंत्रित कर अपने स्वर को थोड़ा ऊँचा करके, उसने सभा-गृह में उपस्थित लोगों को संबोधित किया।

'क्या कोई कायर ऐसा करेगा?' उसने पूछा, 'क्या कोई कायर अपने शत्रु की ओर पीठ घुमाकर, पीछे से तलवार से मार दिए जाने का ख़तरा उठाएगा? क्या कोई कायर किसी अन्य स्थान पर युद्ध करने के लिए कहेगा जबकि, वह अपने ही सभा-गृह में, अपने लोगों के बीच, अपने हज़ारों योद्धाओं के सहयोग से कुछ सौ शत्रुओं के विरुद्ध लड़ सकता है?'

अनेक क्रुद्ध तथा प्रतिपक्षी चेहरों की त्योरियाँ चढ़ गईं। कुछ ने ज़ोर से खखारकर गला साफ़ किया। शेष ने उसकी बात से स्वीकृति जताते हुए अनिच्छा से सिर हिला दिया।

सुदास की दृष्टि एक चिंतनशील परिचित सफ़ेद दाढ़ी वाले चेहरे पर पड़ी। उसने उस व्यक्ति की ओर संकेत किया।

'भृगु कबीले के राजा, अंगीरस!' वह बोला।

वह व्यक्ति चकित हो गया। उसे अपना नाम बुलाए जाने की आशा नहीं थी। *उसने सोचा था कि यह बात मातृसत्तात्मक उत्तराधिकार वाली चाल पर ही समाप्त हो जाएगी। उसे यह आशा नहीं थी सभा-गृह में तलवारें तन जाएँगी अथवा बात इतना तूल पकड़ लेगी।*

'हाँ?' अंगीरस ने प्रायोगिक ढंग से कहा।

'आप अनु और मुझसे, दोनों से बड़े हैं। आप मेरे पिता पिजवान के मित्र हैं और आप मेरे दादा दिवोदास को भी जानते थे। आपने असंख्य असहमतियों, झगड़ों तथा विवादों को विभिन्न प्रकार से उठते और सुलझते देखा है। आपने कभी किसी आर्य को अपने साथी-आर्य के राज्य पर इस प्रकार बलपूर्वक अधिकार करने के उद्देश्य से सभा-गृह में अस्त्र-शस्त्र लाते हुए देखा है?'

सभी लोग अंगीरस की ओर देखने लगे। भृगु-राज ने चारों ओर अनिश्चितता से दृष्टि डाली। सुदास ने अपनी मुस्कान को किसी तरह रोक लिया। अंगीरस को जो कुछ भी आज वहाँ सुनने और देखने की अपेक्षा थी, यह सब वैसा तो नहीं था। वह अब असमंजस की स्थिति में थे। शिष्टाचार की माँग थी कि अंगीरस सुदास के प्रश्न का उत्तर दें। लेकिन यदि उनके उत्तर से अनु अप्रसन्न हो गया तो उन दोनों ने जो परस्पर संधि स्थापित की थी, उस पर प्रतिकूल प्रभाव होगा तथा, यदि उन्होंने दो टूक झूठ बोलकर अनु के साथ सहमित व्यक्त की, तो वह अपने आप में कायरता कहलाएगी। किन्हीं कारणों से, यह ऐसी अभिव्यक्ति थी जिसे आर्य उन लोगों के लिए प्रयोग करते थे जिनका सदाचरण एवं नीतिपरक बोध उच्च रूप से विकसित था और जो आचरण के उच्चतम मानकों पर खरे उतरते थे। एक बार प्रस्तावित किए जाने के बाद, अंगीरस के पास उत्तर देने के अतिरिक्त कोई विकल्प नहीं था।

'नहीं,' उन्होंने संक्षेप में उत्तर दिया। स्पष्ट रूप से वह एक शब्द से अधिक बोलने के इच्छुक नहीं थे।

किंतु सुदास आग्रह करता रहा। 'क्यों नहीं? आख़िर, अनु को लगता है कि वह अपनी इच्छा से बलात् कुछ भी ले सकता है - लेकिन वह क़ानूनी तौर पर ऐसा करने में असफल रहा है। तो, मुझे पीछे से मार डालने में तथा हिंसक ढंग से बलपूर्वक मेरी समस्त संपत्ति और अधिकार छीन लेने में ग़लत क्या है?'

अंगीरस ने रुष्टता से सुदास को देखा और उन्हें ऐसी विषम परिस्थिति में डालने के लिए अपना क्रोध व्यक्त कर दिया। फिर संक्षेप में बोले, 'यह आर्य-विरूद्ध एवं क्षत्रिय-धर्म के विरुद्ध होगा।'

आर्य-विरूद्ध। क्षत्रिय-धर्म के विरुद्ध। यह तो 'कायरता' कहने से भी अधिक बुरा था। किसी आर्य क्षत्रिय का इससे बड़ा अपमान क्या होगा, कि वह आर्य क्षत्रिय कहलाने के योग्य ही नहीं है। अंगीरस ने अनु को न केवल आर्य-विरूद्ध एवं अधार्मिक क्षत्रिय कह दिया था, अपितु अनु यदि अपनी तख़्ता-पलट करने की उग्र योजना के साथ आगे बढ़ता तो उसे ऐसा ही माना भी जाता।

सहसा वहाँ कोलाहल पैदा हो गया। सैंकड़ों स्वर एकसाथ शोर मचाने लगे, एक-दूसरे को अपशब्द कहने लगे तथा परस्पर ज़ोर-ज़ोर से झगड़ने लगे।

सुदास ने उस कोलाहल को शांत करने का प्रयास नहीं किया। वह एक ओर हट गया और अनु को देखने लगा। ऐसा प्रतीत हुआ कि उसके साले ने अपनी तलवार नीची कर ली थी, किंतु यदि नेत्र कटार की भांति भेद पाते तो उसने अपनी सफेद पुतलियाँ भोंककर सुदास की वहीं हत्या कर दी होती!

सभा-गृह में हो रहे कोलाहल के बीच विशेष रूप से अनु को संबोधित करते हुए सुदास ने शांत भाव से कहा, 'अच्छा तो, मेरी प्रिय पत्नी के प्रिय भाई, ऐसा लगता है कि आख़िर में तुम कायर सिद्ध हो

रहे हो। क्या अधिकार जताने का तुम्हारा यही तरीका है? ग़ैर-क़ानूनी, कायरतापूर्ण एवं आर्य-विरूद्ध तरीका?'

अनु इतना आगे बढ़ आया कि अब वह सुदास पर वार करने की स्थिति में था। सुदास अपने स्थान से नहीं हिला; उसका ध्यान अनु के हाथों पर न होकर उसके चेहरे पर था। वह पिछले एक घंटे से मात्र अपने शब्दों और तर्क के आधार पर ही सुरक्षित था और वह इस स्थिति से भी निपट सकता था। इसके अतिरिक्त, यदि अनु चाहता तो प्रतिष्ठा और परंपरा की परवाह किए बिना सुदास को बहुत पहले मार सकता था, जब सुदास का सिर और गर्दन अनु की तलवार की दया पर निर्भर थे।

अनु बोला, 'तुम शब्द-प्रयोग में प्रवीण हो, सुदास।' उसके स्वर में उबलती घृणा छिपाए नहीं छिप रही थी। 'परंतु रण-क्षेत्र में तुम मेरा मुक़ाबला नहीं कर सकते।' उसने गर्दन को झटका देते हुए जोड़ा, 'हमारा मुक़ाबला।'

सुदास ने गर्दन हिलाई। 'हो सकता है, नहीं भी हो सकता है। क्या इसका अर्थ है कि अनु अब तृत्सुओं के साथ युद्ध की घोषणा कर रहे हैं?'

अनु मुस्कुराया। 'सिर्फ़ अनु नहीं, सुदास। सब लोग।'

सुदास का हृदय मानो जड़ हो गया। 'सब लोग?'

अनु ने पुनः अपनी गर्दन को झटका दिया। 'सब लोग मेरे साथ हैं। तुम्हारे विरुद्ध। हम तुम्हें हाथी के पैर तले आए नवजात शिशु की भांति कुचल देंगे।'

वह मुड़ा और मंच की सीढ़ियाँ उतरकर नीचे जाने लगा। 'हम जा रहे हैं,' उसने अपने समर्थकों से कहा। फिर वह सुदास की ओर मुड़ा और सभी को सुनाते हुए जोर से बोला, 'अब हम रण-भूमि में मिलेंगे, सुदास। वहाँ तुम्हें धारदार धातु से लड़ना होगा। वहाँ चतुर जिह्वा को क़ानूनी भाषा बोलने से पहले ही कतर दिया जाएगा। अब मैं तुम्हें रक्तपात व मार-काट वाले स्थान पर ही मिलूँगा।'

ऐसा कहकर अनु सभा-गृह से बाहर निकल गया।

22

जिस समय सुदास सभा-गृह में था, बाहर आकाश प्रकाशित हो गया था। जब वह मशाल की रोशनी से जगमगाते सभा-गृह से बाहर दिन के भड़कीले स्वर्णिम प्रकाश में बाहर आया तो उसकी आँखें मिच गईं। उसके सहायकगण बाड़ों से अश्वों को बाहर निकाल रहे थे और आगंतुक उनके ऊपर सवार हो रहे थे। उनमें से कई अब तक कटु वचन तथा अपशब्द बोल रहे थे, कुछ वहाँ से अपने अश्वों पर सवार होकर अपनी मुट्ठियों को भींचते और हिलाते जा रहे थे। सुदास को मौखिक धमकियों की चिंता नहीं थी। उसे इस बात का संतोष था कि वह सभा-गृह में रक्त-पात रोकने में सफल हो गया था। वह अपने अथवा अपने प्रिय-जनों के जीवन की सुरक्षा के प्रति चिंतित नहीं था, अपितु उसके लिए भारत वंशियों की प्रतिष्ठा की रक्षा अधिक महत्त्वपूर्ण थी। भावी पीढ़ियाँ क्या कहतीं यदि शांतिप्रिय बातचीत एवं तार्किक विवाद के लिए आरक्षित उस स्थान पर भारत वंशियों के सर्वाधिक शक्तिशाली कबीले एक-दूसरे से झगड़ पड़ते? यदि आज प्रातः उन्होंने अपने विवाद को सुलझाने के लिए झगड़े का सहारा लिया होता तो उनकी होने वाली संतानें धर्म, प्रतिष्ठा, तर्क-वितर्क जैसी अवधारणाओं का मूल्य क्या समझतीं?

लेकिन उसका एक मन यह भी सोच रहा था कि कहीं वह कोई घातक भूल तो नहीं कर बैठा। उसने भीतर जो कुछ कहा था, वह सत्य था : यदि उसे अनु और उसके सहयोगियों के साथ लड़ना ही था तो उसे यह कार्य वहीं और उसी समय कर लेना चाहिए था।

उसने देखा कि इंद्राणी और इंद्रौत सभा-गृह के प्रवेश-द्वार पर

खड़े हैं। उसके बीस सर्वश्रेष्ठ धनुर्धर उनके आस-पास खड़े थे। उनके पीछे और सभा-गृह की दूसरी तरफ़ कई अन्य धनुर्धर, तलवारबाज़ तथा भाला फेंकने वाले उपस्थित थे। उसने अपने बच्चों को अपने निजी सुरक्षाकर्मियों को सावधान करने तथा उन्हें आदेश के लिए तैयार रहने के लिए कहने को भेजा था। सुदास के उस कक्ष में प्रवेश करने के बाद, एक अन्य व्यक्ति ने भी प्रवेश किया था तथा वह सुदास को सावधानी से देख रहा था। सुदास के एक संकेत पर उसके योद्धा भीतर घुस जाते और उसके शत्रुओं को वहीं उनके स्थान पर ही मार डालते। अचानक घेराव और आक्रमण की स्थिति में अति-हिंसक तलवारबाज़ तथा कुल्हाड़ाधारी भी भारतवंशी कबीलों के बीस सर्वश्रेष्ठ धनुर्धरों तथा भाला-मारों के उस भयंकर आक्रमण से बच नहीं पाते। धनुर्धरों तथा भाला-मारों द्वारा शत्रुओं को समाप्त करने के बाद, उसके तलवारबाज़ों ने भीतर आकर बचा हुआ कार्य पूरा कर दिया होता। मिनटों में, वह विशाल सभा-गृह सुदास के विरोधियों के शवों तथा माँस के टुकड़ों से पट जाता। इसी के साथ वह विद्रोह वहीं, उसी समय, सदा के लिए, समाप्त कर दिया गया होता और सुदास सरलता से भारतवर्ष का राजा अथवा, यदि वह चाहता तो, विश्व का सम्राट बन सकता था। उसका विरोध करने योग्य कोई सैन्य नेता शेष नहीं रहता। लोगों ने उसी सहजता से सुदास को अपना नेता स्वीकार कर लिया होता जैसे वे अनु को उसके विद्रोह के प्रयास में सफ़ल हो जाने पर अपना नेता मानने वाले थे।

अपनी कमर पर बँधी तलवार की मूठ पर अपनी पकड़ को कसते हुए वह सोचने लगा, *मैं यह सब अभी यहीं समाप्त कर सकता था।*

लेकिन, वह जानता था कि उसने सही कदम उठाया था। उसमें और अनु में यही तो अंतर था - वह मात्र शब्द-चातुर्य का धनी नहीं था, बल्कि सचमुच विवेक, तर्क और मौखिक बहस द्वारा ही अपने विवादों को सुलझाने में विश्वास रखता था। बुद्धिहीन मूर्ख अथवा दुर्बल मस्तिष्क वाले कायर व्यक्ति ही हिंसा का पहले सहारा लेते हैं।

और अब जबकि मुझे युद्ध करना ही है, तो मैं स्वयं कितना चतुर हूँ? कम से कम, भीतर लड़ने से मुझे लाभ तो मिलता – यद्यपि, उन्हें यह बात पता नहीं थी – और संभवतः विजय भी मेरी ही होती। अब तो भगवान इंद्र ही जानें कि मुझे कैसी विषम परिस्थितियों का सामना करना पड़ेगा।

उसे सबसे पहले यह पता करना था कि कितने लोग उसके विरुद्ध युद्ध करने जा रहे थे और उनकी सैन्य-क्षमता कितनी थी?

सुदास ने देखा अनु अपने अश्व पर सवार हो गया था। फिर उसने अपने अश्व को घुमाकर सुदास के कंधे के ऊपर से देखा; उसने अवश्य ही इंद्रौत को धनुष-धारियों के साथ सभा-गृह की ओर से आते देख लिया होगा। अनु अत्यंत कुशल चालबाज़ था, अतः इसका आशय तो वह तुरंत ही समझ गया होगा।

वह अपने अश्व को सुदास के निकट लेकर आया और फिर उसे एड़ लगाकर वहाँ से दौड़ पड़ा मानो उसकी नीयत अपने जीजा को टक्कर मारकर गिरा देने की थी।

सुदास ने निकट खड़ी इंद्राणी को चिल्लाते सुना। उसने हाथ के संकेत से उसे शांत रहने के लिए कहा। इंद्राणी ने तुरंत आदेश का पालन किया किंतु सुदास फिर भी उसकी उत्तेजना को महसूस कर पा रहा था। *काश, उसे इस बात का भय न होता कि उसके मामा उसके पिता को किसी भी क्षण मार डालेंगे। उसे ऐसा महसूस करने की आवश्यकता नहीं होनी चाहिए थी।*

हालांकि अनु ने सुदास को टक्कर नहीं मारी; यह उसका तरीका नहीं था। सुदास ने उसे जो भी कहा था, उसके बावजूद वह कायर नहीं था। सभा के भीतर, अनु असभ्य हो सकता था, सभ्य समाज में वह बुद्धिहीन की तरह व्यवहार कर सकता था, किंतु युद्ध में वह महायोद्धा था, विजेताओं का विजेता।

अपने अश्व को स्थिर करके नीचे देखते हुए वह बोला, 'तुम मूर्ख

हो, सुदास। तुम धर्म और प्रतिष्ठा जैसी घिसी-पिटी अवधारणाओं को आवश्यकता से अधिक महत्त्व देते हो। मैंने सदैव तुमसे कहा है कि यही सिद्धांत किसी दिन तुम्हारी मृत्यु का कारण बनेंगे और ऐसा प्रतीत होता है कि वह दिन आज ही है।'

सुदास इसका उत्तर नहीं देना चाहता था, किंतु इससे पहले कि अनु मुड़कर अपने अश्व पर वहाँ से निकल जाता, सुदेवी ने आगे बढ़कर अपने भाई के अश्व की लगाम पकड़ते हुए कहा, 'अनु! मैं तुमसे प्रार्थना करती हूँ, ऐसा मत करो। सुदास तुम्हारा संबंधी है। हमारे बच्चों में तुम्हारा ही खून है। विवादों को सभा व समिति के माध्यम से सुलझाओ।'

अनु दाँत पीसते हुए अपनी बहन को देखकर मुस्कुराया। 'यह सभा और समिति ही थी। चूंकि तुम लोग मेरे संबंधी हो, इसीलिए मैंने तुम्हारे पति से आराम से बात की। किंतु इसने अपने कटु वचन और शब्दों के जाल द्वारा मेरे शांति प्रयास को ठुकरा दिया। अब मेरे पास तृत्सुओं के विरुद्ध युद्ध करने के अतिरिक्त कोई अन्य विकल्प शेष नहीं है।'

'लेकिन क्यों?' उसने पूछा, 'मैंने तुम्हारे पिता की संपत्ति में कभी अपना हिस्सा नहीं माँगा। जो कुछ तुम्हारे पास है, उसके तुम अकेले स्वामी हो। तुम्हारे पास पहले ही अपार धन व सत्ता है। तुम यह सब क्यों कर रहे हो?'

उसने कंधे उचकाए, 'लोग युद्ध क्यों करते हैं? अधिक धन और ताक़त प्राप्त करने के लिए! तृत्सु जाति आधुनिक तरीक़े लाना चाहती है, ईंट और पत्थर के महानगर बनाना चाहती है और भारत वंश को व्यावहारिक समाज में परिवर्तित करना चाहती है। हम लोग पृथ्वी पर स्वच्छंद भाव से घूमने और अपनी इच्छा से लूटपाट द्वारा जो चाहें, उसे प्राप्त करने के लिए आए हैं। हम किसी व्यक्ति, नियम अथवा धर्म के प्रति उत्तरदायी नहीं हैं! हमारी अनु जाति ने अपने मित्रपक्ष म्लेच्छों के साथ,' वह रुका और फिर अपनी भूल को ठीक करते हुए बोला, 'विदेशी मित्रों

और अन्य विदेशियों के साथ संधि स्थापित की है जो आर्यवर्त-पार मुक्त व्यापार के बदले में हमें प्रचुर धन देंगे। तृत्सु लोग इन लाभकारी संधियों को स्वीकार नहीं करते। वे लोग हमारे ऐसे प्रत्येक प्रस्ताव को अस्वीकार कर देते हैं जो हम सबके लिए लाभकार होता है।'

सुदास से अब रहा नहीं गया। वह बोला, 'ऐसा सिर्फ़ इसलिए है क्योंकि तुम्हारे तथाकथित मित्रपक्षी विदेशी किसी भी कीमत पर अपना लाभ चाहते हैं, भारत वंश के जीवन और उसकी प्रतिष्ठा की कीमत पर भी। वे दासों का व्यापार करते हैं तथा अपनी इच्छानुसार मुहर या धातु की भांति, मनुष्यों की अदला-बदली करते हैं। वे हमारे स्व-शासन के नियमों, हमारी सभा, समिति और बात-चीत तथा तार्किक विवाद के लिए बनाई गई राजनीतिक संस्थाओं का सम्मान नहीं करते। इसके स्थान पर, वे जो भी चाहते हैं, उसे प्राप्त करने के लिए हर बार हिंसा का सहारा लेते हैं। वे उन्हीं नदियों को प्रदूषित करते हैं, जिनपर वे स्वयं निर्भर हैं। वे बीजारोपण नहीं करते, वे अपने ही मवेशियों को मारकर खा जाते हैं तथा स्त्रियों को निम्न समझते हैं और उन्हें मनोरंजन का साधन मानते हैं। तुम्हारे गोरी चमड़ी वाले म्लेच्छ मित्र, वास्तव में, बर्बर विदेशी हैं। वे इस विशाल उपमहाद्वीप को खज़ाने की तरह देखते हैं जिसे वे यहाँ के जीवन, मर्यादा और प्रतिष्ठा को होने वाली क्षति की परवाह किए बिना, लूटना व इसके संसाधनों का दोहन करना एवं इसे अपने लाभ के लिए उपयोग करना चाहते हैं।'

अनु हँसा, 'और सुदास, तुम इस स्थान को क्या मानते हो? क्या तुम इससे लाभ नहीं उठाते? क्या तुम इसमें से निजी लाभ और धन अर्जित नहीं करते? क्या तुम स्वयं अपने लिए तथा अपने लोगों के लिए इस स्थान व इसके उपहारों का दोहन करने की इच्छा नहीं रखते?'

सुदास ने दृष्टि उठाकर अनु को देखा। दमकते नीले आकाश में उसका छायाचित्र दिखाई दे रहा था। 'मैं इसे अपना घर मानता हूँ और घर की भांति इसका सम्मान करता हूँ। मैं जो भी लेता हूँ, उसे सब

लोगों के साथ मिलकर समतापूर्वक बाँटता हूँ। अनु, यह लूटने और लाभ अर्जित करने का स्थान नहीं है। यह हमारा घर है, भारत-वर्ष!'

भारत-वर्ष। यह वाक्यांश लोगों के हृदय में उनके अपने दृष्टिकोण के आधार पर ज़बरदस्त घृणा अथवा गर्व का भाव जागृत कर देता था। सुदास और तृत्सु जाति के लिए यह गौरवपूर्ण तथा महान आदर्श का प्रतीक था। समुद्र से लेकर समुद्र तक और पर्वतों से लेकर पुनः समुद्र तक फैली, भारतवंशियों की उस भूमि के लिए वह युद्ध भी कर सकते थे और अपनी जान भी दे सकते थे।

अनु ने झटके से गर्दन हिलाई। 'ऐसा ही होगा, फिर मरो यहीं पर। अपने घर पर!'

इसी के साथ, अनु के राजा ने अपने अश्व को मोड़ा और वहाँ से चला गया।

23

सुदास ने सभा-गृह में चल रही बहस को शांत करने के लिए अपना हाथ उठाया। अनिच्छापूर्वक ही सही किंतु सभी आवाज़ें शांत हो गईं। अब जो लोग यहाँ एकत्रित थे वे उनसे सर्वथा भिन्न थे जो कुछ घंटों पूर्व इस सभा-गृह में बैठे थे। उनमें व्याप्त अंतर भी चौंकाने वाला था। इस समूह ने सभा-गृह का मात्र पाँचवा हिस्सा घेरा हुआ था और उसमें भी सुदास के निजी सुरक्षाकर्मी तथा परिजन सम्मिलित थे। यहाँ तक कि उसकी पत्नी और बच्चों की सेविकाएँ भी पीछे खड़ी उत्सुकता से देख रही थीं। वहाँ माहौल गंभीर तथा तनावपूर्ण था।

वे सभी, जिन्हें मैं अपना मित्र, अपना सहयोगी, अपना पड़ोसी मानता था और वे भी जिनकी मैंने आवश्यकता के समय सहायता की है, आज मेरे विरोध में खड़े हो गए हैं। क्यों?

'मैं देख रहा हूँ कि आप लोग ही मेरे साथ बचे हैं,' वह बोला।

सुदास के सबसे नज़दीकी मित्र और विश्वासपात्र, अंबरीष ने चिल्लाकर कहा, 'उन सभी ने हमारे साथ विश्वासघात किया है! वे सभी देश-द्रोही हैं और उन्हें मृत्यु-दंड मिलना चाहिए। उन्हें सज़ा दो, सुदास, क़ानूनन यह तुम्हारा अधिकार है!'

सुदास दुखित भाव से मुस्कुराया। 'इससे क्या लाभ होगा, प्रिय मित्र? हमेशा की तरह, तुम्हारा हृदय तुम्हारे मस्तिष्क से अधिक चंचल हो रहा है। हाँ, उन्होंने हमारे साथ विश्वासघात किया है। हाँ, उन्होंने अपने ही राष्ट्र के साथ द्रोह किया है। किंतु, उनकी आलोचना करने से मुझे

क्या मिलेगा? वे हैं तो भारत वंशी; उनमें से कुछ तो हैं ही। वे अब भी हमारे परिचित हैं, बल्कि हमारे रिश्तेदार भी हैं।'

उसने उच्छास्रवा को इशारा किया। 'उच्छास, तुम्हारी पत्नी पुरु वंश में गांधारी है, ठीक है न? और तुम अथर्व, तुम यादवों में ग्वाल हो, जो हमारे साथ रहने आ गए और अब क्षत्रिय हो चुके हो। दहा, तुम्हारा श्वेत रंग व हलके रंग के नेत्र बताते हैं कि तुम भूतपूर्व दस्यु हो किंतु तुम्हारे भीतर हमारी जीवन-शैली के प्रति प्रेम और सम्मान विकसित हो गया और अब तुम भी स्वयं को हम लोगों में से ही एक मानते हो। साल्व, तुम्हारी सभी बहनों का विवाह परसु वंश में हुआ है और वे सब बेहिस्तानी पर्वत की छत्र-छाया में परसा में रहती हैं। बोलन, तुम भालन जाति के हो जिन्होंने एक बार हमारे साथ युद्ध किया था। तुम अकेले जीवित बचे थे; तुम उस समय नवजात थे और हमारी दाई-माओं ने तुम्हें अपने बच्चे की तरह पाला और आज जब तुम वयस्क हो चुके हो तो हमारे साथ तृत्सु बनकर चलते हो। थ्सांग, रवि, वेद, कवि, कुरुक, अथर्व, परनि, अस्स्यर, द्रह्क्यु, अलेन... हम सब खून, विवाह अथवा किसी अन्य रिश्ते से एक या अधिक जातियों से संबंधित हैं। यहाँ तक कि आर्य और म्लेच्छ भी सामान्यीकृत शब्द हैं जिन्हें स्वच्छंद भाव से, व्यक्ति के आवास-क्षेत्र के अनुसार, प्रयोग किया जाता है। किसी परसु के लिए हम तृत्सु, म्लेच्छ हैं जबकि, अलेनों के लिए पुरु भी म्लेच्छ हैं। इस संसार में यदि दो भाई होते हैं तो वे किसी न किसी बात पर अवश्य लड़ते हैं, चाहे वह एक फल के टुकड़े जैसी छोटी वस्तु हो या सर्वश्रेष्ठ अश्व जैसा कोई बड़ा पुरस्कार अथवा कोई अति मनोरम स्त्री। पुरुष लड़ते ही हैं। उन्हें लड़ने के लिए किसी कारण की आवश्यकता नहीं होती। अंत में, जब मेरी पत्नी, अनु की बहन ने अनु से अंतिम बार प्रार्थना की तो जानते हो अनु ने क्या कहा? वह बोला कि वह हमसे हमारी संपत्ति छीनने के लिए युद्ध कर रहा है, क्योंकि हमारे पास जो है, वह उसे चाहिए। उसके लिए यह कारण पर्याप्त है।'

'यही कारण है कि अनु जैसे लोगों का विनाश आवश्यक है,' थ्सांग

ने कहा। उसकी आँखें मशाल की झिलमिलाती रोशनी में घातक लग रही थीं। 'अंबरीष ने सही कहा। हमें उन सबको समाप्त कर देना चाहिए - प्रत्येक पुरुष, स्त्री और बच्चे को।'

'हाँ!' अन्य सभी लोगों ने मिलकर ज़ोर से कहा।

सुदास ने गर्दन को झटका दिया और जाकर लकड़ी के फ़र्श पर खड़ा हो गया।

वह अपने आसन पर बैठा नहीं था, और न ही मंच पर चढ़ा था क्योंकि वह उन स्त्री-पुरुषों से उनके राजा की तरह नहीं, अपितु उन्हीं की तरह, एक तृत्सु की हैसियत से बात कर रहा था। मंच खाली पड़ा था और आसन रिक्त थे। उसके बच्चे अपनी माँ के साथ ऊपरी तल पर बैठकर चिंतित भाव से सब कुछ देख रहे थे। उसके कुत्ते, जो सुबह से उत्तरी कक्ष में बंद थे, अब सभा-गृह में मुक्त होने व अपने स्वामी के निकट रहने के कारण प्रसन्नतापूर्वक बैठे या खड़े थे। सरमा उसके निकट थी और अपनी जीभ बाहर लटकाए सुदास को देख रही थी। उसकी आँखें विशिष्ट परावर्ती चमक के साथ टिमटिमा रही थीं। पशुओं की आँखें रोशनी में इसी प्रकार चमकती हैं; इसी से पशु अँधकार में भी देख पाते हैं। सरमा की आँखें गीली एवं अत्यंत स्नेहमयी लग रही थीं।

'हम उनकी अंतिम संतान समेत सबको मार डालना चाहते हैं,' उसने दुखी स्वर में कहा, 'क्या उसमें तुम्हारी पत्नी और तुम्हारा परिवार भी शामिल है, उच्छास्रवा? और तुम, अथर्व? क्या तुम चाहते हो कि हम समस्त यादव वंश का विनाश कर दें? दहा? तुम्हारी त्वचा के अलग रंग के कारण तुम्हें साँवले रंग के आर्यों से भिन्न अनेक नामों से पुकारा जाता रहा है - मैंने स्वयं आते-जाते बच्चों को तुम्हें 'पांडु' बुलाते सुना है - क्या तुम चाहोगे कि हम संसार के समस्त श्वेत-वर्णीय म्लेच्छों को मार डालें? साल्व, क्या हम परसा जाकर सभी परसुओं को मार दें और उनके अग्नि-मंदिर में घुसकर उनकी पवित्र अग्नि को बुझा दें? एक बार आरंभ करने के बाद हम लोग कहाँ जाकर रुकेंगे? उससे किस उद्देश्य

की पूर्ति होगी? अपने सभी शत्रुओं तथा उनके मित्रों व सभी संबंधियों एवं सहयोगियों को मार देने से क्या हो जाएगा? फिर, आने वाले युगों में, किसी दिन हो सकता है हमें पता लगे कि हम अपनी ही पुत्रियों व पुत्रों तथा बहनों व भाइयों और पत्नियों की हत्या करते आए हैं,' यह बोलकर वह रुका और उसने अपनी पत्नी, सुदेवी की ओर देखा, 'वह भी सिर्फ़ उनकी कोशिकाओं में बहते रक्त, उनकी आँखों और त्वचा के रंग, जन्म-जात वर्ण, उनके पूर्वजों के निवास के निकटस्थ नदी अथवा कृतध्वज के रंग के कारण! जब नरसंहार आरंभ होता है तो वह आपके अपने गृह-द्वार पर ही समाप्त होता है। हिंसा का परिणाम अधिक हिंसा ही है। हत्या का मूल्य अपने प्राण देकर चुकाना पड़ता है। संहार का अंत नहीं होता। हिंसा के प्रत्येक नवीन कृत्य के साथ नए शत्रुओं का उदय होता है। रक्त की हर वह बूँद, जो आप बहाते हो, उसके साथ आपके विरुद्ध उनका प्रण अधिक शक्तिशाली होता जाता है। हम जितने लोगों को मारेंगे, उतने ही और हमारे विरुद्ध उठ खड़े होंगे। इसका अंत आपके अपने अंत के साथ ही होगा।'

सुदेवी ने, 'ऐसा ही हो,' बोलकर सुदास को अचंभित कर दिया। 'यदि हमारे अपने प्रियजन हमारे दुख और कष्ट का कारण हैं, तो हमें चाहिए कि हम उन्हें समाप्त कर दें। चलो हम नरसंहार के लिए आगे बढ़ें, सुदास। हमें अंत तक लड़ना होगा। अब या तो वे नहीं, या हम नहीं!'

सुदास ने धीरे से अपनी गर्दन हिलाई। 'नहीं, प्रिय। तुम वीरता व क्रोध के अधीन होकर बोल रही हो क्योंकि तुम्हारे अपने सगे बंधु ने तुम्हारे साथ विश्वासघात किया है। क्या वही घात मेरे साथ नहीं हुआ? यह तो हम सबके साथ हुआ है। लेकिन, ऐसी संतुष्टि से क्या लाभ, जो हमारे भविष्य को ही नष्ट कर दे? यदि आज तुम अपने भाई को मार डालोगी तो कल अपने बच्चों से क्या कहोगी? क्या हम अपनी भावी पीढ़ी को यह बताएँगे कि हमने परस्पर युद्ध किया और एक-दूसरे को मार डाला और इसलिए अपना प्रतिशोध लेने के लिए उन्हें भी इसी प्रकार नरसंहार जारी रखना चाहिए? ऐसे तो अनंत काल तक यही चलता रहेगा।'

सभा में मौन छा गया। सभी सुदास की कही हुई बातों पर विचार करने लगे।

द्रह्व्यु ने अपनी सुदूर-उत्तरी शैली में कहा, 'तुम सही कहते हो। रक्तरंजित शत्रुता का अंत भी रक्तपात के साथ ही होता है। किंतु अब हम कर भी क्या सकते हैं? सभी लोग हमारे विरुद्ध हो गए हैं। हमें पहले ही सूचना मिल गई है कि वे लोग सीमा पर युद्ध के लिए एकत्रित हो रहे हैं। आज का दिन पूरा होने से पूर्व वे हमारे ऊपर आक्रमण करके हम सबकी हत्या कर देना चाहते हैं। उनके विरुद्ध युद्ध करने के अतिरिक्त अब हमारे पास विकल्प भी क्या है? अब करने को यही तो एकमात्र गौरवपूर्ण कार्य रह गया है; है न सुदास?'

सुदास ने अपनी बात पर बल देने के उद्देश्य से एक हाथ ऊपर उठाया। 'हम लड़ेंगे क्योंकि उन्होंने हमारे साथ विश्वासघात किया है। हम लड़ेंगे उसे बचाने के लिए, जो हमारे पास है और जिसमें हमारा विश्वास है। आक्रमणकारी वे हैं, हम नहीं। हम अपनी सीमाओं और भूमि की रक्षा करेंगे, हम उनकी हिंसा का बराबर की शक्ति से मुक़ाबला करेंगे, किंतु हम प्रतिशोध का अभियान आरंभ नहीं करेंगे। हम रक्तपात और प्रतिशोध के चक्र को इस युद्ध से आगे लेकर नहीं जाएँगे। आज जो भी हो, हम जिएँ या मरें, हारें अथवा जीतें, हम इसे यहीं और अभी समाप्त कर देंगे। हम अपना क्रोध रण-भूमि में छोड़कर अपने घर लौटेंगे और निर्दोष अंतःकरण के साथ सोएँगे, अथवा हम रण-भूमि में ही लेटकर, अस्थि-मज्जा की शय्या पर सो जाएँगे। परंतु हम में से प्रत्येक व्यक्ति को याद रखना है कि हम लड़ रहे हैं क्योंकि हमें लड़ना चाहिए, इसलिए नहीं कि हम लड़ना चाहते हैं। हम लड़ रहे हैं एक स्वप्न, एक आदर्श, एक अभिलाषा की रक्षा के लिए। भारत वंशियों की मातृभूमि, भारत-वर्ष की एकता के स्वप्न के लिए। यही कारण था कि हम नगर का निर्माण कर रहे थे। यही कारण है कि वे लोग हमारे विरोधी हो गए हैं। वे लोग हमें समाप्त करके हमारे स्वप्न को नष्ट करना चाहते हैं। परंतु वे ग़लत सोचते हैं। माँस चीरना संभव है, रक्तपात किया जा सकता है और मनुष्यों की

हत्या की जा सकती है, किंतु स्वप्न एक पीढ़ी से अगली पीढ़ी को दिए जा सकते हैं। हम भारत-वर्ष के अपने स्वप्न की रक्षा हेतु लड़ रहे हैं। हम जीवित रहें अथवा नहीं, हमारा वह स्वप्न जीवित रहेगा। वे लोग मात्र सत्ता, धन और नरसंहार की अपनी वासना की पूर्ति हेतु लड़ रहे हैं। उनमें और हम लोगों में यही अंतर है। इस बात को कोई मत भूलना।'

उसने फिर एक आह भरी और इधर-उधर देखा। उसे यह देखकर प्रसन्नता हुई कि उसकी ओर देख रहे लोगों की आँखों में भरा क्रोध तो नहीं कम नहीं हुआ था, किंतु उन्माद अवश्य थम गया था। 'अब हमें यह सोचना है कि हमारे पास युद्ध करने के लिए क्या है और वे हमारे विरुद्ध क्या प्रयोग करने वाले हैं।'

24

उन दोनों प्रश्नों के उत्तर सरल थे : कुछ नहीं, तथा सब कुछ।

अत्यंत घनिष्ठ संबंधों एवं अंतर्विवाहों के कारण, स्वयं को तृत्सु कहने वाले अनेक लोग दूसरे पक्ष में सम्मिलित हो गए थे। उन्हें दोष देना व्यर्थ था। विरोध का अनुपात अत्यधिक विशाल था और उनकी संख्या विशाल थी; ऐसे में, युद्ध के विषय में सोचने का भी कोई औचित्य नहीं था।

सुदास उत्तरी बाड़े में अपने प्रत्येक अश्व के साथ कुछ क्षण बिताने के बाद उन्हें चलने के लिए तैयार करने लगा। उसे व्यक्तिगत रूप से ऐसा करना पसंद था क्योंकि वह उन पशुओं से भी उतना ही प्रेम करता था जितना दो पैर वाले मनुष्यों से, और वह मानता था कि वे अश्व भी उसके सम्मान, स्नेह और देख-रेख के अधिकारी हैं। ऐसा करने का एक उद्देश्य यह भी था कि संभवतः वे अंतिम बार सुदास की सेवा में होंगे क्योंकि शीघ्र आरंभ होने वाले उस युद्ध में उनके मारे जाने अथवा घायल हो जाने की संभावना थी। उसके लिए, ये अश्व भी लक्ष्य-पूर्ति में उसके योद्धा जैसे थे इसलिए वे भी उसके आदर और स्नेह के अधिकारी थे। यही उसने अपने कुत्तों के साथ किया क्योंकि वे भी आज युद्ध में उसके साथ जाने वाले थे। उसे आज प्रत्येक संभव लड़ाकू के सहयोग की आवश्यकता थी। इसके अतिरिक्त, यदि उसके अश्व और कुत्ते अधिकतर संबंधियों व मित्रों से ज़्यादा निष्ठावान थे तो निश्चय ही, उसके समय और स्नेह पर उनका भी अधिकार था।

मुश्किलें अत्यंत भयावह थीं। सभा-गृह में हुई बहस के बाद, अनु और उसके लोग, नगर में प्रत्येक तृत्सु को उस दिन की बहस और उसके

परिणाम के बारे में बताते हुए गुज़रे। फलस्वरूप, विरोधी पक्ष के समर्थन हेतु बड़ी संख्या में नागरिक वहाँ से चले गए।

शत्रु अपनी श्रेष्ठता को लेकर इतने अधिक आशवस्त थे कि जाने से पूर्व वे स्वयं सुदास के लोगों को अपनी शक्ति का परिचय देकर गए थे।

शत्रु का संयुक्त बल तीन हज़ार तीन सौ तैंतीस बीसी था।

सरल शब्दों में, छियासठ हज़ार छह सौ साठ।

उस दिन प्रातः पीछा करने वाले व्यक्ति ने कुश घास में मरते समय जो शब्द बोले थे, वह एकदम सही थे।

दस राजागण।

दशराजन्।

अनु, पनी, अलीनस, पुरु, मत्स्य, भृगु, परसु, दस्य, द्रुह्यु तथा भालन ने मिलकर तृत्सुओं के विरुद्ध युद्ध की घोषणा कर दी थी।

उनकी संख्या लगभग साठ हज़ार थी।

कुछ सूरमा, भूमि मालिक, लुटेरे, डाकू, म्लेच्छ और स्व-घोषित शासक एवं युवराज भी उनके शामिल थे।

ये दस राजा मिलकर तृत्सु कबीले को समाप्त करके, उनकी भूमि, उनके मवेशी और उनकी संपत्ति को हथियाकर परस्पर बाँट लेना चाहते थे। अनु जाति को निस्संदेह सबसे बड़ा हिस्सा मिलना था।

अन्य कबीलों की रुचि तृत्सुओं की हत्या करने और उनके साथ बलात्कार करने में थी।

उनका लक्ष्य संपूर्ण विनाश करना था।

उसके लिए आज का दिन चुना गया था।

इसके लिए तृत्सु राज्य के दक्षिण में स्थित परुष्णि नदी का तट चुना गया था - यह वही स्थान था, जहाँ से सुदास का अनुरक्षक पीछा

करने वाले बीस सैनिकों से बचता हुआ भागा था। संभवतः वह सुदूर तट पर सेना के जमावड़े का समाचार ला रहा था और इसी कारण उसका पीछा करके उसकी हत्या कर दी गई थी।

यदि सुदास ने अपने अनुरक्षक पर नज़र न रखी होती, तो नगर के उस विशाल सभा-गृह में हो रहे विद्रोह से अनवगत, शायद वह सुबह उसने अपने बच्चों के साथ उत्तुंग शिखर पर ही बिता दी होती। अनु ने अपनी चाल द्वारा राज्य को आक्रामक तरीक़े से हथिया लेने के कृत्य को औचित्यपूर्ण सिद्ध कर दिया होता, सुदास के निष्ठावान समर्थक विरोध करते तो वहीं उनकी हत्या कर दी जाती और सुदास के अपने बच्चों के साथ घर लौटने तक सब कुछ समाप्त हो गया होता।

यद्यपि, ऐसा नहीं हुआ था।

ऐसी विषम परिस्थितियों और आगामी कार्य के असंभव होने के बावजूद, सुदास पराजय स्वीकार करने के लिए तैयार नहीं था। इसका एक कारण यह था कि समर्पण करने मात्र से अब अनु प्रसन्न होने वाला नहीं था। अनु की निश्चित तौर पर इच्छा थी कि सुदास के बच्चे उसके पैरों में पड़कर गिड़गिड़ाएँ, भय से चिल्लाएँ और फिर उन्हें निर्दयता से सताया जाए और अंत में मार डाला जाए। उसने उनके लिए यही सज़ा सुनाई थी। अपनी बहन को उसने उस पुरुष अथवा उन पुरुषों को पुरस्कार में देने की घोषणा की थी जो उसे सुदास का कटा सिर लाकर देंगे। विजेताओं को वह वेश्या के रूप में मिलनी थी जिसका उपभोग या उपयोग वे लोग उसके मरने तक कर सकते थे।

सुदास ने अपने अश्वों को खिलाना-पिलाना समाप्त करके अपना ध्यान अस्त्र-शस्त्रों पर केंद्रित किया। वे पहले से ही सान चढ़े हुए थे और उपयोग के लिए तैयार थे। वह कुछ ही क्षणों में तैयार हो गया। तैयारी पूरी होने के बाद, वह बैठ गया और आने वाले समय के विषय में सोचने लगा।

उसके प्रति निष्ठावान सैनिकों की संख्या छह हज़ार से भी कम थी, जो शत्रु की संख्या के दसवें अंश के बराबर भी नहीं थी। उनमें कुछ वृद्ध

अनुभवी पुरुष, स्त्रियाँ और युवा थे जिन्होंने आज से पहले कभी किसी युद्ध अथवा रक्तपात वाली लड़ाई में हिस्सा नहीं लिया था।

उनके पास एकमात्र विकल्प यह था कि वे सम्मानपूर्वक लड़कर अपनी जान दे दें। उन सबके लिए मृत्यु श्रेयस्कर थी क्योंकि उस युद्ध में जीवित बचना मृत्यु से भी बदतर था। और अनु सुनिश्चित करता कि ऐसा ही हो। सुदास को मृत्यु का अथवा घायल होने या दुखद रूप से आहत होने का भय नहीं था। यह तो क्षत्रिय के भाग्य में होता है, और यह बात उसे आरंभ से पता थी तथा वह इसके लिए सदैव तैयार भी रहता था। यद्यपि, इस बात का भान होना कि उसके अपने बंधु-बांधव, भाई, कबीले के लोग और परिवारजन, यहाँ तक कि तृत्सु सहयोगी उसके शत्रु बन गए थे...

उसने अपना सिर हिलाया; आँखों से आँसू बह जाने पर वह तनिक भी लज्जित नहीं हुआ। आँसू बहना स्वाभाविक है, और मानवीय भी। अमानवीय और अस्वाभाविक तो उन लोगों की क्रूरता है जो दूसरे लोगों और पशुओं को बंदी बनाते हैं, उन्हें मारते हैं तथा उनकी हत्या करते हैं।

उसने हाथ के पृष्ठ-भाग से बहते हुए आँसू पोंछ डाले। एक आँसू ढुलक कर उसकी दाढ़ी में चला गया; उस जगह उसने हाथ फेर लिया।

सरमा उसके पास आई और सुदास की दाढ़ी पर जीभ फेरकर उसने वह नमकीन बूँद चाट ली।

सुदास ने सरमा को गले लगाकर उसके रोमदार सिर को स्नेहपूर्वक चूम लिया।

सरमा ने धीमे-से रोने जैसी आवाज़ निकाली और फिर उसने अपना पंजा अधिकारपूर्वक सुदास की जाँघ पर रख दिया।

वे दोनों काफ़ी देर तक ऐसे ही बैठे रहे।

25

सुदास अपने अश्व पर सवार हो रहा था कि तभी एक घुड़सवार महल के परिसर में दौड़ता हुआ आया। वह उन लड़कों में से एक था जो युद्ध में लड़ने के लिए भर्ती हुआ था। वह हाँफ रहा था और उसका चेहरा लाल हो रहा था।

वह घुटनों के बल मिट्टी में गिरते हुए बोला, 'राजा सुदास'।

सुदास ने संकेत से उसे उठने के लिए कहा।

'गुरु वशिष्ठ...' लड़के ने कहा। 'मैं कुश के दक्षिणी मैदान में चौकसी कर रहा था और नीचे लेटकर नदी के पार शत्रु की गतिविधियों पर दृष्टि रखे हुए था। घास में दिखाई न देने के कारण मैं ठीक से देखने के लिए उत्तुंग पर्वत की ओर चला गया।' उसने शीघ्रता से जोड़ा, 'मैं नदी-पार शत्रु की निगाह से बचने के लिए वृक्षों और झाड़ियों की ओट लेकर सावधानी से बढ़ रहा था।'

'मैं जानता हूँ,' सुदास ने कहा, 'आगे बोलो, गुरु वशिष्ठ को क्या हुआ?'

'वह सहसा न जाने कहाँ से सामने आ गए,' लड़के ने उत्तेजित अवस्था में कहा, 'पहले क्षण, वह नहीं थे, फिर अगले ही क्षण वह मेरे सामने, हाथ में दंड लिए खड़े थे। उन्होंने संकेत से मुझे घोड़े से उतरकर अपने पास आने का इशारा किया। मैंने वैसा ही किया।'

सुदास ने लड़के को बोलते रहने का संकेत किया।

'उन्होंने मुझे लौटकर नगर में आपके पास आने का निर्देश दिया।

आपको यह कहा है कि जितने अधिक से अधिक लोग संभव हो सकें, उन्हें आप तुरंत एक अति महत्त्वपूर्ण कार्य पर लगा दें। उन्होंने इस बात पर बल दिया है कि समय मूल्यवान है। सौंपा गया कार्य तुरंत आरंभ हो जाना चाहिए और उसे अगले कुछ घंटों के भीतर, सूर्यास्त से पूर्व समाप्त भी करना है। उन्होंने यह भी कहा है कि आपके गुरु, तृत्सुओं व समस्त भारतवर्ष का मार्गदर्शक तथा आपके पिता एवं उनसे पूर्व उनके पिता के प्रति निष्ठावान होने के नाते, यह उनका आपके लिए आदेश है।'

सुदास ने उस लड़के को देखा और सोचने लगा कि क्या वह सही सुन रहा था। सुदास ने आस-पास खड़े लोगों को देखा जो उस लड़के की बातों को ध्यान से सुन रहे थे। वे सभी लोग उसके जाने के बाद स्तंभित दिखाई पड़ रहे थे।

'क्या गुरु वशिष्ठ जानते हैं कि हम युद्ध के लिए कूच करने वाले हैं? क्या उन्हें प्रातःकाल के घटनाक्रम की जानकारी है?'

लड़के ने ज़ोर-ज़ोर से गर्दन हिलाई। 'हाँ राजन्! मैंने उन्हें सब कुछ बताने की चेष्टा की थी किंतु उन्होंने एक वाक्य सुनने के बाद ही मुझे रोक दिया और कहा कि उन्हें यह सब पता है और इसीलिए उनका यह संदेश आपको तत्काल दिया जाना चाहिए। उन्होंने कहा है कि जो कार्य वह आपको सौंप रहे हैं, वह अत्यंत आवश्यक और महत्त्वपूर्ण है। आपको इसे तुरंत करना है और इसे प्रभावी ढंग से पूर्ण करने के लिए आपको, जितने संभव हों, उतने लोग नियुक्त कर देने चाहिए। उन्होंने पुनः ज़ोर देकर कहा कि समय मूल्यवान है।'

'हाँ,' सुदास ने अपना माथा आश्चर्य से रगड़ते हुए कहा, 'यह बात मैं समझ गया। किंतु वह कार्य क्या है?'

लड़के ने सुदास को कार्य बता दिया।

वह सुनकर सुदास को पहले तो विश्वास नहीं हुआ और फिर वह व्याकुल हो उठा। 'वह चाहते हैं कि मैं अपने सर्वश्रेष्ठ योद्धाओं को दल में से निकालकर उनसे ...वह करने को कहूँ? अभी? तुम्हें विश्वास

है कि उन्हें इस बात का पता है कि हम लोग युद्ध में जा रहे हैं? अंत होने तक का युद्ध?

लड़के ने धीरे-से सिर हिलाया और कहा, 'उन्हें सब पता है, स्वामी! उन्होंने कहा है कि जब तक आप उनके कहे अनुसार कार्य नहीं करेंगे, तब तक इस युद्ध में आपकी विजय संभव नहीं है।'

सुदास ने चारों ओर देखा। वह सोच रहा था कि कहीं संपूर्ण जगत आज उन्मत्त तो नहीं हो गया! यदि हाँ, तो देवताओं तथा ब्रह्मांडीय शक्तियों के किस एकत्रीकरण के कारण यह दिन सामने आया है। 'युद्ध में जीतना महत्त्वपूर्ण नहीं है,' सुदास ने कहा।

'बस, यही तो महत्त्वपूर्ण है,' लड़का बोला।

सबने मुड़कर उसकी ओर देखा।

लड़का लज्जित महसूस कर रहा था। वह, इंद्रौत से भी छोटा, मुश्किल से नौ वर्ष का था और उसका चेहरा स्वच्छ था। सुदास को उसका नाम ठीक से पता नहीं था; उसका नाम शायद रघु अथवा भरगु था, संभवतः भरगु।

'भरगु,' सुदास ने ध्यान से पूछा, 'इस जवाब का क्या मतलब है?'

लड़के ने शर्म से अपना सिर झुका लिया। 'मुझे क्षमा करें स्वामी। उन्होंने मुझे आपसे यही बोलने के लिए कहा है। उन्होंने बोला था कि आप ऐसा ही कहेंगे कि युद्ध जीतना महत्त्वपूर्ण नहीं है, किंतु मुझे आपके उत्तर पर इसी प्रकार बोलने के लिए कहा गया था, *'बस, यही तो महत्त्वपूर्ण है!'* आपका अपमान करने की मेरी मंशा नहीं थी, राजन्!'

सुदास ने हवा में हाथ हिलाकर कहा, कोई बात नहीं। गुरु वशिष्ठ ने और क्या कहा?'

'बस इतना ही, स्वामी। किंतु उन्होंने यह कहा था कि यदि आप इस कार्य को तुरंत आरंभ न करें तो मैं आपको स्मरण कराऊँ कि समय...'

'मूल्यवान है; हाँ, मैं समझता हूँ।' सुदास ने एक आह भरी और चारों ओर देखा। सभी लोग इतना निकट थे कि उसे सुन सकते थे। वह भी उतने ही अचंभित थे जितना कि अपने गुरु का आदेश सुनकर सुदास हैरान था। किंतु वह करे क्या? उस बात का कोई औचित्य नहीं था। तथापि, वह गुरु वशिष्ठ के विषय में इतना तो अच्छी तरह जानता था कि उनकी दूरदर्शिता सुदास की समझ से कहीं अधिक विस्तृत और विवेकपूर्ण थी। जिस ढंग से उस लड़के ने गुरु के संदेश का अंतिम अंश बताया था, उसने सुदास को भीतर तक हिला दिया था। वे शब्द कितने चिर-परिचित थे!

सुदास को सहसा ध्यान आया कि पिजवान भी यही कहा करते थे। जब कभी सुदास के पिता के सलाहकार उसे कहते थे, जैसा कि प्रायः सलाहकार कहते हैं, कि लड़ाई अथवा युद्ध में हार या जीत महत्त्वपूर्ण नहीं है, तो वह तुरंत उसी स्वर में उत्तर देते थे : *'बस, यही तो महत्त्वपूर्ण है!'*

सुदास यह जानता था कि चाहे जो हो, किंतु विषमताएँ असंभव ही थीं। और साठ हज़ार छह सौ साठ के मुक़ाबले में पाँच हज़ार, दस हज़ार या पंद्रह हज़ार लोगों से कोई फ़र्क नहीं पड़ता। इसके अतिरिक्त, उसे इस बात का बिल्कुल पता नहीं था कि गुरु वशिष्ठ ने जो सामग्री माँगी थी, उसका वह क्या करने वाले थे। सुदास को यह भी मालूम था कि गुरु ने यह सब सामग्री व्यर्थ नहीं माँगी होगी। उनके पास कोई योजना थी। कोई अवास्तविक, संभवतः असंभव, कदाचित विचित्र योजना! फिर भी कोई योजना तो थी। दूसरी ओर, सुदास के पास तो कुछ भी नहीं था। एक के विरुद्ध ग्यारह की संभावनाओं की स्थिति में वह क्या कर सकने की आशा करता?

'करो,' उसने अपने योद्धाओं से कहा, 'जैसा गुरु वशिष्ठ ने कहा है, वैसा करो। कार्य तुरंत आरंभ कर दो।' उसने अंबरीष की ओर इशारा किया। 'तुम व्यक्तिगत तौर पर इसका निरीक्षण करो। कोई भी अन्य जो तुम्हें चाहिए, उसे ले लो। यह सुनिश्चित करो कि कार्य हो जाए और सब सामग्री समय रहते उत्तुंग पर्वत पर पहुँचा दो।'

उसकी बात समाप्त होते ही सर्वत्र अँधकार छा गया, काले बादल देखते-देखते नीले आकाश को लील गए और उन्होंने सूर्य के प्रकाश को परास्त कर दिया। जहाँ तक दृष्टि देख सकती थी, वहाँ तक सिर्फ़ काले, घने और वर्षा से लबालब बादल दिखाई दे रहे थे।

सुदूर दक्षिण में, तेज़ होती और फिर मंद पड़ती गर्जना आने वाले तूफ़ान की घोषणा कर रही थी।

युद्ध के लिए उत्तम दिवस, सुदास ने सोचा। कम से कम हम इंद्र की चौकन्नी नज़रों के सामने तो मृत्यु को प्राप्त होंगे।

कांड 2

I

आकाश का रंग तीन दिन से मृत पड़ी गाय के शव जैसा धूसर हो रहा था।

बादल युद्ध की नाट्यशाला के ऊपर ऐसे उमड़ रहे थे मानो देवता हवन की प्रतीक्षा में बैठे हों।

संध्या के धुँधले प्रकाश में कुश या नीम की एक पत्ती तक नहीं हिल रही थी।

तृत्सु बेढंगी पंक्ति बनाकर सुदास के दोनों ओर खड़े हुए थे। वे सब श्वेत पोशाक में थे क्योंकि अंत्येष्टि के लिए - *श्वेतयांक* धारण करके युद्ध में जाना ही तृत्सु परंपरा थी।

प्रत्येक तृत्सु एक-दूसरे से कई गज़ की दूरी पर घोड़े पर सवार होकर नदी की ओर मुख करके खड़ा था जिससे एक विशाल मोर्चे का भ्रम पैदा हो रहा था।

उनके चेहरे धुले हुए व निर्मल थे, माथे पर भभूत मला हुआ था, केश अस्थि-निर्मित कंघी से काढ़कर इकट्ठे किए और सिर के दाहिनी ओर गाँठ में बंधे हुए थे - *दक्षिणाटस्कपर्द*।

डंडों पर झूलते कृतध्वज। क्या वायु के देवता पवनदेव ने इस लड़ाई में अनुपस्थित रहने का निर्णय लिया था? अथवा उन्होंने भी तृत्सुओं का साथ छोड़ दिया था? सभी ने साथ छोड़ दिया, तो देवता क्यों पीछे रहें?

परुष्णि के सुदूर तट पर शत्रु के सैनिकों का झुंड खड़ा था। कुछ

भाला-फेंक थे, अधिकतर धनुर्धर थे, अश्व कोई नहीं था। वे प्रतीक्षा कर रहे थे। सुदास और उसकी सेना भी यही कर रही थी।

सेना!

क्या छह हज़ार से कम योद्धाओं के बल को सेना कहा जा सकता था? निश्चित ही, नहीं! यह हास्यास्पद था।

महिलाओं और बच्चों सहित सभी छह हज़ार लोग मिलकर भी प्रभावी नहीं माने जा सकते थे। सुदास भी यह जानता था, ठीक उसी तरह जैसे उसे यह मालूम था कि शत्रु को नदी पार करने में थोड़ा समय लगेगा और वह भी टुकड़ियों में हो पाएगा। इतनी देर में उसकी शेष सेना भी अपना कार्य समाप्त करके उसके पास पहँच जाएगी। यद्यपि, भारी सामान छावनी से उठाकर उत्तुंग शिखर तक पहुँचाने का कार्य कर दिया गया था, फिर भी सुदास उसे सहायता हेतु आई नयी सेना के रूप में ही मान रहा था। आख़िरकार, सामान उठाकर ऊपर चढ़ाने में उनका थकना स्वाभाविक था। उन्हें तरो-ताज़ा नहीं माना जा सकता था। फिर भी, संख्या में वे कुछ तो थे ही।

ऐसे ही गुरु वशिष्ठ थे। कुछ और नहीं, पर वह तृत्सु के - भारतवंशियों के - गुरु तो थे। संभव था कि आज विश्वामित्र भारतवंशियों के गुरु होने का दावा करने लगें और उनके सहयोगी व वयात के पुत्र, पसद्युम्न अनु और पुरु तथा अन्य भारत कबीलों के पुरोहित बन जाएँ। किंतु पराशर तथा सतयतु नामक अपने सहयोगियों के साथ वह वशिष्ठ ही थे जो परामर्श देने, मार्गदर्शन करने एवं भारत वर्ष के समस्त औपचारिक धार्मिक कृत्यों का संचालन करने के विधिवत् अधिकारी थे।

सुदास ने विचार किया कि एक प्रकार से, यह युद्ध उस उच्च पद की प्राप्ति के लिए वशिष्ठ और विश्वामित्र के बीच भी लड़ा जा रहा था। जहाँ एक ओर क्षत्रिय वर्ण ज्ञात जगत् पर शासन करता था, वहीं दूसरी ओर, ब्राह्मण वर्ण स्वयं को सभी महत्त्वपूर्ण कार्यों में श्रेष्ठ मानता था। यदि एक आर्य जाति - सभ्य मानव समाज - का शरीर था तो दूसरा

उसका मस्तिष्क व उसकी आत्मा।

उसे निश्चित रूप से पता था कि सभा-गृह में उसे सिहांसन से हटाने का निरर्थक किंतु साहसिक प्रयास अनु की योजना नहीं थी। वह किसी योजना को तैयार करते ही दीर्घकालीन व अनवरत अभियान में कूटनीति के महत्त्व को समझ जाता था। यह उसकी दुर्बलता भी थी और उसका गुण भी। ऐसे ही सुदास भी सीमित युद्ध-कौशल में असफल हो सकता था अथवा युद्ध में पराजित हो सकता था किंतु योजना बनाने और दूरदर्शिता में वह अद्वितीय रहता था। अनु और उसके सहयोगी व समर्थक भी इस बात से अवगत थे। इसलिए, उसने दीर्घकालीन और लंबी लड़ाई लड़ने का खतरा नहीं उठाया था क्योंकि वह जानता था कि यदि सुदास को समय दिया गया तो वह अनु को चालाकी से हराकर उसे मात दे सकता था। अनु सिर्फ़ ऐसे ही एक लघु और क्रूर युद्ध में सुदास से जीतने की उम्मीद कर सकता था।

अधिक लोगों के सहयोग से।

छियासठ हज़ार छह सौ साठ। छह के अंक की आकर्षक श्रंखला। छह के आगे तीन शून्य के अंक के विरुद्ध।

यह अधिक संख्या ही नहीं थी, बल्कि विनाशक बहुमत था।

एक के विरुद्ध ग्यारह।

युद्ध के आरंभ में तो वे संभवतः एक के विरुद्ध बीस थे, जब तक सुदास के अधिकतर योद्धा गुरु वशिष्ठ का दिया हुआ कमर-तोड़ कार्य करने में व्यस्त थे।

एक के विरुद्ध बीस।

सुदास ने आँख के कोने से कोई गतिविधि देखी तो वह मुड़ा। उसके उपसेनापति मूल रूप से पंद्रह में से तीन ही शेष थे।

अंबरीष गुरु वशिष्ठ द्वारा सौंपे गए कार्य को कर रहे दल का नेतृत्व कर रहा था; वह परनि, कुरुक, वेद, कवि, रवि और साल्व सहित

कई सर्वश्रेष्ठ योद्धा अपने साथ ले गया था, क्योंकि वशिष्ठ का कार्य करने के लिए अत्यंत शक्तिशाली पीठ तथा बाँहों की आवश्यकता थी।

मानो युद्ध लड़ने के लिए उनकी आवश्यकता नहीं थी! सुदास ने थकावट भरे अंदाज़ में सोचा किंतु उसके मन में द्वेष का भाव नहीं था।

बोलन, अस्स्यर, द्रह्क्यु, अलेन और अथर्व, ये सभी सुदास के आदेश पर व्यक्तिगत और संयुक्त अभियानों पर गए हुए थे और उनके जल्द ही लौटने की आशा थी।

इस कारण सुदास के साथ अग्रपंक्ति में, यदि उसे अग्रपंक्ति कहना उचित था, उच्छास्रवा, दहा और थ्सांग ही खड़े थे।

वे सुदास के साथ ही खड़े थे और उसके आदेश की प्रतीक्षा कर रहे थे।

उनकी ओर देखते हुए उसे एहसास हुआ कि प्रकाश कितना कम हो चला था। वे लोग आकाश की भांति धूसर दिख रहे थे। वायु भी विचित्र रूप से कांतिविहीन लग रही थी मानो प्रत्येक वस्तु में से जीवन, रंग और ऊर्जा चूस ली गई हो। कुश घास, जो आज सुबह ही इतनी हरी-भरी लहलहा रही थी - चमकते हुए रक्तिम धब्बों से रंगी - फीकी पड़कर गंदले धूसर हरे रंग की हो चुकी थी। पैरों के नीचे, पाँच नदियों की भूमि की ऊर्वर कछारी भूरी मिट्टी अब हलकी धूसर लग रही थी, मानो उसके ऊपर किसी ने राख का कालीन बिछा दिया हो। धूसर आकाश और धुँधली धरती के परिदृश्य पर उत्तर, पश्चिम और पूर्व की ओर देखने से, ऐसा लग रहा था मानो किसी महामारी ने पृथ्वी का विध्वंस कर दुखदायी ढाँचा पीछे छोड़ दिया हो। उसके विजेताओं के चेहरे भी नीरस और नीर्जीव लग रहे थे। पास के एक तालाब से क्रौंच पक्षियों का झुंड शोर करता हुआ पश्चिम दिशा की ओर उड़ गया। रोशनी द्वारा किए छल के फलस्वरूप वे पक्षी उलटे उड़ते हुए लग रहे थे और उनका शोर बीमार व दबा हुआ लग रहा था।

सुदास जानता था कि गुरु वशिष्ठ - अथवा कोई भी अन्य

ब्राह्मण - इन संकेतों की व्याख्या किसी सिर पर आए विनाश के शकुन या अपशकुन के रूप में कर सकते थे। अपने लिए उसे किसी व्याख्याकार की आवश्यकता नहीं थी। वह एक अँधकारपूर्ण और तूफ़ानी दिन था और वे लोग अपने ही बंधु-बांधवों, भाइयों तथा बहनों के साथ युद्ध करने जा रहे थे। वह विनाश दिवस था और उसे इसकी पुष्टि के लिए किसी शकुन-अपशकुन की ज़रूरत नहीं थी।

'राजन्,' उच्छास्रवा ने कहा।

सुदास ने उसकी ओर देखा और उसके आगे बोलने की प्रतीक्षा करने लगा।

उच्छास ने सुदास को संकेत से बताया। वहाँ उनकी एक लंबी आड़ी-तिरछी पंक्ति के अतिरिक्त और कुछ नहीं था। 'संभवतः हमें कोई और युक्ति प्रयोग करनी चाहिए।'

इसे अधिक समझाने की आवश्यकता नहीं थी। बात स्पष्ट थी : इतनी छोटी अग्रपंक्ति के साथ, किसी प्रकार का मोर्चा खोलना व्यर्थ था। यदि शत्रु ने टुकड़ियों में भी नदी पार की, तो भी एक बार तट पर एकत्रित हो जाने और आक्रमण करने के बाद तृत्सु पंक्ति का कुछ ही क्षणों में छिन्न-भिन्न हो जाना तय था। प्रश्न यह नहीं था कि वे कितनी वीरता अथवा भीषणता से लड़े, अपितु यह कि उनकी संख्या में कितनी असमानता थी। अकेला घुड़सवार शत्रु के बीस घुड़सवारों के विरुद्ध बीस गज़ की लंबाई सँभाल पाने में अक्षम था। शत्रु तृत्सुओं के बीच से दौड़ते हुए निकल जाते और वह युद्ध आरंभ होने से पूर्व ही समाप्त हो जाता।

सुदास ने कहा, 'मैं समस्या से अवगत हूँ, किंतु हमें पहल करनी होगी। एक बार शत्रु की रण-नीति पता लग जाए तो फिर हम अपनी चाल बदल सकते हैं।'

उच्छास ने कोई उत्तर नहीं दिया। उसने नदी की ओर देखा। दूसरी ओर से अभी तक किसी गतिविधि के आरंभ होने का संकेत नहीं था। थ्सांग और दहा ने ऊपर आकाश की ओर देखा।

'तूफ़ान के देवता हमारे सिर पर बैठे हैं जबकि उनसे यह कदापि अपेक्षित नहीं है, वे आक्रमण करने की प्रतीक्षा कर रहे हैं,' थ्सांग ने कहा। उसका स्वर हिमवात श्रंखला के सर्वोच्च शिखर वाली उत्तर की भूमि के लोगों की भांति गीतात्मक था।

दहा ने गले से विचित्र स्वर निकाला। वह उसकी मातृभाषा में अपशब्द था - वह एक बर्बर किंतु साहसी अश्व जाति का सदस्य था, जो हिमवात पर्वत श्रंखला के पार वन-रहित विशाल घास के मैदानों में विचरण करने वाली एक जाति थी।

'तूफ़ान के देवता मनुष्यों के युद्ध में किसी का पक्ष नहीं लेते,' दहा ने अपनी कठोर बोली में कहा। सुदास उस वाक्य का सिर्फ़ एक अंश ही समझ पाया था, किंतु संदर्भ से उसने बात का शेष अर्थ निकाल लिया था।

सुदास ने पुनः आश्वासन देते हुए कहा, 'तूफ़ान के देवता, इंद्र हमारे कुल देवता हैं। यदि आज वह किसी का पक्ष लेंगे, तो सिर्फ़ हमारा!'

2

नदी के पास अभी तक कोई गतिविधि नहीं हुई थी और अन्य लोगों ने लघु अनुक्रम में एक-एक करके पीछे हटना शुरु कर दिया था।

लौटने वालों में अथर्व पहला व्यक्ति था जो ठीक वही समाचार लाया था जिसकी सुदास को अपेक्षा थी - उत्तर-पूर्वी सीमा पर कोई गतिविधि नहीं थी। ऐसा होना स्वाभाविक था। तृत्सु राज्य के उस ओर की नदियों का तीव्रता से संगम होता था और उस समय उस स्थान को पैदल पार करना संभव नहीं था। यहाँ तक कि म्लेच्छ छपामार दल भी नदियों के भयावह बहाव में कूदने का साहस नहीं कर सकता था। नावें, घोड़े, बेड़ा, यहाँ तक कि पेड़-से-पेड़ के ऊपर बँधा रस्सी-पुल, और कुछ भी उस प्रचंड जल-प्रवाह को सहन नहीं कर सकता था। कम ही सही लेकिन, इस बात की भी संभावना थी कि शत्रु ने अपने लोगों को आज के दिन की तैयारी हेतु कई सप्ताह पूर्व ही नदी पार भेज दिया हो और इस महत्त्वपूर्ण युद्ध में, पीछे से आक्रमण करने के उद्देश्य से कहीं छिपा रखा हो। ऐसा होने की संभावना बहुत कम थी, किंतु यह पूर्णतः असंभव भी नहीं था। इस युक्ति का पहले भी दो बार प्रयोग किया जा चुका था - एक बार अपने पड़ोसी राज्य को हड़पने के उद्देश्य से और दूसरी बार, धीमे आक्रमण के रूप में। दोनों अवसरों पर, अनु कबीले ने दूसरे दल की सीमाओं में समय से पहले ही चोरी-छिपे घुसपैठ कर ली थी और वे लोग निर्णायक क्षण तक छिपे रहे थे।

युद्ध के बीच में आश्चर्यचकित होने की अपेक्षा समय रहते यह बात सुनिश्चित कर लेना बेहतर था। सटीक सूचना के अभाव में, कोई

रण-नीति प्रभावी नहीं होती है और तृत्सुओं के पास इस समय रण-नीति के अतिरिक्त कुछ नहीं था।

'आज उनका बहाव बहुत प्रचंड है,' नदी के संगम-तट से लौटकर आने के बाद हलका-सा काँपते हुए अथर्व ने कहा। सुदास के उपसेनापतियों में अथर्व सबसे कम आयु का था और तीन वर्ष पहले उसे कंपन के साथ बुखार हुआ था। उसके प्रभाव से अथर्व को अब भी वर्षा के दिनों में बुखार तथा कँपकँपी आ जाती थी। 'वे आपस में युद्ध कर रही हैं और उनके बहाव का भीषण शोर साफ़ सुनाई दे रहा है।'

सुदास को बाद में समझ में आया कि अथर्व नदी-देवियों की बात कर रहा था। प्रत्येक नदी एक शक्तिशाली देवी थी क्योंकि नदियाँ जीविका, पोषण और जीवन प्रदान करती है। अतः वे नारी रूपी एवं देवी-तुल्य थीं। यद्यपि, वे प्रायः स्वेच्छा से और हिंसापूर्वक जान भी ले लेती हैं, पूरी बस्तियाँ अपने साथ बहा ले जाती हैं तथा फसलों को और मवेशियों के झुंड नष्ट कर देती हैं। अतः उन्हें योद्धा-देवी माना जाता है। अथर्व जिस दृश्य को देखकर भयभीत हो गया था, सुदास उससे परिचित था - तृत्सु राज्य की उत्तरपूर्वी सीमा, जो नदियों का संगम-स्थल था, पथरीली ढलान थी। प्रत्येक नदी, एक के बाद एक, अलग-अलग ऊँचाई से फिसलती हुई गिरती थी, जिसके कारण उनके नीचे ठोस चट्टानों पर गहरे गड्ढे बन गए थे, जिससे किसी प्राकृतिक बाँध की भांति घाटी-नुमा क्षेत्र तैयार हो गया था। तेज़ धार और ढलान पर नीचे की ओर बहने के कारण, यह जलाशय शक्तिशाली अंतर्प्रवाह से परिपूर्ण हो गया था। एक स्थान पर, वे सभी नदियाँ दोबारा तेज़ बौछार के साथ घाटी-क्षेत्र से बाहर निकलती थीं और एक दर्रे से होती हुई वर्षा-ऋतु में उसे पानी से ऊपर तक भर देती थीं।

अथर्व इसी दर्रे के तृत्सु क्षेत्र के किनारे से, नहर के रास्ते होता हुआ आया था जहाँ बाँध का पानी बौछर के रूप में आगे को निकलता था और समुद्र तक अपनी लंबी यात्रा जारी रखता था। बंद चट्टानों की दीवारों और गोल शिलाखंडों पर होता पानी का घर्षण ऐसा प्रतीत होता था

मानो देवता अपने दाँत किचकिचा रहे हों - अथवा, जैसा कि अभी-अभी अथर्व ने कहा था, नदियाँ एक-दूसरे के विरुद्ध युद्ध कर रही हों।

सुदास ने अथर्व के हाथ से अश्व की लगाम ली, उसके ऊपर झुका और अपनी हथेली से अथर्व का माथा छुआ। उसे लगा मानो उसने अपना हाथ उबलते पानी से भरे बर्तन पर रख दिया हो। अथर्व की आँखों में पीलापन था और घातक धूसर प्रकाश के बावजूद, अथर्व की त्वचा हलका पीला रंग लिए हुए थी।

'तुम्हें फिर से बीमारी ने आ घेरा है,' सुदास ने कहा, 'जाओ, अपने घोड़े को छोड़कर गरमाहट में लेट जाओ।' घर से बाहर स्वयं को गर्म रखने का यह प्रभावी तरीका था।

किंतु युवा उपसेनापति ने सुदास को देखा और फिर उसके हाथ से घोड़े की लगाम छीन ली। 'हम लोग या तो सब एक साथ लेटेंगे अथवा कोई नहीं लेटेगा।' उसने संक्षेप में उत्तर दिया।

सुदास को लगा कि उसने युवा योद्धा को पहले से ही अप्रसन्न कर दिया था। अधिक कुछ कहने का अर्थ होता कि अथर्व युद्ध में लड़ने के लिए स्वस्थ नहीं था। एक तृत्सु के लिए, मृत्यु से अधिक बुरा अपमान होता है। अपने साथियों को युद्ध में छोड़कर स्वयं लेटकर आराम करना, अपने धर्म की उपेक्षा करने जैसा था और धर्म की उपेक्षा सबसे बुरा अपमान था।

सुदास ने उसे कुछ और नहीं कहा। यदि वह युवक युद्ध में घायल हो जाता तो सुदास उसे आराम करने के लिए नहीं कहता क्योंकि यह युद्ध अंतिम साँस तक लड़ा जाना था और प्रत्येक व्यक्ति यह बात जानता था। स्वस्थ हो या अस्वस्थ, युद्ध तो युद्ध था और मरने का अर्थ था मरना।

जिस समय सुदास अथर्व से समाचार सुन रहा था और उससे बातें कर रहा था, तभी द्रस्क्यु, बोलन और अलेन भी वहाँ पहँच गए थे। उसी पूछ-ताछ के दौरान अस्स्यर भी लौट आया था।

बोलन ने दूसरों को आगे कर दिया और स्वयं अंत में बोलना पसंद किया।

द्रह्व्यु ने दुखी स्वर में बताया कि उत्तर-पश्चिम सीमा पर सभी बस्तियों पर हमला बोलकर उन्हें जला दिया गया था। वहाँ रहने वाले लोग पिछले युद्धों में बच गए साहसी थे और उन्होंने अपने जैसे अन्य बचे हुए लोगों के साथ मुख्य नगर की भीड़-भाड़ से दूर एकाकी नातेदारी में रहना पसंद किया था। समय के साथ, अनेक लोगों ने परस्पर स्वच्छंद मित्रता स्थापित कर ली थी और यहाँ तक कि उनके संबंध विस्तारित परिवार जैसे हो गए थे। उनके बीच एक अलिखित नियम यह था कि कितनी भी बड़ी समस्या या मुश्किल हो, वे सदैव एक-दूसरे की सहायता के लिए पहुँच जाते थे। द्रह्व्यु ने विशाल मवेशी बाड़ों में, जो वहाँ के निवासियों द्वारा कठोर मौसम में अपने मवेशियों को गर्म और सुरक्षित रखने के लिए सामाजिक रूप से उपयोग किए जाते थे, बड़ी संख्या में जले हुए मानव-अवशेष देखे थे। अँगारे अभी तक धधक रहे थे, कहीं-कहीं तो आग भी जल रही थी और चूंकि पिछले दिन काफ़ी वर्षा हुई थी, इसका अर्थ था कि आग आज ही लगाई गई थी।

'शत्रु ने अवश्य ही वहाँ से गुज़रते समय आग लगाई होगी,' उसने उदास होकर कहा, 'क्योंकि मैंने बहुत-से घोड़ों के पैरों के निशान देखे थे जो नगर से बस्ती की ओर आगे तक जा रहे थे। वे जिसे मार सकते थे, उन्होंने मार डाला और शेष लोगों को घरों के भीतर बंद करके उन्हें जीवित जला डाला।'

सुदास ने गंभीरता से सिर हिलाया। यह पुरु जाति के लोगों की कुचाल थी जो आग का हथियार की तरह प्रयोग करते थे और क्रूरतापूर्वक अपने शत्रुओं को जीवित जला डालते थे। यह समाचार भी मिले थे कि कुछ पुरु राजाओं ने उत्तराधिकार से जुड़ी समस्याओं से निपटने के लिए अपने शत्रुओं को उनके घरों में सोते में ही जला दिया था। वह अत्यंत निराश हुआ क्योंकि उसने जो युक्ति सोची थी, युद्ध में उसके उपयोग के

लिए वह उन बस्ती वासियों पर निर्भर था। 'क्या तुमने घोड़ों के पद-चिह्नों का पीछा किया था?'

द्रह्यु ने अपना मुँह पोंछा। उस पर राख पुती थी जो अपने मित्रों की खोज करते समय उसके मुँह पर लग गई थी - सुदास जानता था कि द्रह्यु की बहुत-से बस्तीवालों से घनिष्ठता थी - किंतु झुटपुटे की रोशनी में वह राख भी उसके कड़क और असभ्य लक्षणों को सौम्यता प्रदान कर रही थी। 'हाँ, वे नदी की ओर गए थे।'

सुदास की भँवे तन गईं। 'नदी की ओर?'

द्रह्यु ने कंधे उचकाए। 'उन्होंने नदी पार करने और वहाँ से निकल जाने के लिए नावों का प्रयोग किया होगा।'

सुदास की भँवें अब भी तनी हुई थीं। तभी अलेन ने बोलना आरंभ किया। यदि शत्रु ने नगर से निर्गमन का नेतृत्व करने के बाद, उस दिन प्रातः अथवा दोपहर तक आवासियों को मार दिया था, तो वे सरलता से इसी मार्ग से निकल जाते और यहाँ से परुष्णि को पार करते जहाँ इसका पानी सबसे उथला व पार करने योग्य है। विपाशा को वहाँ ऊँचाई से, जहाँ पर उसमें अनेक घुमाव और मोड़ हैं, पार करने की क्या आवश्यकता थी? हाँ, वे नावों से ही पार गए होंगे, किंतु वहाँ से नदी पार करना जोखिमपूर्ण था। इसके अतिरिक्त, वहाँ प्रचंड जल-प्रवाह के कारण उनके अश्वों के बिदकने और घायल होने या मारे जाने का भी खतरा था। यह बात तर्कसंगत नहीं थी। यद्यपि, उस दिन जो भी हो रहा था, उसमें कुछ भी तो तर्कसंगत नहीं था।

अलेन ने कहा, 'पश्चिमी सीमा साफ़ है किंतु नदी के पार मैंने शत्रु की गतिविधियाँ देख पा रहा था।'

यह पूर्णतः तर्कसंगत था। जैसा कि तय हुआ था, शत्रु वहाँ उस मोर्चे पर तृत्सुओं से युद्ध के लिए आ रहा था। इससे सुदास को बहुत राहत महसूस हुई क्योंकि कम से कम इस बात के लिए अनु और पुरु - तथा भृगु, अज, सिग्रु एवं यदु - असामान्य रूप से आदर के

पात्र थे। फिर सुदास ने सोचा कि इतनी बड़ी संख्या में होने के बाद तो सम्मानीय होना उनके सामर्थ्य में था।

'क्या उनकी संख्या लगभग उतनी ही थी, जितनी हमें बताई गई थी?' सुदास ने अलेन से पूछा।

अलेन ने उसे देखते हुए अपना सिर धीरे से हिलाया। 'बिल्कुल नहीं।'

अन्य लोग अपने अश्वों को लेकर उसके निकट आ गए और अलेन के चेहरे की ओर देखकर उसका आशय समझने का प्रयास करने लगे।

सुदास ने अपना हाथ ऊपर उठाया। 'तुम कहना क्या चाहते हो, अलेन? तुमने शत्रुओं की जो संख्या नदी के पार देखी थी, वह हमें बताई गई संख्या से कम थी या अधिक?'

अलेन ने एक लंबा श्वास छोड़ा और कहा, 'उससे बहुत, बहुत अधिक। यदि वह संख्या किसी भी दृष्टिकोण से सही है, तो इतना तो उनका मुख्य योद्धा-बल है। जो मैंने देखा, उसके अनुसार तो वे एक पूर्ण अक्षोहिणी सेना हैं।'

'क्या, तुम एक अक्षोहिणी कह रहे हो?' दहा ने अविश्वास से पूछा। 'रथों सहित?'

'पैदल सैनिक, घुड़सवार, रथ और *हाथी,*' अलेन ने कहा। 'पूर्ण लड़ाकू सैन्य-दल।'

उसके शब्दों के बाद वहाँ चौंकाने वाला मौन छा गया।

इस मौन में, बोलन ने अपना मोटा कर्कश स्वर जोड़ा, 'अभी केवल इतना ही नहीं है!'

3

अथर्व ने उन्मत्त होकर हँसते हुए कहा, 'एक अक्षोहिणी सेना के साथ हाथी तथा रथ और फिर भी यह कह रहा है कि केवल इतना ही नहीं है!'

मृदु स्वभाव वाला उच्छास भी, जो शीघ्र उत्तेजित नहीं होता था, बोलन की ओर तीखी दृष्टि डालते हुए बोला, 'इससे और बुरा क्या होगा, बोलन?

बोलन ने अप्रसन्न हुए बिना उच्छास की ओर देखा। सुदास जानता था कि भालन कबीले का बोलन ऐसा व्यक्ति था जिसने वे सब भयानक चीज़ें देखी और की हुई थीं जो एक मनुष्य दूसरे मनुष्य के साथ कर सकता है। उसने अपनी युवावस्था के उन खौफ़नाक वर्षों में ऐसी घृणित चीज़ें देखी, अनुभव की तथा स्वयं भी कुछ सीमा तक की हुई थीं, कि वह भावनात्मक रूप से अत्यंत असंवेदनशील हो चुका था। अत्याचार ने उसकी आत्मा पर घाव कर दिए थे और ये भावुक घाव समय के साथ सख़्त हो गए थे जिसके कारण संसार के प्रति उसका दृष्टिकोण कठोर हो गया था। उसका गंजा सिर और फुंसियों से भरा चेहरा, उसकी बैल जैसी गर्दन में से कछुए की भांति बाहर निकला हुआ था।

'शत्रु इस आक्रमण के लिए कई महीनों से, संभवतः एक वर्ष से भी अधिक समय से योजना बना रहा था,' वह बोला।

अथर्व, जो अब प्रत्यक्ष रूप से ज्वरग्रस्त दिख रहा था, हँसा, ''तुम्हें यह संकेत कैसे मिला?' फिर उसे ज़ोर से हिचकी आई।

सुदास ने अपना हाथ अपने सीने तक उठाया। अन्य लोगों की भांति अथर्व भी शांत हो गया, हालांकि उन सबकी आँखों में भावुकता थी। परिस्थिति, जो पूर्णतः निराशाजनक लग रही थी, अब वह पागलपन से भी कुछ कदम आगे निकल गई थी।

'आगे कहो, बोलन,' सुदास ने शांत भाव से कहा क्योंकि वह जानता था कि उसके लिए अपने उपसेनापतियों को नियंत्रित रखना आवश्यक था। उनकी शेष छोटी-सी सेना वहाँ चल रही चर्चा को सुनने के अतिरिक्त कुछ अधिक नहीं कर सकती थी और ये बातें कुश के मैदान में खड़े लोगों तक भी पहुँच रही थीं। यदि वे सावधान न रहते तो वहाँ खलबली मच सकती थी। तृत्सु बहादुर थे, मूर्ख नहीं। अधिकतर कबीलों के अंदर घबराहट पैदा करने जैसी मुश्किल परिस्थितियों में युद्ध करना एक बात थी और देवताओं तक के लिए असंभव युद्ध परिस्थितियों में लड़ना दूसरी बात। वह ऐसा क्षण था जब संसार के सबसे वीर योद्धाओं को भी पता था कि उन्हें वहाँ से भाग जाना चाहिए ताकि वे अपनी जान बचाकर किसी अन्य दिन युद्ध कर सकें। सुदास स्वयं यह बात जानता था कि अलेन ने जो देखा था उसका आशय यह था कि उसे युद्ध करने के विकल्प पर पुनर्विचार करना चाहिए, बेशक ऐसा करना कितना भी अपमानजनक क्यों न हो।

बोलन आगे कहने लगा, 'अपने राजन् की आज्ञानुसार मैं उत्तरी छोर तक गया। वहाँ मुझे लकड़ी का काम किए जाने के प्रमाण मिले।'

'लकड़ी का काम?' द्रह्क्यु ने दोहराया।

'हाँ, हमारी ओर नहीं, बल्कि नदी के दूसरी ओर। मैं पार जाकर उसकी पुष्टि तो नहीं कर सका किंतु वहाँ शंका दूर करने के पर्याप्त प्रमाण मौजूद थे। काटे गए वृक्षों की संख्या और पहाड़ी पर वनों की दुर्गति को देखकर स्पष्ट था कि उस जगह लंबे समय और सुनियोजित ढंग से वह गतिविधि चल रही थी। एक नगर - बल्कि अनेक नगरों - के निर्माण हेतु पर्याप्त कटी हुई लकड़ी वहाँ पड़ी थी।'

वे लोग एक-दूसरे को देखने लगे। उसी समय अस्स्यर भी वहाँ पहुँच गया किंतु वह समूह से कुछ दूर ही रुका रहा क्योंकि वह जानता था कि बीच में अवरोध पैदा करना ठीक नहीं था। घुड़सवारी से लौटकर आने के बाद वह मायूस दिख रहा था। शिथिल प्रकाश में उसका रंग हलका धूसर लग रहा था, किंतु वह उत्तेजित या अधीर नहीं था। इसका अर्थ सुदास ने यह लगाया कि उसका समाचार तत्काल देने जैसा नहीं था और वह कुछ देर रुक सकता था। वह चाहता था कि बोलन पहले अपनी बात समाप्त कर ले।

'मैं समझा नहीं,' दहा ने कहा। 'इसका क्या अर्थ हो सकता है?' उच्छास्रवा ने अपनी दाढ़ी के नीचे गर्दन खुजलाई और कहा, 'घेराबंदी कारगर होती है?'

अथर्व हँसा किंतु फिर उसने स्वयं को तुरंत रोक लिया। अन्य लोगों ने उस प्रश्न को गंभीरता से लिया। सुदास को लगा कि उसे अथर्व के विषय में कुछ सोचना पड़ेगा; उसका ज्वरग्रस्त मस्तिष्क युद्ध के दौरान उसे और उसके साथियों को खतरे में डाल सकता था।

उसने ज़ोर से कहा, 'इतनी बड़ी संख्या होने के कारण घेराबंदी का प्रश्न ही कहाँ उठता है?'

बोलन ने उसकी ओर देखा। 'मुझे लगता है कि राजन् जानते हैं कि लकड़ी का क्या महत्त्व है।' सब लोग उसे देखने लगे।

सुदास ने हामी भरी। 'मैंने यह सब अपने दादा के समय में पहले भी देखा है, जब मैं बच्चा था।' उसने तृत्सु राज्य की ओर इशारा किया। 'ये नदियाँ सदा ऐसे नहीं बहती थीं, जैसे अब बहती हैं। ये कई कारणों से मार्ग बदलती हैं और घूम जाती हैं और फिर मार्ग बदल लेती हैं। कभी-कभी हमने भी इनका मार्ग बदला है।'

'क्या आप नहर बनाने की बात कर रहे हैं, राजन्?' दहा ने धीरे-से पूछा। 'नदी का बहाव किसी विशिष्ट मार्ग पर ले जाने के लिए

नया रास्ता खोदना, ताकि लोगों के घर तथा खेत पानी में न बह जाएँ?'

'हाँ। परंतु नहर बनाने से भी अधिक महत्त्वपूर्ण बाँध बनाना है। मेरे विचार से उत्तरी छोर पर शत्रु यही कार्य करता रहा है।'

'बाँध?' थ्सांग ने कहा। 'अपने पर्वतों के ऊपर हमारे पास एक विशाल बाँध है। सर्दियों में, इसका पानी बर्फ़ की भांति आंशिक रूप से जम जाता है और हमारे बच्चे नीचे पत्ती लगी हुई विशेष चप्पल पहनकर उसे पार करते हैं,' ऐसा कहकर उसने फिसलने की क्रिया को हाथ के इशारे से समझाया। 'जब पहाड़ी कबीले हमें अधिक परेशान करते हैं तो हम बाँध का पानी छोड़कर उनके घरों को डुबो देते हैं। अंततः जब उन्होंने हमारे साथ सुलह कर ली तो हम इस बात पर सहमत हो गए कि जब तक सुलह क़ायम रहेगी, तब तक हम बाँध का पानी उनके खेतों के लिए छोड़ते रहेंगे किंतु उनके घरों को नहीं डुबोएँगे।'

सुदास ने गर्दन हिलाई। 'मेरे विचार से यहाँ शत्रु के मन में हमारे खेतों के लिए पानी छोड़ने से अधिक कुछ है।'

उसने अपने पीछे बह रही नदी की ओर संकेत किया 'यही कारण है कि वे इसे अभी तक पार नहीं कर रहे हैं। वे इस पार आने के लिए नौका-बेड़े का प्रयोग नहीं करना चाहते।'

अलेन ने पूछा, 'तो फिर...'

'आक्रमण के समय वे नदी पर बाँध बनाकर घोड़ों पर ही नदी-तल को पार करना चाहेंगे,' सुदास ने कहा। फिर उसने आस-पास देखा। 'उनका उद्देश्य हमारे मुख्य रण-नीतिक लाभ (नदी से लगी सीमाओं) को हमसे छीन लेना चाहते हैं। हमारी संख्या इतनी कम है कि बिना नदियों की सहायता के हमारे लिए उन्हें तृत्सु सीमा से बाहर रखना संभव नहीं होगा। वे जगन्नाथ की भांति हमें अपने पहियों और खुरों के नीचे कुचलते हुए आगे निकल जाएँगे।'

'हाथियों व रथों के साथ,' द्रस्क्यु ने कहा। उसने अपनी भाषा

में अपशब्द बोले, 'मित्र, हमारी सहायता करो! यह मुट्ठी-भर कुत्तों का साँड़ के झुंड से भिड़ने जैसा है। हमारे बचने की कोई उम्मीद नहीं है।'

'यह तो हमें पता ही था,' उच्छास बोला। 'जैसा कि राजन् ने कहा, हम संगठित भारतवर्ष की अवधारणा के लिए युद्ध कर रहे हैं।'

सुदास ने कहा, 'यह सत्य है, हम एक ऐसे आदर्श के लिए युद्ध कर रहे हैं जिसका सपना प्रत्येक भारतवंशी को देखना चाहिए। हम यह आशा करते हैं कि मर कर भी हम अपने त्याग का उदाहरण प्रस्तुत कर सकेंगे तथा अन्य समस्त जातियों के एकीकरण के लिए भारतवंशियों को संघर्ष करने हेतु प्रेरित कर पाएँगे।'

अनेक सिर धीरे-धीरे सहमति में हिल रहे थे। उन्हें देखकर सुदास का मन उदास हो गया। वह यहाँ खड़ा होकर उनके जीवन, उनके घर, और संसार में उनके लिए प्रत्येक प्रिय वस्तु के विनाश की बात कर रहा था और वे उससे अपनी सहमति व्यक्त कर रहे थे। *हे इंद्र, आपने मुझ पर यह बोझ क्यों डाला? यदि राजा होने का बस यही अर्थ है तो, काश मैं आपके पुत्र के रूप में जन्मा ही न होता, हे पिताजी!*

इसकी प्रतिक्रिया स्वरूप, सफ़ेद दाढ़ी वाले एक धवल चेहरे की छवि, जिसकी दाढ़ी में कुछेक अंतिम काले बाल शेष रह गए थे, उसके सम्मुख उपस्थित हुई। उसका मुख खुला था और अपने टूटे दाँत दिखाता हुआ वह चुपचाप हँस दिया।

दूर कहीं, बादल गरज रहे थे। उत्तरी दिशा में एक धीमी गर्जना सुनाई दे रही थी।

उसने एक गहरी साँस ली। समय हो चुका था। उसे अपने लोगों को यह बता देना चाहिए कि यद्यपि उनका उद्देश्य न्यायसंगत था एवं उनके कर्म उचित थे, ऐसे में प्राण गँवाने से कोई लाभ नहीं था जबकि वे जानते थे कि उससे उनके उद्देश्य की पूर्ति नहीं हो पाएगी। उनके विरुद्ध इतनी विशाल सेना थी कि तृत्सु जाति का अंत शानदार उदाहरण न होकर सिर्फ़ एक चेतावनी-भरी कथा बनकर रह जाएगा। उनकी तरह

एकीकृत भारतवंश के आदर्श में विश्वास रखने वाले लोग इस रण-भूमि की ओर देखकर कहेंगे, 'इन्होंने व्यर्थ में जान दी, हम ऐसा क्यों करें?' इस युद्ध में यदि वे परास्त हो गए तो वह आदर्श ही खो जाएगा जिसकी रक्षा के लिए वे युद्ध लड़ रहे थे। इस त्याग का एकमात्र उद्देश्य विजय प्राप्त करना था क्योंकि यदि वे अपनी जान देकर विजय प्राप्त कर पाए तो उनकी यह विजय-गाथा आने वाले समय में बार-बार दोहराई जाएगी।

पहले ही की तरह परिस्थितियाँ मुश्किल लग रही थीं, फिर भी सुदास के पास मुट्ठी-भर आशा शेष थी। परंतु, अब वह उम्मीद भी समाप्त हो चली थी। अब यह असंभव परिस्थितियों के विरुद्ध होने वाला युद्ध नहीं रह गया था। यह तो नरसंहार था। इस स्थिति की तुलना में किसी दर्रे में भेड़ियों के झुंड के बीच एक बीमार शावक के बचने की संभावना फिर भी अधिक थी। इतने अधिक सैन्य-बल के विरुद्ध, उनके साथ उनका आदर्श भी कुचला जाना निश्चित था।

इसके बाद कोई व्यक्ति, तृत्सुओं की भांति समाप्त कर दिए जाने के भय से भारत राष्ट्र के विषय में फिर कभी बात नहीं करेगा। अनु द्वारा 'तृत्सु' शब्द बोलने मात्र से ही लोग शांत हो जाएँगे।

सुदास ने अपने लोगों को यह बात समझाने के लिए बोलना आरंभ किया। वह उन्हें बताना चाहता था कि क्यों वहाँ से पीछे हटने का, जहाँ भी संभव हो भाग निकलने का, समय रहते अपने और अपने प्रियजनों की जान बचाने का अवसर आ गया था।

लेकिन, इससे पहले कि वह कुछ कह पाता, दूर पंक्ति में खड़ा कोई तृत्सु चिल्लाया।

4

'नदी सूख रही है,' कोई चिल्लाया।

पंक्ति में खड़े अन्य लोग भी उस ओर संकेत कर चिल्लाने लगे। *तो शुरूआत हो ही गई।*

सुदास ने अपने घोड़े को एड़ लगाई और उसके पीछे उपसेनापति भी पीछे चल पड़े।

अगली पंक्ति की रक्षा में तैनात अधिकतर तृत्सु उसके पीछे चल पड़े किंतु उसने उन्हें रुकने के लिए नहीं कहा। वह शिष्टाचार में विश्वास करने वाला अंहकारी सेनापति नहीं था, जबकि इन दोनों चीज़ों का पालन मात्र आडंबर हेतु किया जाता था। सुदास के दादा दिवोदास बहुत बड़े सेनापति थे और उसके पिता पिजवान तथा उनके पिता ने इन मामलों पर अनेक बार बहस की थी। अंत में, सुदास ने मध्यम मार्ग खोज निकाला था : अनुशासन और शिष्टाचार तब निभाना चाहिए जिस समय उनकी आवश्यकता हो। नियमों को तब नर्म करना चाहिए जब परिस्थितियाँ कठोरता की माँग न करें।

वर्तमान परिस्थितियों में, पंक्ति बनाए रखने, अग्रपंक्ति का आभास देने, ध्वज को ऊपर रखने आदि का कोई महत्त्व नहीं था। इस समय, इन घिरे हुए लोगों को जो एकमात्र चीज़ बाँधे हुए थी वह था उनका बंधुत्व का भाव और यदि कुछ नियमों को शिथिल करने से वह भाव सुदृढ़ हो सकता था तो वह प्रत्येक नियम तोड़ने के लिए तैयार था।

उसने अपनी पंक्ति को तृत्सु सीमा से आधा मील की दूरी पर स्थित

कर रखा था। उसने वह दूरी कुछ ही क्षणों में तय कर ली। परुष्णि की ओर जाते हुए वह देख पा रहा था कि नदी का बहाव बहुत धीमा हो चुका था। उसने महसूस किया कि नदी का बहाव सुबह भी सामान्य से हलका था किंतु उसका ध्यान इस ओर नहीं गया था। पिछले कई दिनों तक हुई वर्षा के पश्चात्, आज प्रातः तो बहाव तीव्र होना चाहिए था, जबकि वह सामान्य का संभवतः तीन-चौथाई ही था। इस समय तो वह मुश्किल से एक-तिहाई रह गया था और जैसे-जैसे सुदास उसके निकट जा रहा था, बहाव घटता ही चला जा रहा था।

दूर तट पर शत्रु की सेना खड़ी थी।

घुड़सवारों की पंक्तियाँ एक के बाद एक आकर नदी के सामने खड़ी हो रही थीं। आधा मील तक उन्हें देखा जा सकता था और वे बहुत पास-पास खड़े थे। प्रत्येक तीन गज़ पर एक अश्व था और प्रत्येक पंक्ति में ऐसे तीन सौ अश्व थे जिनकी संख्या इतनी तेज़ी से बढ़ती जा रही थी कि वह उन्हें गिन भी नहीं पा रहा था। वे कम से कम दो या तीन हज़ार हो चुके थे तथा पता नहीं, उनके पीछे अभी और कितने सैनिक आने शेष थे - वह जहाँ खड़ा था वहाँ से इसका अनुमान लगाना असंभव था।

उसने मुड़कर उत्तुंग शिखर की ओर देखा जो फीके पड़ रहे प्रकाश में गंभीर और धुँधला दिख रहा था।

फिर उसने घूमकर अपने सैनिकों की ओर देखा, 'दहा, उत्तुंग तक जाओ। जितना ऊपर जाना पड़े, जाओ और नदी के पार देखो। लौटकर मुझे शत्रु की कुल संख्या बताओ।'

दहा ने अपना अश्व घुमाया और बिना कुछ बोले रवाना हो गया, किंतु उच्छ्वास और द्रह्यु ने एक-दूसरे की ओर देखा।

सुदास जानता था कि वे दोनों क्या सोच रहे थे : जब हमें पता है कि शत्रु की संख्या बहुत अधिक है तो फिर गिनती करने से क्या लाभ होगा? साठ हज़ार और छह लाख में कोई अंतर नहीं था। खरगोश को कुचलने के लिए तो हाथी का एक पैर ही काफ़ी है। खरगोश के लिए

यह जानने का क्या लाभ कि हाथी के पास तीन अन्य पैर हैं जो यही कार्य कर सकते हैं?

सुदास को पता था कि वर्तमान परिस्थितियों में उसके तरीक़े संभवतः व्यर्थ हो जाएँगे। ऐसे में किसी भी राजा के तरीक़े व्यर्थ हो जाते। उसके लिए अपने सिद्धांत पर डटे रहना आवश्यक था।

उसके पास विश्वास के अतिरिक्त और कुछ नहीं था। उसका संपूर्ण अनुभव व जीवन इस ज्ञान पर आधारित था : ज्ञान से समझ बढ़ती है, समझ से संघर्ष पैदा होता है और संघर्ष से जीवन में पूर्णता आती है। इससे थोड़ा भी कम मात्र पशुओं की तरह जीने जैसा है।

वे नदी के तट पर पहुँच गए और तभी सुदास ने हाथ उठाकर अपनी सेना को रुकने का संकेत दिया।

नदी में अब सिर्फ़ पानी की बूँदे टपक रही थीं। अपने पूर्ण वेग के समय, नदी का पाट, यहाँ - अपने सबसे दुर्बल बिंदु पर भी - कम से कम बीस गज़ होता था, और अब नदी के तल पर वह मुश्किल से पाँच गज़ रह गया था तथा धीरे-धीरे कम होता जा रहा था। उसके अनुमान के अनुसार, कुछ ही देर में पानी का बहाव बिल्कुल रुक जाने वाला था। फलस्वरूप, शत्रु यदि चाहे तो, एक दर्जन स्थानों से एक-साथ नदी को पार कर सकता था। दूसरे तट पर उसे सिर्फ़ घुड़सवार दिखाई दे रहे थे, किंतु अब जबकि उसे पता था कि अन्य सैन्य-टुकड़ियाँ भी वहाँ थीं, वह समझ गया कि उन्हें प्रवाह के विपरीत दिशा में तैनात किया गया था।

यदि उसके पास इस प्रकार के संसाधन होते तो उसने भी ऐसा ही किया होता - तृत्सुओं के विरूद्ध घुड़सवार छोड़कर, पैदल सैनिकों और हाथियों को प्रवाह के विपरीत दिशा में नदी पार करवाई जाती और पीछे से हमला किया जाता। फिर रथों को प्रवाह की दिशा में - शायद उत्तुंग के क्षेत्र के आस-पास से भी - भेजा जाता और प्रत्येक तृत्सु को चुन-चुनकर दो काँटों वाली चिमटी से पकड़ लिया जाता जिसमें से उनके लिए निकल पाना संभव नहीं होता।

अनु और उसके सहयोगी कबीलों का उद्देश्य सिर्फ़ तृत्सुओं की संपत्ति हड़पना नहीं था, अपितु वे उनके प्रत्येक पुरुष, स्त्री और बच्चे को मारकर समस्त तृत्सु जाति को समाप्त करना चाहते थे। ऐसा करना इसलिए मुश्किल नहीं था क्योंकि तृत्सु मुट्ठी-भर ही शेष रह गए थे।

इसे लेकर कोई विवाद नहीं होता कि यह क्षत्रिय धर्म के विरुद्ध नहीं है, क्योंकि अनु ने वार्ता का प्रयास किया था और चुनौती भी दी थी। इतनी अल्प-संख्या में होकर भी विरोध प्रदर्शन करने पर, उन्हें ही विद्रोही मूर्ख कहा जाना था।

मात्र इस तथ्य के अतिरिक्त कि मैं अपने कबीले का वैध तरीके से नियुक्त किया गया शासक और प्रवक्ता हूँ और इस नाते, समस्त भारत वंश का प्रधान हूँ।

यदि सुदास नदी के इस पार अकेला खड़ा होता और वह समस्त संसार के संयुक्त सामर्थ्य को चुनौती देता तो भी वह सही होता और दूसरा पक्ष ग़लत। उन्हें यह बात पता थी और यह भी कि सुदास उनकी बात कभी नहीं मानेगा।

इसीलिए वे लोग मेरे विरुद्ध इतनी विशाल सेना लाए हैं। उनका उद्देश्य मेरे लोगों, मेरे उद्देश्य और मेरे वंश को समाप्त करना ही नहीं, अपितु आने वाली पीढ़ियों को यह पाठ पढ़ाना था -

सामर्थ्य का शासन चलता है।

न्यायोचित असफल हो जाता है।

यह पाठ सुदास अभी पढ़ने के पक्ष में नहीं था।

उसने देखा कि उत्तर-पश्चिम दिशा से घुड़सवारों का एक दल आया, तट के निकट वह धीमा हो गया और फिर रुक गया। वह दल उसके पीछे खड़ी घुड़सवारों की असीमित पंक्तियों से एकदम भिन्न था। वह दल थोड़ा धीरे और अधिक गरिमा के साथ चल रहा था, उनके अश्वों की काठी पर उनके पीछे लगे विभिन्न कृतध्वजों के समान ही कपड़ा

बँधा हुआ था। उन्होंने काँस्य का चमकदार कवच धारण किया हुआ था जिसके ऊपर उत्कृष्ट ढंग से महीन ज़रदोज़ी का काम किया गया था - उनके ऊपर बनी आकृतियाँ इतनी दूर से भी दिखाई दे रही थीं - और उनके हाव-भाव से उनका प्रभुत्व झलक रहा था।

ये लोग क्षत्रिय या योद्धा नहीं थे। ये सेनाध्यक्ष, सेनापति और राजा थे।

सुदास ने गिनती की तो वे लगभग दस लोग थे। फिर जब उन्होंने अपनी पंक्ति को सीधा करके नदी की ओर मुख किया तो सुदास ने अपनी गिनती में सुधार किया।

लगभग नहीं, वे वास्तव में दस थे। लानत थी, ऐसे नाम मात्र प्रकाश पर, जो गोधूलि की भांति धुँधला दिख रहा था, जबकि सूर्यास्त होने में अभी कई घंटे शेष थे। सुदास ने देखा कि उनमें अनु भी था। उसने भी अपना काँस्य का गर्वित कवच पहना हुआ था जो उस हलकी रोशनी में भी चमक रहा था।

अनु के साथ सुदास के वही मित्र, पड़ोसी और सहयोगी थे जिनके साथ सुदास पिछले कुछ दिनों से चल रहे विवाहोत्सव तथा गत वर्षों में मिलकर खा-पी और हँस-बोल चुका था।

दस राजा, ठीक वैसे, जैसा उस व्यक्ति ने कहा था जिसे सुदास ने आज सुबह ही कुश घास में मारा था।

अनु, पनी, अलीनस, पुरु, मत्स्य, भृगु, परसु, दस्य, द्रुह्यु तथा भालन के राजागण।

दस राजागण।

दशराजन्।

5

अनु और उसके सहयोगी राजाओं ने अपने अश्वों को आगे बढ़ाया और धीरे-धीरे वे तट के किनारे तक आ पहुँचे।

सुदास ने भी ऐसा ही किया। उसके सेनापति उसके पीछे चल रहे थे। शेष तृत्सु वहीं खड़े रहे।

सिकुड़ती हुई नदी के आमने-सामने के तटों पर आकर सेनापतियों के दोनों दल रुक गए।

अब उनके मध्य बीस गज़ की दूरी थी।

हवा पहले की तरह स्थिर थी, एक झोंका तक नहीं चल रहा था। नदी का शोर शांत हो गया था और सिर्फ़ पानी के रिसाव का स्वर शेष था। सुदूर उत्तर में बादलों का गर्जन रुक-रुककर सुनाई दे रहा था और वह भी इतना दूर था कि उससे कोई प्रभावित नहीं हो रहा था; इसके अतिरिक्त कोई और आवाज़ सुनाई नहीं दे रही थी। उस क्षेत्र के पेड़-पौधे और पशु-पक्षी भी अधीरता से अगली गतिविधि की प्रतीक्षा कर रहे थे। संभवतः वे या तो छिप गए थे अथवा इतनी बड़ी संख्या में मनुष्यों व घुड़सवारों को देखकर वहाँ से भाग गए थे। जो भी हुआ हो, अब ज़ोर से बोलकर नदी के आर-पार बात करना संभव था।

'सुदास!' अनु ने ज़ोर से आवाज़ लगाई और फिर वह हँसा।

उसने आस-पास खड़े अपने साथियों को देखा और फिर वे भी उसके साथ ठहाके में तत्काल शामिल हो गए। वे सभी अति प्रसन्न और विश्वास से भरे दिख रहे थे - और ऐसी परिस्थितियों में इस बात से

कोई अंतर नहीं पड़ता था कि वे नशे में थे अथवा नहीं।

सुदास ने उदास मन से सोचा, *आज तो कोई नशे में चूर सेनाध्यक्ष भी अपनी सेना का नेतृत्व करके हमें पराजित कर सकता है।* उसने अपने विरोधियों के ठहाकों से स्वयं पर अंकुश नहीं लगने दिया और वह जानता था कि उसके सैनिक भी ऐसा नहीं होने देंगे।

अनु ने स्वयं को नियंत्रित करते हुए अपनी बात आगे बढ़ाई।

'सुदास, हम इस बात को अब भी समाप्त कर सकते हैं,' अनु ने मुस्कुराते हुए कहा। 'यह युद्ध नहीं, बल्कि उपहास है। अपने लोगों से कहो कि वे अपने अस्त्र-शस्त्र नीचे रख दें और इस स्थान से जितना संभव हो, दूर अज्ञातवास में चले जाएँ तो शायद वह जीवित बच जाएँगे।'

बदले में, सुदास ने अनु की महत्त्वाकांक्षा-भरे उदार प्रस्ताव के प्रति कटुता को दर्शाने के उद्देश्य से अपनी मुस्कान को रोक लिया। 'मैं सोचता था कि अनु जाति अपने शत्रु को खोज निकालती है और शत्रु के प्रत्येक व्यक्ति के मारे जाने तक उनके सिर पर ईनाम भी रखती है।'

अनु ने असहाय होने का संकेत करते हुए अपनी हथेलियाँ ऊपर उठा दीं। 'इन्हें शुरुआती मौका दिया जाएगा और इनके बच निकलने की संभावना भी अच्छी है।'

सुदास ने अनु और उसके साथियों के पीछे एकत्रित हो रही घुड़सवारों की पंक्तियों की ओर संकेत किया और फिर नदी के प्रवाह की विपरीत दिशा में इशारा करते हुए बोला, 'तृत्सु राज्य से बाहर जाने का एकमात्र मार्ग तुम्हारी सेना के बीच से होकर निकलता है। एक भी व्यक्ति जीवित नहीं बचेगा, यह बात तुम भी अच्छी तरह जानते हो और मैं भी।'

अनु ने कंधे उचकाए और अपने सफेद दाँतों को दिखाकर हँसते हुए बोला, 'यही मेरा सर्वोत्तम प्रस्ताव है, सुदास। इसे स्वीकार कर लो अथवा अस्वीकार।'

अनु के दाँतों की झलक पाकर सुदास एक पल के लिए दुविधा में

पड़ गया। फिर उसे अनु के काँस्य कवच से टकराकर आए प्रकाश की चौंध दिखी और वह समझ गया कि रोशनी में परिवर्तन हो रहा था।

ऐसा सचमुच हो रहा था, उनके आस-पास की वायु अधिक चमकदार हो रही थी। सुदास ने पश्चिमी छोर पर आकाश की ओर देखा किंतु बादलों का साया पहले की भांति ही घना था। संभवतः सूर्य बादलों के नीचे से झाँक रहा था और किसी तरह उसकी कुछ चमक दिखाई पड़ रही थी। जो भी हो, उसने देखा कि धीरे-धीरे संसार की आभा लौट रही थी।

नीचे, नदी में बूंदें भी अब मुश्किल से टपक रही थीं। उस नदी को, जो अब नाले में परिवर्तित हो गई थी, कोई भी व्यक्ति सरलता से पैदल चलकर पार कर सकता था। सुदास ने देखा कि अलीनस और भृगु कबीलों के राजा उधर संकेत कर फुसफुसाकर बात कर रहे थे।

'तुम्हारे पास बचने का कोई अन्य मार्ग शेष नहीं है,' अनु ने कहा, 'कम से कम, इस प्रकार मेरे समक्ष समर्पण कर देने और अपना सिर झुकाकर मुझे सम्राट स्वीकार करने से तुम स्वयं की तथा अपनी पत्नी व बच्चों की जान तो बचा लोगे।'

सुदास ने भँवें तानते हुए कहा, 'तुम मुझे जीवित छोड़ दोगे? और सुदेवी, इंद्राणी और इंद्रौत को भी? मैंने कभी कल्पना भी नहीं की थी कि मैं किसी अनु के मुख से ऐसे शब्द भी सुन सकूँगा!'

अनु जाति अपने शत्रुओं को युद्ध के बाद न सिर्फ़ खोज लेती है, अपितु वह शत्रुओं के पूरे परिवार को समाप्त कर देती है।

अनु फिर मुस्कुराया किंतु इस बार उसके दाँत नहीं दिखाई दिए। 'मैं उन्हें जीवित छोड़ दूँगा। मैं तुम्हें वचन देता हूँ।'

उसने अपनी ठुड्डी नीचे दबा ली किंतु उसकी आँखें धुँधलाते प्रकाश में चमक रही थीं।

बिलकुल। सुदास तुरंत समझ गया। अनु की मुद्रा से सब स्पष्ट था।

'तुम्हारा आशय है कि तुम सुदेवी को अपने नए मित्रों को दे दोगे ताकि वे उसका इच्छानुसार भोग करें तथा मेरे बच्चों को दास्य बना दोगे।'

अनु ने इस बार कोई मुद्रा नहीं बनाई, वह अपनी आँखें सुदास के चेहरे पर टिकाए उसे ध्यान से देखता रहा।

'फिर भी, कम से कम, वे जीवित तो रहेंगे,' अनु ने संक्षेप में कहा।

अब सुदास मुस्कुराया। 'और मेरे विषय में तुमने क्या सोचा है, अनु? मुझे भी दास्य बनाओगे? अथवा अपने कुत्तों और घोड़ों की देख-भाल करने के लिए सेवक? नहीं, यह भी मेरे लिए अच्छा होगा, है न? मुझे विश्वास है कि मेरे जीवन के शेष दिनों के लिए - जो संभवतः बहुत कम होंगे - तुम अवश्य ही कोई निकृष्ट और जीवन को नीरस बनाने वाला काम सोचोगे।'

अनु कुछ नहीं बोला। उसकी दृष्टि सुदास पर ही टिकी रही।

सुदास ने धीरे से अपना सिर हिलाया। 'मैं आदरपूर्वक तुम्हारा प्रस्ताव अस्वीकार करता हूँ। मैं अपने लोगों का अंत समय तक साथ दूँगा। मैं किसी प्रकार की दया नहीं चाहता और न ही किसी दया का तुम्हें वचन देता हूँ। हम दोनों में से जो भी यह युद्ध जीतेगा, उसे अपने शत्रु के साथ वह सब कुछ करने का अधिकार होगा जिसकी अनुमति क्षत्रिय धर्म देता है। जो व्यवहार मैं तुम्हारे साथ करता, उससे कम या अधिक की अपेक्षा मैं तुमसे नहीं करता।'

अनु ने अख़िरकार अपना सिर उठाया। उसने अपने सहयोगी राजाओं की ओर देखा।

उनमें से किसी को भी सुदास के उत्तर से न तो अचंभा हुआ था और न उन्हें उसमें कोई रुचि थी। वे लोग वास्तव में, ऊब रहे थे। उनमें से कम से कम छह तो उस कार्य को आरंभ करने के लिए अत्यंत उत्सुक थे जिसके लिए वे आए थे।

सुदास ने स्पष्ट रूप से अज, सिग्रु, यक्सु, भृगु और मत्स्य को

हँसते हुए और उसके उत्तर पर प्रसन्न होते देखा। *वे मुझे और मेरे परिजनों को मारकर संतोष प्राप्त करना चाहते हैं। अभी कल ही ये लोग मेरे सभा-गृह में मेरे साथ बैठकर खा-पी और हँस-गा रहे थे।* सुदास को उनके छल-कपट पर दुख हुआ। यह विश्वासघात नहीं था, क्योंकि विश्वासघात की ग्लानि का अपना बोझ था। सुदास ने कभी निष्ठा की माँग नहीं की और न ही निष्ठा के अभाव से उसे कभी क्रोध आया। अंततः किसी व्यक्ति का धर्म उसका अपना धर्म होता है - उसका पालन करना अथवा उसमें असफल हो जाना भी उस व्यक्ति की अपनी पसंद है।

'ऐसी स्थित में,' अनु ने सहज भाव से कहा, मानो अपने साथी अतिथियों को भोज पर आने को कह रहा हो, 'क्या हम उत्सव आरंभ करें?'

सुदास ने देखा कि पुरु और यदु को छोड़कर, सभी राजाओं ने एक स्वर में समर्थन किया। वे दोनों एक-दूसरे की ओर देखने लगे और फिर उन्होंने सुदास को देखा। इसके बाद अपने-अपने अश्वों को घुमाकर वे शेष दल के साथ उनके पीछे चल पड़े।

अनु ने नदी से आधा मील की दूरी तक दस राजाओं का नेतृत्व किया और उन्हें वन के आरंभ-स्थल तक ले आया।

वे वहाँ रुक गए। इससे स्पष्ट था कि जिस बीच उनकी सेना नदी पार करके युद्ध करेगी, वे वहीं पर रुककर मात्र स्थिति का अवलोकन करेंगे।

पहली बात यह कि उन्हें अपनी तलवार गंदी करने की आवश्यकता ही क्या है? वे हमारी पराजय और हमें मार डाले जाने की प्रतीक्षा करेंगे और फिर अपने लोगों के पीछे आकर हमें पूर्णतः समाप्त कर देंगे।

सुदास के मन में यह सोचकर कटु भाव पैदा हो गए कि उसके अपने साथी राजागण भी उसके विरोध में युद्ध लड़ेंगे। एक राजा के विरुद्ध अनेक राजा; उनसे यही अपेक्षित था। यद्यपि, इतनी दूर से क्रोधवश चिल्लाने और अपनी कुंठा निकालने की सुदास की मंशा नहीं थी।

वैसे भी, यह सब शीघ्र ही समाप्त होने वाला था। चाहे वह किसी साधारण क्षत्रिय की तलवार से मरे, अथवा किसी राजा की धार से मरे, उसका आज इस कुश के मैदान में मरना निश्चित था।

किंतु अभी तो नहीं।

अब भी एक वस्तु उसके पक्ष में थी, संभवतः इस आशाहीन दिवस में उसके पक्ष में वह एकमात्र वस्तु थी।

रण-नीति।

6

प्रकाश बढ़ता जा रहा था और वह धीरे-धीरे आकाशदीप जितना तेज़ हो गया। धरती से आकाश - यदि स्वयं आकाश नहीं तो कम से कम पाँच नदियों वाली उस संपूर्ण भूमि पर फैले सर्वव्यापी विचारमग्न बादलों के उदर - तक समस्त संसार प्रकाश से भर गया था। कुश घास का विशाल हरित समुद्र पुनः जीवंत हो उठा था। उत्तुंग शिखर पर पत्तों में हरा, साल में धूसर और देवदार में श्वेत रंग लौट आने से शिखर के किनारे की मंद ढलान में पुनः रंग भर गया था। वहाँ उपस्थित लोगों के मस्तक पर ऊँची खड़ी पर्वत की चोटी आकाश को अत्यंत दीप्तिमान करती रोशनी में चमक रही थी। ऊपर बादलों का समूह इस प्रकार प्रदीप्त हो रहा था मानो उसके ऊपर सैंकड़ों सूर्य प्रज्ज्वलित थे जिनकी ज्वाला बादलों के बीच से रिस रही थी।

उस भड़कीले प्रकाश में दंतावलियाँ, आँखों की सफ़ेदी, तृत्सुओं द्वारा पहने हुए श्वेत अंग-वस्त्र जगमगा रहे थे जिसके कारण सब कुछ अलौकिक प्रतीत हो रहा था। दस राजाओं के काँस्य कवचों तथा शत्रुओं के अश्व-दल की टिन और ताँबे से बनी कुछ कम अलंकृत ढालों की चमक-दमक नदी के पार तक दिख रही थी। तृत्सु दल ने कवच के स्थान पर ताँबे के शस्त्र प्रयोग करने का निर्णय लिया था। नव-पुनर्जीवित प्रकाश में इन शस्त्रों की चमक भी काँस्य और टिन की भांति नदी के पार तक दिखाई पड़ रही थी। कवचधारी घुड़सवारों की अनंत पंक्तियाँ अपने-आप में एक नदी के समान लग रही थीं, धातु और दर्द की ऐसी नदी जो तृत्सुओं पर आक्रमण कर उनका जीवन समाप्त करने की प्रतीक्षा

में थी। वास्तविक नदी ऐसे प्रकाश में चाँदी-सी चमकती किंतु उस दिन आहत होने वालों में वह प्रथम थी। वह नदी अब पूर्णतः सूख गई थी, बूँदों का रिसाव तक बंद हो चुका था और अब सिर्फ़ नदी का तल नज़र आ रहा था।

इस रिक्त नदी-तल में शत्रु लकड़ी के ढेरों लट्ठे गिरा रहा था। वृक्षों के पीछे से हाथी निकल कर आ रहे थे जो इन लट्ठों से भरी सपाट तल वाली विशाल गाड़ियों को खींच रहे थे। सुदास ने अनुमान लगाया कि यह सब बाँध के निकट, उत्तरी पहाड़ियों से निकाली गई लकड़ी थी। शत्रु द्वारा इन्हें घसीटकर नदी के प्रवाह की दिशा में इस बिंदु तक लेकर आने का उद्देश्य स्पष्ट था।

लकड़ी के लट्ठे लंबाई-चौड़ाई में अति-विशाल थे और वे इस स्थान पर नदी-तल की गहराई तथा चौड़ाई के लिए पूरी तरह अनुरूप थे। वहाँ से दूर, प्रवाह से विपरीत दिशा में, उन लट्ठों को नदी-तल के पार पहुँचाना संभव नहीं था। किंतु, इस जगह, वे बिल्कुल उपयुक्त थे। हाथियों के प्रथम दल ने जब अपना बोझ उतार दिया और श्रमिकों के दल ने सैन्य निरीक्षकों के मार्गदर्शन में लट्ठों को नदी के पाट पर बिछाने और उन्हें एकसाथ बाँधने का कार्य पूर्ण कर लिया, तो इसका परिणाम अत्यंत प्रभावशाली था। नदी के तल पर अब एक पक्का सेतु तैयार हो चुका था। इसकी जाँच के लिए दो लोगों को पैदल उसके पार भेजा गया। वे दोनों लोग निरीक्षकों की देख-रेख में सेतु पार करके तृत्सु सीमा में गए, फिर उन्होंने सुदास व उसके घुड़सवारों को धृष्टतापूर्वक देखा और मुड़कर लौट आए। शत्रुओं की ओर से लगातार ऊँचे स्वर में जयघोष हुआ। इसके बाद हाथियों की ज़ोरदार चिंघाड़ सुनाई दी जिन्हें उस समय अभियान में महत्त्वपूर्ण भूमिका निभाने का इनाम दिया जा रहा था।

बोलन ने सही कहा था; यह अभियान कम से कम एक वर्ष से चल रहा है। तृत्सु क्षेत्र पर कब्ज़ा करने की यह योजना अत्यंत सावधानी से बनाई एवं लागू की गई थी।

अब परुष्णि नदी पर अस्सी गज़ चौड़ा सेतु खड़ा था। सेना के पार करने हेतु यह पर्याप्त था। सुदास वहाँ खड़ा घुड़सवारों और फिर हाथियों द्वारा सेतु की जाँच के कार्य को देख रहा था और इसमें प्रयुक्त वास्तुविद्या तथा नियोजन के विशुद्ध स्तर को देखकर अचंभित हो रहा था। सुदास ने द्वेष या कटुता का भाव मन में लाए बिना सोचा, *अद्‍भुत! यह भारतवंश की उत्कृष्ट निपुणता का प्रमाण है। यदि हम इस निपुणता का उपयोग निरतंर एक-दूसरे से युद्ध में करने के बजाय मिल-जुलकर रहने और कार्य करने में करें, तो हम समस्त संसार में शांति, समृद्धि और सभ्यता स्थापित कर सकेंगे।*

जब उच्छास्रवा वहाँ पहुँचा, उस समय हाथी द्वारा पुल की जाँच का अंतिम चरण चल रहा था और वह हाथी तृत्सु सीमा में प्रवेश कर वापस जा रहा था। वह हाथी वस्तुतः तृत्सु सीमा से लौटना नहीं चाहता था क्योंकि सामने फैले विशाल घास के मैदान उसे आकर्षित कर रहे थे। यह तो हाथियों के लिए स्वर्गलोक जैसा था। महावत उसके ऊपर बैठा चिल्ला रहा था, बहला-फुसलाकर उसे धकेल रहा था तथा घुड़सवार उसके सामने नुकीले भाले हिलाकर उस मोटी चमड़ी के जीव का मार्ग रोकने का प्रयास कर रहे थे।

'राजन्,' उच्छास ने कहा। उसके चेहरे से बुरी तरह पसीना बह रहा था।

एक घंटा पूर्व हवा में व्याप्त चिपचिपी नीरसता में परिवर्तन हो गया था; उसकी जगह नम व दूषित वायु ने ले ली थी। सुदास मौसम की अनिश्चितताओं को इतना नहीं पहचानता था कि वह समझ पाता कि इस परिवर्तन का क्या अर्थ था, किंतु उसे ध्यान आया कि इसका संबंध आसन्न वर्षा और आँधी-तूफ़ान से था। क्या यह तूफ़ान से पहले हथेलियों की नमी थी? या सूखी हथेलियाँ थीं? उसने सिर हिलाया और फिर अपने उपसेनापति की सूचना पर ध्यान केंद्रित कर लिया।

'जिसका हमें डर था, वही हुआ; जहाँ तक दृष्टि जाती है, वहाँ

तक उन्होंने नदी पर नियंत्रण कर रखा है,' उच्छास ने कहा। उसने हाथ फेरकर अपने माथे का पसीना पोंछा। 'वृक्षों के पार उनकी गिनती करना मुश्किल है - उन्होंने अपने हाथियों और संभवतः घेराबंदी साधनों को वृक्षों के पीछे छिपा रखा है।'

'घेराबंदी के साधन नहीं,' द्रह्क्यु ने हस्तक्षेप लिया, 'सेतु सामग्री।' यह कहकर उसने नदी की ओर संकेत किया।

उच्छास पहली बार नदी पर बना लट्ठे का सेतु देखकर आश्चर्य में पड़ गया। 'हे मित्र और वरुण! ये तो किसी भी क्षण इस पार आ जाएँगे।'

'अश्व कितने हैं?' सुदास ने पूछा।

उच्छास ने सिर हिलाया और अपनी गर्दन से बहते पसीने को पोंछा। अन्य लोगों को भी पसीना आ रहा था और सुदास को भी अपने बालों में पसीने की छोटी-छोटी बूँदें महसूस हो रही थीं; उसकी बढ़ती हुई व्यग्रता इस प्रकार प्रकट हो रही थी। सुदेवी हमेशा उसे सिर में अत्यधिक पसीना आने के लिए छेड़ा करती थी - *क्योंकि तुम्हारा मस्तिष्क भी तुम्हारे शरीर की तरह मेहनती है*। 'हज़ार, संभवतः दो हज़ार, शायद और भी अधिक। यह संख्या, जहाँ तक दृष्टि जाती है, वहाँ तक नदी की विपरीत दिशा में बढ़ती जा रही है...'

'...हाँ, देखा रहा हूँ,' सुदास बीच में बोल पड़ा, 'उनके कवच का रंग कैसा है?'

उच्छास ने पलक झपकी। 'उनके कृतध्वज विभिन्न रंग के हैं। अनु का केसरिया व सफ़ेद है, भृगु का...'

सुदास ने अधीर होकर उसकी जाँघ पर हाथ मारा और कहा, 'अरे! कृतध्वज नहीं, उनके कवच! किस धातु के हैं - टिन, काँस्य, ताँबा... लौह?'

'लौह?' अथर्व ने आश्चर्य से दोहराया। सुदास ने देखा कि अथर्व के शरीर से पसीना ऐसे टपक रहा था जैसे किसी बुखार से पीड़ित सूअर

के शरीर से बहता है। इस तरह वह और कितनी देर जीवित रह पाएगा? सुदास उसे ऐसे समय में, सेवानिवृत्त हो जाने के लिए कहने का साहस नहीं कर सका। लौह का कवच कोई नहीं बना सकता। कोई व्यक्ति लौह की गोली या ईंट से अधिक कुछ नहीं बना सकता! और बुरे स्वप्न की कल्पना मत करो, हमारे पास मुसीबत कम नहीं है, राजन्!' सुदास ने सिर हिलाया और उस बीमार युवक से नम्रतापूर्वक बात करने लगा। यह स्पष्ट था कि अथर्व यदि युद्ध में बच भी गया तो वह ज्वर उसे एक रात से अधिक जीवित नहीं छोड़ेगा। मस्तिष्क में इतनी गरमी और इतने तेज़ ज्वर के साथ कोई भी व्यक्ति घुड़सवारी अथवा युद्ध करके कुछेक घंटों से अधिक जीवित रहने की आशा नहीं कर सकता था।

'मैं जानता हूँ, हम सब जानते हैं। फिर भी, हम जो कल्पना कर सकते थे, उससे कहीं अधिक आज हुआ है। लौह उपलब्ध है और एक दिन मानव जाति के पास ऐसे उपकरण तथा साधन होंगे जिनकी सहायता से वह लौह से शस्त्र, कवच और ढाल आदि बना पाएगा।'

'फिर भी,' थ्सांग ने संशयपूर्वक कहा, 'उसके भारी वज़न के कारण उसे उठाकर चलना बहुत कठिन है! उससे क्या लाभ होगा? प्रत्येक लुहार जानता है कि लौह बेकार धातु है। ढालने में अत्यंत कठिन और प्रभावशाली शस्त्र तथा कवच बनाने के लिए अत्यंत भारी। उसके स्थान पर हम सीसा प्रयोग कर सकते हैं!'

सुदास ने थ्सांग की टिप्पणी की उपेक्षा कर उच्छास की ओर देखा। 'मैं इस विषय पर बहस करके समय नष्ट नहीं करना चाहता। मैं सिर्फ़ यह जानना चाहता हूँ कि शत्रु ने किस प्रकार का कवच पहना हुआ है।'

उच्छास ने सिर हिलाया। 'चाँदी जैसी चमक से लगता है कि वह टिन के बने कवच हैं। उनके उपसेनापतियों के कवच ताँबा और टिन मिलाकर बनाए गए हैं। केवल उनके राजाओं के कवच, ढाल और शस्त्र पूरी तरह काँस्य के बने हैं।'

सुदास नदी के पार देखकर हँस दिया। 'फिर तो बहुत अच्छा!

इंद्र हमारे पक्ष में हैं।'

'क्या मतलब, राजन्?' स्वर को सुनकर ऐसा लगा कि वह प्रश्न दहा ने किया था। 'इस बात से क्या होगा कि उनके कवच या शस्त्र किस धातु के बने हैं?'

सुदास ने मुड़कर उसे नहीं देखा। वह अब भी नदी की ओर देख रहा था। महावत और घुड़सवार मिलकर उस हठी हाथी को मोड़कर उसे अपने झुंड में लौटाने में सफल हो गए थे। अश्वारोहियों की पंक्तियों में हो रही गतिविधि को देखकर, सुदास ने अनुमान लगाया कि वे कुछ ही क्षणों में इस पार आकर आक्रमण का प्रथम दौर आरंभ करने वाले थे। समय हो चुका था।

'तुम्हें पता लग जाएगा,' सुदास ने कहा। 'अब मैं चाहता हूँ कि तुम सब एक बार पुनः युद्ध में अपनी-अपनी भूमिका को दोहराओ। यदि हमें अपना लक्ष्य प्राप्त करना है तो हमें एकजुट रहना होगा। मेरे निर्देश एक बार फिर से सुनो।'

7

'सावधान!' सुदास ने ज़ोर से कहा।

उच्छास और अन्य उपसेनापतियों ने तृत्सुओं की एकमात्र टेढ़ी-मेढ़ी पंक्ति को सीधा करते हुए उस निर्देश को आगे बढ़ा दिया।

शत्रु घुड़सवारों का पहला दल नदी पार कर चुका था और अब वे तृत्सु सीमा में प्रवेश कर पंक्तिबद्ध हो रहे थे। उनकी अग्रपंक्ति की चौड़ाई तृत्सुओं जितनी थी; अंतर सिर्फ़ यह था कि उनके पास प्रत्येक तृत्सु के विरुद्ध तीन सैनिक थे। यह विषमता भयावह अवश्य थी किंतु असंभव नहीं। सुदास को चिंता इस बात की थी कि शत्रु कहीं एक-साथ उनपर न टूट पड़े, परंतु ऐसा प्रतीत हो रहा था कि दस राजाओं पर अनु के शब्दों का प्रभाव अभी तक बना हुआ था। डंडों पर लहराते केसरिया और सफ़ेद कृतध्वज देखकर यह स्पष्ट था कि इस पहली सैन्य-टुकड़ी में केवल अनु के ही घुड़सवार थे। सुदास को यही आशा थी। अनु अपनी विजय को लेकर पूर्णतः आश्वस्त था और इस विजय का पूर्ण गौरव वह स्वयं लूटना चाहता था। शेष नौ राजाओं को अनु के नाम पर बचे हुए यश से संतोष करना होगा।

सुदास ने देखा कि अनु के उपसेनापतियों ने अपनी-अपनी टुकड़ियों को सीधी पंक्ति बनाने का आदेश दिया।

'मेरे आदेश के लिए तैयार,' सुदास ने चिल्लाकर कहा।

पुनः, आदेश को दोनों ओर प्रसारित कर दिया गया। वह स्वयं सामने और मध्य में था, उसका प्रत्येक उपसेनापति लगभग दस लोगों

की दूरी पर खड़ा था और यह सुनिश्चित कर रहा था कि संदेश प्रभावी रूप से संचारित हो जाए तथा योजना ठीक ऐसे ही काम करे जैसे तय किया गया था। अब रण-नीति बनाने का समय निकल गया था। जो भी योजना तैयार की गई थी, अब तो वह उसके अनुसार कार्य करने का समय था। साहस के साथ, पराजय के मुख से अपना सम्मान छीन लाने का समय! विजय की आकांक्षा करना तो शायद, ईश्वर से कुछ ज़्यादा ही माँगने जैसा था। लेकिन, सम्मान अपने आप में भव्य पुरस्कार होता है। यदि वह एक साधारण व्यक्ति या सिर्फ़ एक क्षत्रिय, एक तृत्सु अथवा एक भारतवंशी होता तो सम्मान से संतोष कर लेता। लेकिन एक राजा होने के नाते इससे बहुत अधिक किया जाना अपेक्षित था। राजा के लिए विजय आवश्यक होती है। हालांकि सम्मानीय ढंग से पराजित होना भी कोई बेहतर विकल्प नहीं था।

अनु घुड़सवारों ने तलवारें निकाल लीं। अनु कबीला अश्व-युद्ध के लिए भी लंबी तलवारों को पसंद करता था। वे लोग बरछे या छुरे अथवा भाले का प्रयोग नहीं करते थे। अनु कबीले की अश्वारोही सेना को इस बात पर गर्व था कि उन्होंने किसी भी अन्य भारतवंशी कबीले से अधिक युद्ध जीते थे। *इसका मुख्य कारण यह था कि सबसे अधिक युद्ध भी अनु कबीला ही लड़ता था। वह युद्ध भी अपनी पसंद से करते थे तथा तब लड़ते थे जब युद्ध का समय, स्थान व परिस्थितियाँ उनके अनुकूल होती थीं।* यद्यपि, सुदास इस बात से प्रसन्न था कि इस बार अनु नियमों का पालन कर रहे थे। दिन-भर की अनेक विस्मियकारी घटनाओं और सदमों के बाद, उसे डर था कि यह प्रसन्नता भी कहीं ग़ायब न हो जाए। उसकी योजना कुछ तय बातों पर निर्भर थी। निश्चित सूचना के अभाव में कोई योजना प्रभावी नहीं हो सकती। जितनी बड़ी शिला को उठाकर फेंकना होता है, शिला फेंकने वाले को उतना ही अधिक दृढ़ता के साथ भूमि पर खड़ा होना चाहिए।

'अनु!' आक्रमण से पहले शत्रु ने एक स्वर में ज़ोर से कहा।

'जय भारत!' तृत्सुओं ने स्फूर्तिकारक उत्तर देते हुए कहा, किंतु उन्होंने अपने शस्त्र नहीं निकाले।

'सावधान!'

अनु के घुड़सवारों को प्रभावशाली किंतु धीमी चाल से आगे बढ़ते हुए देखकर सुदास ने चिल्लाकर कहा। उनकी यह धीमी चाल धीरे-धीरे सरपट दौड़ में परिवर्तित हो गई। तृत्सु सैनिक नदी के तट से मुश्किल से आधा मील की दूरी पर कुश के मैदानी छोर पर थे। अनु यह दूरी तेज़ी से पार कर रहे थे।

सुदास ने देखा कि अनु सवार और निकट आ गए तथा उनकी तलवारें व कवच संध्याकाल की रोशनी में चमक रहे थे। सूर्य की किरणें बादलों के छिद्रों में से चमक रही थीं जिसके कारण मैदानों पर धूप और छाया की चिकतियाँ पड़ रही थीं, जैसे कि प्रातःकाल सुदास ने उत्तुंग शिखर के ऊपर से देखा था। अनु घुड़सवार धूप की चिकती में अपनी धातु-निर्मित सामग्री को चमकाते और छाया की चिकती में कूदते आ रहे थे, जहाँ उस धातु की चमक मंद और फीकी पड़ जाती थी।

सुदास अब उनकी आँखों की सफ़ेदी और खुले मुख में दाँत स्पष्ट रूप से देख सकता था। अनु इस आक्रमण से आनंदित हो रहे थे। तृत्सु बेशक उनके भाई थे, किंतु वह अनु से अधिक शक्तिशाली भी थे; अनु को साफ़ तौर पर अपने अधिक शक्तिशाली भाई के सिर को ज़मीन पर पटकने, और फिर उसे काट डालने के इस अवसर में मज़ा आ रहा था। सुदास के मन में हमलावर घुड़सवारों के लिए साथी भारतवंशी, साथी क्षत्रिय, यहाँ तक कि साथी मनुष्य के रूप में आदर था। यद्यपि, अपनी तलवारों व अपने बल को इस प्रकार अनुचित ढंग से युद्ध में प्रयोग करना सम्मानजनक नहीं था। इस अभियान के द्वारा वह अपने धर्म एवं अपनी मानवता के साथ छल कर रहे थे और ऐसा वह क्रूरतापूर्वक व प्रतिशोध की भावना से कर रहे थे। यह न तो आर्य-रीति थी और न ही भारतवंशी मार्ग। इस कारण, सुदास और उसके साथी जो कुछ करना

चाहते थे, वह करना अधिक सरल हो गया - अब वह बिना पश्चाताप या दया की भावना के न्याय कर सकता था।

अनु अब मात्र बीस गज़ दूर थे; यह अंतर इतना कम रह गया था कि सुदास उन अश्वारोहियों की दाढ़ी के बाल देख पा रहा था और उनके हँसते मुँह के भीतर कितने दाँत सही-सलामत थे, यह भी गिन सकता था। वे सभी अनु के सबसे युवा एवं सर्वश्रेष्ठ योद्धा थे और उनमें से किसी का एक भी बाल सफ़ेद नहीं था। उनकी बलशाली माँस-पेशियाँ उनके कवच की पट्टियों के बीच के रिक्त स्थान में से दिखाई दे रही थीं जो, इसलिए रिक्त छोड़ा गया था ताकि वह उनकी तलवारबाज़ी और घुड़सवारी में बाधक न बनें। यहाँ तक कि सफ़ेद आँखों और चमकदार थूथन वाले उनके अश्व भी युद्ध का अनुभव रखते थे और जो नरसंहार के रोमांच व उसकी उत्तेजना को सूँघ सकते थे।

'घूम जाओ!' सहसा सुदास ने चिल्लाकर कहा और ऐसा कहकर उसने सरयू की लगाम मोड़ी तथा उसे अपने दोनों घुटनों से दबाया। उसने आगे की ओर छलांग लगाई और कुछ ही क़दमों में, कुश के मैदान में घुस गया। उसके दोनों ओर खड़े उसके साथियों ने भी यही किया, और अनु सैनिकों से जितना तेज़ हो सके, उनसे दूर, दौड़ पड़े।

समस्त तृत्सु पंक्ति सुदास के साथ घूम गई और कुश के मैदान में ओझल हो गई - चुपचाप, जैसा उन्हें उनके उपसेनापतियों द्वारा मौखिक आदेश दिया गया था! उनके मैदान के भीतर घुसने के साथ ही घास में हिलोर उठने लगीं और कुश की लंबी-लंबी ढुलमुलाती डंडियों ने उन्हें अपने भीतर ऐसे छिपा लिया जैसे घूँघट किसी नारी को छिपा लेता है।

अनु सैनिक क्रोध में भरकर चिल्लाने लगे।

सुदास ने अश्व पर बैठे हुए उनकी आवाज़ सुनी। वह बीस गज़ पश्चिम में जाकर फिर एकदम से पूर्व में मुड़ गया, फिर उत्तर और फिर तुरंत उत्तरपश्चिम में मुड़ा; उसका मार्ग इतना घुमावदार था कि उसका पीछा करना असंभव था।

जब उसे अनु सैनिकों का चिल्लाना तथा दुविधा-भरा स्वर और झटके से रोके गए घोड़ों की हिनहिनाहट सुनाई दी, तब तक वह कुश के मैदान में अस्सी गज़ दूर पहुँच चुका था।

वह अपने मस्तिष्क की दृष्टि से उन लोगों के कोलाहल को देखकर मुस्कुराया, मानो वह उनके सामने खड़ा उन्हें देख पा रहा था।

अनु पक्ष ने यह सोचा था कि अंतिम हठ के रूप में, तृत्सु उनके आक्रमण का सामना करेंगे तथा अपनी ओर से अंत समय तक अपना सर्वश्रेष्ठ युद्ध लड़ेंगे जब तक उनका अंतिम व्यक्ति या बच्चा भी समाप्त न हो जाए। तत्पश्चात्, उनकी योजना यह थी कि वे शेष सेना को संकेत करेंगे और फिर दस राजागण विजयोल्लास के साथ नदी पार करेंगे और फिर उनकी सेना तृत्सु भूमि पर घूमकर एक-एक तृत्सु वयस्क, युवक, स्त्री और बालिका को ढूँढ़-ढूँढ़कर उन्हें मार डालेगी।

उन्होंने यह अपेक्षा नहीं की थी कि तृत्सु सेना की अग्रपंक्ति उलटा घूमकर बिना तलवार उठाए कुश के मैदानों में घुस जाएगी।

'कायर!' कुंठित महसूस कर रहे अश्वारोही चिल्ला रहे थे, 'डरपोक तृत्सु!' धूल और दुविधा में घूमती अनु सेना द्वारा कई ऐसे अकथनीय शब्दों और विशेषणों का प्रयोग किया गया। उनके अश्व भी निराशा में चीखने लगे।

सुदास हँस पड़ा। उस अपमान की उसे चिंता नहीं थी। यह कायरता नहीं थी क्योंकि वे लोग युद्ध से नहीं भाग रहे थे, अपितु अपने लाभ के लिए सिर्फ़ अपना मार्ग बदल रहे थे। इसके अतिरिक्त, तृत्सु सेना के विरुद्ध इतनी विशाल संख्या में सैनिक होने के कारण उन्हें यह अधिकार था कि वे उचित रण-नीति तथा निपुणता से उसका उत्तर दें।

सुदास ने अपने अश्व को धीमा किया, फिर वह उस पर से उतर गया और उसे लेकर दस गज़ पैदल चला। उसके बाद उसने अपने अश्व को पुट्ठे पर थपथपाकर कुश घास में आगे बढ़ा दिया। सरयू इतनी आज्ञाकारी और समझदार थी कि उसे पता था कि उसे अब वहीं रुके

रहना है। इसके अतिरिक्त, इतनी भरपूर मात्रा में ताज़ी और स्वादिष्ट घास किसी अश्व के लिए वरदान के समान थी। कुश में सुदास के तृत्सु साथी अपने घोड़ों के साथ ऐसा ही कर रहे थे - नीचे उतरकर, अश्व को आगे भेजना और फिर स्वयं पुनः पीछे लौटना।

अनु सैनिकों को ऐसा प्रतीत हो रहा था कि तृत्सु सैनिक, जिनके सिर अभी तक घास के सिरों के ऊपर दिख रहे थे, सहसा ओझल हो गए।

सुदास और उसके साथी, एकजुट होकर, कुश-सागर के बीच में से, शत्रु की ओर बढ़ रहे थे। अनु युद्ध करना चाहते थे और वह उन्हें अवश्य करने को मिलेगा, किंतु तृत्सु की शर्तों पर!

8

हवा, जो दिन भर से बंद थी, अब पुनः चलने लगी। किसी नींद से जाग उठे देवता की लंबी साँस की भांति, वह कुश की डंडियों को चूमती हुई, उन विशाल लहरदार मैदानों को लहराती हुई बह रही थी। सुदास ने ज्यों ही हवा का पहला झोंका अपने पसीने से भरे सिर पर महसूस किया तो उसे लगा मानो पवन देव ने उसे आशीर्वाद दिया हो। उसके बाद हवा की गति और बल दोनों तेज़ हो गए; कुश घास सुबह की भांति लहलहाने लगी। वह एकाएक तरो-ताज़ा और बलवान महसूस करने लगा।

उसने अपना धनुष उठाया और लक्ष्य की प्रतीक्षा करने लगा। उसे पता था कि अन्य तृत्सु भी यही कर रहे थे।

अनु सैनिकों ने घोड़ों पर बैठकर कुश की घास में घुसने की खतरनाक भूल कर दी थी। उन्हें तो यह तर्कसंगत लगा होगा - ऊँचाई से उन्हें बेहतर दिख रहा था और नीतिगत लाभ लग रहा था। यह दोनों बातें सही भी थीं।

लेकिन इसी कारण तृत्सु भी उन्हें स्पष्ट देख पा रहे थे।

ऊँची घास में, अनु की नज़रों से छिपकर, मुश्किल से बीस गज़ की दूरी पर, तृत्सु सहजता से शांत खड़े रहकर अनु घुड़सवारों के मारक दूरी में प्रवेश करने की प्रतीक्षा कर सकते थे।

सुदास अपने पैरों के नीचे मैदान में क़रीब हज़ार अनु अश्वारोहियों के खुरों की कंपन को साफ़ महसूस कर रहा था। वह अपनी मानसिक-दृष्टि

द्वारा अनु के उपसेनापतियों को हर थोड़ी दूरी पर एक अशवारोही-युक्त कठोर अग्रपंक्ति बनाते हुए, अपने सैनिकों को आगे बढ़ने का निर्देश देते देख सकता था। वह तृत्सुओं को गिराकर, उन्हें घास में दिखाई देते ही, मार डालने की अथवा उन्हें भगाकर कुश के मैदान से बाहर खुले में लेकर आने की आशा लगाए हुए थे।

कुश के मैदान समुद्र की भांति विशाल थे, परंतु अनु की सेना के पास भी हज़ार की संख्या में अश्वारोही थे जो दो सौ गज़ की चौड़ाई में फैले हुए थे। सैद्धांतिक रूप से, वे कुश मैदान को काटते हुए उसमें से तृत्सुओं को चुन-चुनकर निकाल सकते थे, जैसे एक माँ अपने बच्चे के लंबे बालों में से हड्डी से बनी कंघी की सहायता से जूँ निकाल लेती है।

लेकिन, तृत्सु जूँ नहीं थे!

अश्वारिहियों के सिर दिखाई देने से बहुत पहले ही सुदास ने अपने पाँव के तलवों में निकट आते खुरों की कंपन महसूस कर ली थी। जब वे सामने आए तो सबसे पहले डंडियों के बीच में से उनके टोप की चमचमाती नोंकें दिखाई दीं। उन नोंकों पर संध्याकाल का प्रकाश पड़कर चमकता हुआ अत्यंत सुंदर लग रहा था। जब वह लगभग साठ गज़ दूर थे, तब भी सुदास निकट आ रहे टोपों को स्पष्ट रूप से देखकर निशाना साधने की स्थिति में था। उसने अपने लक्ष्य के इतने स्पष्ट अंकन में सहयोग देने के लिए सूर्यदेव को मन-ही-मन नमन किया।

साथ ही साथ, वायु उसके पीछे से बह रही थी। इसका अर्थ यह था कि उसे वायु का मार्गदर्शन भी प्राप्त था और इसलिए उसे पवन देव के विरुद्ध बाण नहीं चलाना पड़ेगा।

सुदास ने अपनी ओर धीरे-धीरे बढ़ते हुए टोपों पर निशाना साधा और फिर उसे थोड़ा-सा नीचे झुका दिया। इतनी दूरी से, वक्ष-कवच पर छोटे धनुष से - तृत्सु घुड़सवारी के दौरान बस यही साथ रखते थे - वार करने से उसका बाण कवच को भेद ही देगा, यह निश्चित नहीं था। लेकिन चूंकि सुदास ने स्वयं यह रण-नीति बनाई थी, तो उसने अपने

सैनिकों को उचित शस्त्र उपलब्ध करवाए थे। सुदास के हाथ में जो धनुष था, वह छोटा नहीं, अपितु पूरा लंबा धनुष था जिसकी डोर में इतना दबाव था कि नज़दीक से छोड़ा गया बाण टिन की पत्ती, ताँबा और यहाँ तक कि काँस्य को भी भेद सकता था।

अनु के अश्वारोही टिन का कवच पहने हुए थे। केवल उपसेनापतियों ने ताँबे के कवच पहने थे।

सुदास ने पहला तीर छोड़ा।

उसने तीर का धातु के पार हो जाने का स्वर साफ़ सुना - टिन की पत्ती से एक विशिष्ट प्रकार की खोखली गूँज उत्पन्न होती है। उसके तुरंत बाद उसने उस व्यक्ति का स्वर सुनाई दिया जो तीर से आहत हुआ था।

इससे पूर्व कि वह आहत व्यक्ति धरती पर गिरता, सुदास दूसरा तीर साध चुका था।

उसने फिर तीर चलाया और इस बार कोई धातु-ध्वनि नहीं आई; केवल गले में तीर लगने की घातक आवाज़ सुनाई दी।

तीसरा तीर।

धातु की खनक। एक चीख।

अनु सैनिकों में शोर-शराबा मच गया। धातु की ध्वनि आती रही। चीखें उठती रहीं। आहत तन धरती पर लुढ़कते गए। घबराए हुए अश्व हिनहिनाते रहे।

तृत्सु सैनिक खुलकर तीर चला रहे थे।

अगले कई मिनटों तक, सुदास निरंतर तीर चलाता रहा। तीर चलाने से उसकी अंगुलियों के पोरों में इतनी जलन होने लगी मानो उसने अपना हाथ आग पर रख दिया हो।

वह अब तक बीस तीर चला चुका था।

उसका प्रत्येक तीर निशाने पर लगा था, जबकि उसे लगा कि दो

लोगों पर चलाए गए तीरों ने घातक वार नहीं किया था और कम से कम एक व्यक्ति अपने घोड़े से नीचे नहीं गिरा था।

अब आगे बढ़ने का समय था।

वह कुश घास के बीच में से उसी प्रकार दौड़ा जैसा उसने सुबह किया था - वही तकनीक जिसे सभी तृत्सु बच्चे 'लुका-छुपी' खेलते समय प्रयोग करते थे।

कुछ क्षण तक टेढ़ा-मेढ़ा चलने के बाद, उसने एक अन्य स्थान पर रुककर फिर से हमला आरंभ कर दिया।

उसने फिर बीस तीर चलाए किंतु इस बार उसके आधे निशाने चूक गए। अनु सैनिक अब तीरों से सतर्क हो गए थे और उन्हें अपनी ढाल व तलवारों से विक्षेपित कर रहे थे। बेशक वे मात खा गए थे, किंतु वे मूर्ख नहीं थे। वे शीघ्र ही सँभल गए और एकत्रित होने लगे। सुदास ने उत्तेजित कोलाहल तथा अश्वों की आवाज़ें भी सुनी जिससे वह समझ गया कि उसके कुछ तृत्सु साथी पकड़े गए थे और मारे जा रहे थे। शत्रु के लिए तृत्सुओं को देखना कठिन था, परंतु एक बार देख लिया तो फिर मार डालना सरल था। उसने अनुमान लगाया कि कुछ अनु इसी उद्देश्य से अपने घोड़े से उतर गए थे और अब शत्रु घोड़ों पर भी थे और पैदल भी। आख़िरकार, अनु के उपसेनापति युद्ध में कुशल थे। उन्होंने शीघ्र ही स्थिति के अनुसार स्वयं को बदल लिया।

फिर भी, तृत्सुओं को नीतिगत लाभ था। प्रत्येक व्यक्ति को अस्सी बाण दिए गए थे क्योंकि एक व्यक्ति का इससे अधिक बाण लेकर चलना संभव नहीं था।

सुदास ने प्रत्येक बाण का उपयोग किया। जब उसका छोड़ा हुआ अंतिम तीर सही निशाने पर लगा और उसने अनु सैनिक की चीख स्पष्ट सुन ली, तब उसे संतोष हुआ। उसकी रण-नीति का प्रथम चरण ठीक से काम कर गया था। उसकी नीति का उद्देश्य युद्ध के पहले घंटे में स्वयं जीवित बचे रहना और अपने सभी नहीं तो, अधिकतम संभव लोगों

को बचाते हुए, शत्रु के ज़्यादा से ज़्यादा सैनिकों को हताहत करना था।

दोनों पक्ष के कितने लोग मारे जा चुके थे, यह अनुमान लगाने का कोई तरीका सुदास के पास नहीं था, किंतु वह यह अवश्य जानता था कि अनु पक्ष की काफ़ी क्षति हुई थी। उसे विश्वास था कि उसने अकेले ही कम से कम तीस अनु मार गिराए थे और लगभग बीस को घायल कर दिया था। अकेले व्यक्ति द्वारा तीस मृत, बीस घायल। यदि हरेक तृत्सु उसकी तुलना में आधा भी सफल रहा होगा - यद्यपि, वह जानता था कि कुछ तृत्सु तो उसके जितने ही कुशल अथवा उससे बेहतर धनुर्धर थे - तो भी एक बड़ी संख्या में शत्रु के सैनिक मारे जा चुके थे। उसे आशा थी कि चार सौ या उससे अधिक अनु कुश मैदान में मृत अथवा गंभीर रूप से आहत पड़े थे। अपने अंतिम स्थान-परिवर्तन के बाद तक, वह घास में पड़े अनेक कवचधारी शवों, यहाँ तक कि एकाध अश्व और दुर्भाग्यवश, एक तृत्सु शव - जो दर्जनों तलवारों के घावों के कारण पहचाना भी नहीं जा रहा था - के पास से गुज़र चुका था।

योजना के द्वितीय चरण पर जाने का समय आ गया था।

उसने आकाश के पश्चिमी छोर को देखा। सूर्य, जो दिनभर की अपेक्षा अब जल्दी-जल्दी बादलों में से दिखलाई पड़ रहा था, को ढलने में लगभग दो घंटे शेष थे। वर्ष के सर्वाधिक लंबे दिनों में से एक पर होने वाले इस दशराजन् युद्ध का यह एक लाभ था, किंतु वर्तमान परिस्थितियों में, इतनी विशाल सेना के सामने सुदास के इतने लघु सैन्य-दल के लिए दो घंटे का समय भी बहुत ज़्यादा हो सकता था।

वह मैदान छोड़कर गोल घूमता हुआ तेज़ी से नदी से दूर, उत्तुंग की तलहटी में उसी झुरमुट की ओर भागा जहाँ उसने सुबह इंद्राणी व इंद्रौत को उसकी प्रतीक्षा करने के लिए छोड़ा था।

उसके अनेक तृत्सु साथी वहाँ पहले से, झुके हुए अथवा ज़मीन पर बैठे हुए थे और युद्ध के प्रभाव से सँभलने का प्रयास कर रहे थे। उन पर घास का रंग लगा हुआ था और वे ओस से भीग चुके थे। उनके

अश्व सरयू के पीछे आकर दो और तीन के झुंडों में घूम रहे थे; सरयू, अपनी पूँछ झटकती हुई, गर्व से उसी पीपल के वृक्ष के नीचे खड़ी थी जहाँ सुदास उसे सदैव छोड़ता था। जब सुदास उसके पास पहुँचा तो वह स्नेहपूर्वक हिनहिनाई और सुदास ने भी उसे थूथन के पास चूम लिया। सरयू ने अपनी नाक से सुदास की गर्दन को छुआ और उसके जीवित होने पर अपनी प्रसन्नता व्यक्त की।

सुदास धरती पर गिर पड़ा। उसे सँभलने में कुछ समय लगा। सहसा, एक छाया उसके निकट आई और उसने ऊपर देखा। सुदास ने सोचा कि वह उसका अपना कोई उपसेनापति होगा। किंतु ऐसा नहीं था।

9

सुदेवी ने घुटनों के बल बैठकर सुदास का आलिंगन किया, उसके चेहरे को चूमा और घास के निशान या गंदगी अथवा मिट्टी की चिंता न करते हुए उसकी गर्दन एवं बाँह पर चुंबनों की झड़ी लगा दी।

'तुम्हें शिखर पर होना चाहिए था,' उसने आरोप लगाने के ढंग से कहा किंतु उसके स्वर में भर्त्सना नहीं थी। सुदेवी के स्पर्श से वह खुश था। व्यक्ति को यह सदैव याद रखना चाहिए कि वह किसके लिए लड़ और मार-काट कर रहा है।

'मैं वहीं थी,' सुदेवी ने कहा, 'मैंने सब कुछ देखा। हम सब देख सकते थे किंतु अन्य लोग गुरु वशिष्ठ का दिया हुआ कार्य पूरा करने के लिए जी-जान से लगे हुए थे। बच्चे और मैं निगाह लगाए हुए थे और हमने सब कुछ देखा।'

'फिर?' सुदास ने पूछा।

सुदेवी ने सुदास का चेहरा अपने हाथों में थाम लिया। 'कुश के मैदान में तुम्हारा युद्ध पूर्णतः सफल रहा। यह तो तुम जानते हो, है न?'

उसने कंधे उचकाए। 'मैं पाँच गज़ से अधिक आगे नहीं देख पा रहा था। मुझे केवल वही पता है जो मैंने सुना या जिसकी झलक मुझे मिल पाई।' सुदेवी हँसी तो उसका कंठ एवं उसकी पतली गर्दन का सौंदर्य दिखलाई देने लगा। उसके केश दाहिनी ओर कसकर बँधे हुए थे और सुदास एवं उसके अन्य सैनिकों की भांति सुदेवी ने भी सफ़ेद वस्त्र धारण किए हुए थे।

'तुम्हें वह देखना चाहिए था! मैंने गिना कि छह सौ मारे गए और अन्य एक सौ इतनी बुरी तरह घायल हुए हैं कि यह रात शायद ही काट पाएँगे। अनु अब तक अपने घायल और मृत सैनिकों को घास में खोज रहे हैं। वे आग में चींटियों की भांति दौड़ते फिर रहे हैं!'

'छह सौ मारे गए!' सुदास को आश्चर्य हुआ, 'छह सौ?' हो सकता है और अधिक? क्या तुम्हें विश्वास है?'

वह फिर हँसी। 'मैं पूर्ण विश्वास से कह रही हूँ, प्रिय। वे परास्त हो गए! तुमने मात्र कुछ सौ पुरुषों व लड़कों के साथ मिलकर अनु के सर्वश्रेष्ठ योद्धाओं का पूरा सैन्य-दल समाप्त कर दिया! मेरा सौतेला भाई इस अपमान को सह नहीं सकेगा!'

सुदास ने धीरे से हामी भरी। 'वह अवश्य बहुत क्रोधित होगा और चीख-चिल्ला रहा होगा। अब वह निश्चित ही स्वयं युद्ध करने आएगा और आक्रमण का नेतृत्व करेगा। उसे स्वयं को अन्य राजाओं के समक्ष श्रेष्ठ सिद्ध करना होगा और अपना खोया सम्मान भी प्राप्त करना होगा। वह क्रुद्ध होगा तथा हमें शीघ्र और निर्णायक रूप से समाप्त करने को उत्सुक भी होगा।'

सुदेवी ने मुस्कुराना बंद कर दिया। 'क्रुद्धावस्था में और युद्ध के समय अनु अत्यंत भयानक हो जाता है। मैंने उसकी क्रूरता देखी और सुनी है।'

सुदास ने अपना हाथ सुदेवी के कंधे पर रखा और उसकी गर्दन पर अपनी अंगुलियाँ फिराने लगा। धनुष की डोरी से अब तक जख़्मी उसकी अंगुलियों को सुदेवी की कोमल गर्दन का स्पर्श सुखदायक महसूस हो रहा था। 'यह अच्छा है। यही तो हम चाहते हैं।'

'तुम चाहते हो कि अनु को क्रोध आ जाए? वह तुम्हें अपनी क्रूरता से कुचल डाले?'

'मैं चाहता हूँ कि वह भावुक हो जाए और बुद्धि से काम न ले सके।'

सुदेवी ने गर्दन हिलाई। 'वह मूर्ख नहीं है, सुदास। वह बहुत शानदार रणनीतिज्ञ है।'

'परंतु बहुत बुरा कूटनीतिज्ञ।'

सुदेवी की भँवे तन गईं। 'इन दोनों में क्या अंतर है? क्या रणनीतिज्ञ और कूटनीतिज्ञ एक ही बात नहीं है?'

'नहीं। अनु को इस बात की अच्छी समझ है कि किस सैन्य-दल को युद्ध में किस स्थान पर भेजना है और लड़ाई के दौरान संचालन किस प्रकार करना है। इसे रणनीति कहते हैं। यद्यपि, उसकी सदा से यह कमज़ोरी रही है कि वह किसी अभियान की पहले से योजना नहीं बना सकता और उसके लिए पहले से तैयारी नहीं कर सकता। यह कूटनीति है।'

सुदेवी ने पश्चिम दिशा में परुष्णि की ओर संकेत करते हुए कहा, 'वह सब तैयारियाँ, लकड़ी के लट्ठों का उपयोग, दस राजाओं के साथ मैत्री की योजना, उनकी सेनाओं की युद्ध-तत्परता, उसका इतनी विशाल सेना को इतनी शीघ्रता के साथ इतना निकट ले आना और बाँध बनाने से लेकर पुल बनाने तक, युद्ध के प्रत्येक चरण की योजना तैयार करना, अनु की चतुर कूतनीतिक योजना ही तो दर्शाता है।'

सुदास कुछ पल के लिए सुदेवी को देखता रहा और फिर धीरे से मुस्कुरा दिया। 'सही है। किंतु यह कोई नई कूटनीति नहीं है, न ही यह अनु के मस्तिष्क की मौलिक देन है।'

'मैं समझी नहीं।'

'जो कुछ उसने किया, उसके स्थान पर कोई भी होता तो वह भी तृत्सु भूमि पर कब्ज़ा करने के लिए यही करता। सबसे महत्त्वपूर्ण सबक जो मैंने कूटनीति के विषय में सीखा है, वह है अपने हमलावर की कूटनीति का पूर्वानुमान लगा पाना, विशेष रूप से जब आप रक्षात्मक स्थिति में हों और आपके पास निर्धारित रक्षकसेना हो। आप अपनी भौतिक

तथा मानवीय दुर्बलता का विश्लेषण करें और सोचें कि कोई संभावित शत्रु आपके ऊपर किस प्रकार आक्रमण कर सकता है। चूंकि भौतिक तथा मानवीय सीमा के बंधन अधिकतर निश्चित ही होते हैं, किसी भी आक्रमणकारी की भावी योजना का अनुमान लगाकर उसके लिए पहले से तैयार रहना संभव है।'

सुदेवी ने फिर भँवे तानीं। 'तैयारी? तो क्या तुम्हें यह संदेह था कि अनु नदी पर बाँध बनाएगा, तट को पार करेगा और दूसरे राजाओं के साथ मित्रता करके आज आक्रमण करेगा?'

'हाँ, किंतु आज नहीं, संभवतः किसी अन्य दिन के लिए यह संदेह था। मैं चाहता तो यही था कि ऐसा कभी न हो। यद्यपि, ऐसा होने की स्थिति में मेरे लिए तैयार रहना आवश्यक था।'

'और क्या तुम तैयार हो?'

'इतनी अधिक संख्या और मुश्किलों के विरुद्ध जितनी अच्छी तैयारी की जा सकती है, वह तो है। भौतिक परिस्थितियाँ हमारे पक्ष में है, जैसा कि तुमने घास के भीतर हुए युद्ध में देखा। इसके अतिरिक्त, मौसम भी हमारा साथ दे रहा है।'

'मौसम?'

वह मुस्कुराया और सुदेवी के गाल थपथपाकर बोला, 'गुरु वशिष्ठ का तो यही कहना है। उनका मानना है कि इस युद्ध के लिए यह उत्तम दिन है। इतना उत्तम कि उन्हें लगता है कि इंद्र, वरुण और वायु इस युद्ध में हमारा साथ दे रहे हैं।'

'मैं यही आशा करती हूँ। आज हमें सब प्रकार की सहायता की आवश्यकता है,' वह कहते हुए रुक गई, 'क्या गुरु वशिष्ठ के दिए गए कार्य का यही उद्‌देश्य है? क्या वह कार्य भी इस युद्ध में तुम्हारी कूटनीति से किसी तरह संबंधित है?'

'हाँ, यदि सब कुछ ठीक रहा!' सुदास ने उत्तर दिया, 'फिर भी, मैं

तुम्हें सावधान कर रहा हूँ। हमारी जवाबी कूटनीति कितनी भी प्रभावशाली क्यों न हो और हमारे लिए यह दिन कितना भी शुभ क्यों न हो, परंतु हम संख्या में बहुत कम हैं। मुझे अपने सहयोगियों और मित्रों से इस प्रकार के विश्वासघात की बिल्कुल अपेक्षा नहीं थी। दो या तीन तो ठीक है, संभवतः पाँच अथवा छह भी हो सकते थे। परंतु दस राजा? और उनके साथ उन्मुक्त सामंत व भूमि अधिकारी? उनकी सेना का आकार तो देखो! इस बात की ज़रा भी संभावना नहीं है कि आज हम जीत पाएँगे। मैं यह युद्ध सिर्फ़ अपने आत्म-सम्मान की रक्षा हेतु लड़ रहा हूँ और इसलिए कि अपनी अंतिम श्वास तक युद्ध करना मेरा धर्म है। मैं यह नहीं कह रहा कि हम परास्त हो जाएँगे, किंतु विजय के लिए संघर्ष करते हुए अपनी जान अवश्य दे देंगे।'

सुदेवी ने अपनी चमकती, गीली आँखों से सुदास की ओर देखा, किंतु सुदेवी के नेत्रों में जो अश्रु थे, वे प्रसन्नता और संभावित आशा के थे। सुदेवी ने सुदास को पुनः ज़ोर से चूमा; सुदास अपने गालों पर उसके आँसुओं की गरमाहट महसूस कर रहा था। वह बोली, 'मैं ईश्वर से प्रार्थना करूँगी कि तुम अपने प्रत्येक प्रयास में सफल रहो, तथा मैं स्वयं तलवार उठाकर आज दिन का अंत होने तक युद्ध में तुम्हारा साथ दूँगी।'

इससे पूर्व कि सुदास उसका विरोध कर पाता, सुदेवी ने अपनी अंगुली उसके होठों पर रख दी। 'मैं इस विषय में कोई तर्क नहीं सुनना चाहती, सुदास। मैं भी अब भारतवंशी हूँ तथा भारतवर्ष के भावी राजा और रानी की माँ। इस हिसाब से, शायद मेरा स्थान राजमाता का है,' फिर वह हँसी, 'या ऐसा ही कुछ! जो भी हो, मैं किसी अनु की उप-पत्नी नहीं हूँ जो रेशम पर लेटकर अपने विजेता द्वारा खुद पर अधिकार करने की प्रतीक्षा में बैठी रहूँ। मैं भारतवंशी एवं तृत्सु रानी हूँ और मैं इस युद्ध के परिणाम की चिंता किए बिना अपने पति व साथी नागरिकों के साथ कंधे से कंधा मिलाकर लड़ूँगी।'

सुदास ने उसकी अंगुलियों को अपने होठों से हटाकर चूमा और

कहा, 'जैसी तुम्हारी इच्छा। अपना विकल्प चुनने की स्वतंत्रता भी तो वह एक चीज़ है, जिसकी रक्षा के लिए हम यह युद्ध लड़ रहे हैं। तुम्हारा स्वयं को खतरे में डालने का विचार मुझे अच्छा तो नहीं लगा, किंतु मैं इसका सम्मान करता हूँ और तुम्हारे इस अधिकार का समर्थन करता हूँ।'

उसने आस-पास देखा। उस समय तक वहाँ बहुत-से लोग एकत्रित हो चुके थे। वह उनकी संख्या देखकर बहुत प्रसन्न हुआ। ऐसा प्रतीत हो रहा था कि उसके अधिकतर लोग घास में हुए युद्ध में जीवित बच गए थे। कुछ उपसेनापतियों को छोड़कर, जो अभी तक गुरु वशिष्ठ के कार्य में लगे हुए थे, उसके सभी उपसेनापति वहाँ मौजूद थे। और अथर्व। उसे अथर्व कहीं दिखाई नहीं दे रहा था।

क्या वह बेचारा युवक ज्वर के कारण अपने प्राण गँवा चुका था?

उसने उच्छास्रवा को देखकर अपने पास आने का संकेत किया। अन्य तृत्सु, तुरंत उसके निकट आकर उसके आस-पास पैर मोड़कर बैठ गए, जैसे गुरुकुल में शिष्य अपने गुरु के आस-पास बैठ जाते हैं।

'सैनिकों की संख्या की क्या स्थिति है?' सुदास ने उच्छास्रवा से पूछा।

उच्छास मुस्कुराया। 'स्थिति बहुत अच्छी है, राजन्। हमारे सिर्फ़ कुछ योद्धा मारे गए और उनमें से लगभग आधे घायल होकर लौट आए हैं।'

'और एक बेचारा साँप के काटने से मर गया!' अलेन ने जोड़ा।

सुदास भी प्रसन्न हुआ किंतु मुस्कुराया नहीं। 'उन मृतकों के लिए हम बाद में शोक मनाएँगे। अभी हम अपनी योजना के अनुसार आगे बढ़ेंगे। पहले हम...'

कुछ परिचित युवा युगल-स्वर सुनकर वह बीच में रुक गया। उसने ऊपर दृष्टि की तो देखा कि इंद्राणी और इंद्रौत उत्तुंग के उसी मार्ग से नीचे आ रहे थे, जहाँ से उसने उन्हें सुबह आते देखा था। उन्हें देखकर

वह बुरी तरह घबरा गया।

इंद्राणी पहले पहुँच गई और चिल्लाई, 'पिताजी!' वह हाँफ रही थी और तेज़ी से नीचे उतरने के कारण धूल-मिट्टी से सनी हुई थी। 'शत्रु ने नदी पार कर ली है और उन्होंने पूरी शक्ति से पुनः आक्रमण कर दिया है।'

'हमने शिखर के ऊपर से देखा है, पिताजी,' इंद्रौत भी हाँफता हुआ आ पहुँचा था, 'वे लोग पूरे क्षेत्र में घूम रहे हैं। एक पूरी सैन्य-टुकड़ी इसी ओर आ रही है। इसलिए हमें माँ की आज्ञा का उल्लंघन करते हुए तुरंत नीचे आना पड़ा। हमने उन्हें पर्वत की तलहटी से देखा। उस समय वे लोग यहाँ से केवल एक मील दूर थे। वे किसी भी क्षण यहाँ पहुँच जाएँगे।'

10

सुदास तेज़ी से अपना घोड़ा लेकर भागा। सरयू इस दौड़ से प्रसन्न थी। दिन भर की उथल-पुथल के बावजूद, अभी तक उसकी परीक्षा नहीं हो पाई थी। अब उसके पास अपनी क्षमता दिखलाने का अवसर था। उसने अपना पूरा ज़ोर लगाया और दूसरे लोग भी उसी गति से उसके पीछे आने लगे। सुदास को पीछे मुड़कर देखने की आवश्यकता नहीं थी। एक तृत्सु भारतवंशी होने के नाते, धरती पर हो रही आवाज़ और कंपन से, वह अपने साथ और अपने पीछे आ रहे अश्वारोहियों की संख्या का मोटे तौर पर अनुमान लगा सकता था।

हम दो सौ से कम हैं और एक हज़ार से अधिक हमारे पीछे आ रहे हैं।

यह विषमता ठीक वैसी ही थी, जैसी कुश के मैदान में वह झेल चुका था। लेकिन इस बार वे लोग खुले मैदान में थे और शत्रु उनके पीछे था। अगर इस स्थान पर रुककर वे युद्ध लड़ते तो वहाँ नरसंहार निश्चित था। शत्रु के हज़ारों सैनिक पहले ही नदी के इस पार आ चुके थे और शेष शीघ्रता से नदी पार कर रहे थे। अनु और उसके सहयोगी इस बार कोई भूल नहीं करना चाहते थे और तृत्सुओं को समाप्त करने के लिए वह न्यूनतम क्षति के साथ इस लड़ाई में अपना सर्वस्व लगा रहे थे। ऐसा करना सही था - या कहें कि बस ऐसा करना ही सही था। यदि परिस्थिति इससे विपरीत होती तो सुदास भी ऐसा ही करता। इसीलिए, जैसा कि उसने सुदेवी को पहले कहा था, ऐसा होना अपेक्षित था।

और अनु सुदास के रक्त का प्यासा था। वह अपने कवचधारी अशवारोहियों सहित अपने अश्वों को आवश्यकता से अधिक तेज़ दौड़ा रहा था। एक बार पुनः सुदास ने गंभीरता से सोचा। अनु को पता था उसे ज़्यादा देर उनका पीछा नहीं करना पड़ेगा। उसे अपने घोड़ों के थक जाने का भय नहीं था।

अनु की एक बात ठीक थी - यह दौड़ छोटी, किंतु भीषण होगी।

सुदास पूर्व दिशा में कई योजन तक फैले चावल और गेहूँ के लहलहाते खेत देख पा रहा था। विश्व की सर्वश्रेष्ठ फ़सल देने वाले यह मूल्यवान उपजाऊ खेत और मैदान तृत्सु क्षेत्र का असली खज़ाना थे। व्यक्ति जो भी चाहे, यहाँ पाँच नदियों के इस प्रदेश में उगा सकता था। उस समय खेतों में जितना अनाज उगा हुआ था, वह उन सभी दस राज्यों के लिए पर्याप्त था जो इस समय सुदास के विरुद्ध युद्ध कर रहे थे। कटाई की प्रतीक्षा में हज़ारों हज़ार क्विंटल अनाज। जब से निरंतर जगह बदलने गाँवों ने अपना घुमंतू जीवन त्यागकर एक स्थान पर स्थायी रूप से रहना, मवेशी चराना और शिकार तथा लूट-पाट की जगह खेती करना आरंभ किया था, तब से इन जातियों को मानव-आवास और खेती-बाड़ी के लिए इससे अधिक उपयुक्त स्थान नहीं मिल पाया था। इस स्थान के लिए युद्ध करना पूर्णतः उचित था।

जब वह भूमि के प्राकृतिक रूप से हलके घुमावदार मार्ग पर पहुँचा तो सुदास ने सरयू को दक्षिण दिशा में रखते हुए उसे उत्तुंग के तल की ओर मोड़ दिया।

वह पूर्व दिशा में फ़सल से भरे उन खेतों की ओर नहीं जाना चाहता था। वहाँ साठ मील दूर तक, अनाज के अतिरिक्त और कुछ नहीं था, वहाँ छिपने या लड़ने के लिए कोई जगह नहीं थी। इसके अतिरिक्त, यदि उसके वश में होता तो उस फ़सल को नष्ट करने की उसकी बिल्कुल इच्छा नहीं थी जिसे उन्होंने इतनी मेहनत से उगाया था। उसका गंतव्य उत्तुंग के दक्षिण में था।

सरयू की गर्दन और उसकी अयाल पर अपने गाल रगड़ते हुए वह मुस्कुराया।

अब जबकि अनु समझ गया होगा कि सुदास उन्हें पर्वत के चारों ओर घुमाकर पुनः परुष्णि के दक्षिण में ले जा रहा था, तो अनु क्या सोच रहा होगा

वह सोच रहा होगा कि सुदास का दिमाग़ ख़राब हो गया है जो वह अपने छोटे-से सैन्य-दल को लेकर पुनः उसी स्थान पर जा रहा है जहाँ से आक्रमणकारी नदी पार कर रहे हैं!

सुदेवी, उसके दाहिनी ओर, अधिक पीछे नहीं थी। उसके और सुदास के बीच इंद्राणी और इंद्रौत थे, जो सुबह की भांति, अब भी बहुत अच्छी तरह घोड़े दौड़ा रहे थे।

सुदास ने उन्हें देखा तो उसे एक हलकी-सी बेचैनी होने लगी। काश, वह दोनों ऊपर शिखर पर ही रहते। उसने उन तीनों को युद्ध के आरंभिक दौर में सुरक्षित रखने के लिए वहाँ भेजा था क्योंकि युद्ध में कुछ भी गड़बड़ हो सकती थी। अब वे यहाँ संकट के बीच आ फँसे थे। वह ऐसी बेहद कठिन परिस्थितियों से जूझते हुए उनकी रक्षा हेतु कुछ नहीं कर सकता था।

अब वे उत्तुंग पर्वत की पूर्वी छाया में आ चुके थे। पश्चिमी दिशा की अपेक्षा यहाँ अधिक अँधकार था क्योंकि पर्वत ने पश्चिमी सूर्य के प्रकाश का मार्ग रोक लिया था। वह अपने बाईं ओर एक मील लंबी पर्वत की छाया को देख रहा था। उससे यह अनुमान लग रहा था कि सूर्य अब काफ़ी नीचे आ गया था - सूर्यास्त में दो घंटे से कम का समय शेष था। गुरु वशिष्ठ के आकलन ने अनुसार अब अधिक समय नहीं बचा था। गुरु के अनुसार, सूर्यास्त के तुरंत बाद तूफ़ान आना था और यही उनकी योजना का अंतिम चरण था।

हालांकि उससे पहले अभी बहुत कार्य करना शेष था। दूतृत्सुओं द्वारा नहीं, अपितु शत्रु द्वारा, क्योंकि उनकी योजना बहुत हद तक शत्रु

की खास रणनीति तथा सुदास की कूटनीति एवं उसके ऊपर शत्रु की प्रतिक्रिया पर निर्भर करती थी।

यह खेल वैसा ही था जैसा वे लोग लकड़ी के तख्ते पर हड्डी से बने पाँसों से खेलते थे, इसमें सिर्फ़ यह अंतर था कि यहाँ पाँसों के स्थान पर जीते-जागते लोग थे और उसके ग़लत निर्णय से उनकी जान जा सकती थी। और तख़्ते पर रखे तीन पाँसे उसके तीन सबसे प्रिय लोग थे।

सुदास को सरयू के खुरों के नीचे पर्वत के सबसे निचले छोर के मोड़ पर घुमावदार मार्ग फिर से महसूस हुआ। उसने सरयू का सिर मात्र इतना घुमाया जिससे वह उस घुमाव पर यथासंभव सीधी रेखा में चलते हुए सहजता से दौड़ सके। मार्ग में वृक्ष, झाड़ियाँ, पत्थर आदि सब कुछ धुँधला-सा दिखलाई देता हुआ तेज़ी से पीछे छूटता गया। उसे अपेक्षा थी कि शेष अश्वों की सेहत और शारीरिक स्थिति भी उसके अपने अश्व जितनी ही अच्छी होगी।

उसने पीछे मुड़कर देखा तो उसे अपने किए पर पछतावा हो रहा था।

पीछे मुड़कर देखने का कोई लाभ नहीं था क्योंकि उसके अपने अश्वारोहियों द्वारा उड़ाई जा रही धूल का इतना घना बादल बन गया था कि उसमें से पीछे आ रहे शत्रु को देख पाना संभव नहीं था।

लेकिन उसे पता था कि वे निकट ही थे और उसका पीछा कर रहे थे। वह अग्रिम पंक्ति के तृत्सुओं के बीच में से अनु का चेहरा देख पा रहा था जो अत्यंत आक्रोश में भरा हुआ लग रहा था। अवश्य ही उसकी इच्छा अपने बढ़िया योद्धाओं की मृत्यु के बदले प्रत्येक तृत्सु को दो-दो बार मारने की रही होगी।

सुदास उत्तुंग के घुमावदार मोड़ पर आ पहुँचा और उसे पुनः परुष्णि नदी दिखलाई देने लगी। नदी का अत्यधिक मटमैला और शुष्क तल देखकर सुदास घबरा गया। वह बाँध से नीचे नदी के तल में व्याप्त जल-जीवन को हुई क्षति के विषय में सोचने लगा। उसने तड़पती

मछलियों और अन्य बड़े जंतुओं को नदी के पार करने वाली जगह पर श्वास के लिए छटपटाते हुए देखा था, किंतु इसी क्षण उसे यह एहसास हुआ कि उस मानव-निर्मित बाँध के कारण कितने जल-जंतुओं की मृत्यु हो गई होगी। वे सभी जंतु भी अनु के लालच और उन दस राजाओं की वासना का शिकार बन गए थे।

सुदास ने नदी पार करने वाली जगह का भेद लेने का प्रयास किया किंतु उत्तुंग का पथरीला गोलाकार तल बहुत विशाल था और वह जगह अब भी पश्चिम दिशा में एक मील की दूरी पर थी।

उसे यह देखकर बहुत प्रसन्नता हुई कि शत्रु की सेना उनका मार्ग रोकने हेतु उस ओर नहीं आ रही थी। अनु ने उनका पीछा संभवतः इस उम्मीद में किया था कि तृत्सु भागकर पुनः नगर में घुस जाएँगे। जो दूत, अनु ने अपने सहयोगियों के पास यह कहकर भेजे होंगे कि तृत्सु तो मात्र पर्वत के इर्द-गिर्द घूम रहे थे, वे दूत अभी तक अपने गंतव्य तक पहुँचे नहीं होंगे।

इसके अतिरिक्त, यदि तृत्सु ऐसे ही घूमते रहेंगे तो उनका सामना शत्रु से हो ही जाएगा तो फिर उस दिशा में और अधिक सेना क्यों भेजी जाए? अनु उनका पीछा करते हुए स्वयं उनकी हत्या करना चाहता था।

सुदास इसी बात की प्रतीक्षा कर रहा था।

सुदास को अपने सभा-गृह जितनी विशाल चट्टान दिखलाई दी, जो वहाँ पहचान के लिए पहले से रखी गई थी और जिसका दक्षिण-मुख किसी मनुष्य की आकृति जैसा था। तृत्सु इसे युवराज कहते थे क्योंकि वह चट्टान ऐसी प्रतीत होती थी मानो कोई राजसी व्यक्ति वहाँ खड़ा होकर नदी व जंगलों के पार फैले अपने विस्तृत राज्य का सर्वेक्षण कर रहा हो।

सुदास घूमकर युवराज के चेहरे के सामने पहुँचा और फिर सरयू को तेज़ी से घुमाकर नीचे झुके हुए वृक्षों के बीच से दौड़ता हुआ निकल गया। उसे पता था कि सुदेवी और उसके बच्चों सहित शेष सभी साथी भी उसका अनुकरण करेंगे, जिन्हें उसकी योजना के इस अंश की जानकारी

नहीं थी। वृक्षों की नीचे झूलती टहनियों के बीच में से लगभग सौ गज़ दौड़ने के बाद, वह एक सँकरी चट्टान के बीच से होकर खुले स्थान में निकल आया जहाँ से आकाश फैली हुई स्लेटी रंग की पट्टी जैसा दिख रहा था और ठीक ऊपर उत्तुंग की छाया थी।

इंद्राणी, इंद्रौत, दहा, बोलन और अलेन के साथ सुदेवी उसके पीछे-पीछे आ रही थी। सुदास के शेष उपसेनापति पीछे आ रहे सैनिकों को लेकर आ रहे थे ताकि कोई तृत्सु निर्धारित स्थान पर पहुँचने से चूक न जाए तथा अनु का शिकार न बन जाए। सुदास जानता था कि द्रह्क्यु और दहा, संभवतः पीछे आ रहे अनु पर तीर चला रहे होंगे क्योंकि वह दोनों अश्वारोहण करते समय कुछ भी करने में माहिर थे। अथर्व और अलेन पूर्वी छोर से आएँगे ताकि वहाँ भी उनका कोई साथी पीछे न रह जाए।

'यहाँ!' एक दर्रे की दीवार के साथ-साथ अपने अश्व से नीचे उतरते हुए सुदास चिल्लाया। फिर उसने वर्षा से सुरक्षित रखने हेतु तैलीय छाल में लिपटी एक गठरी खोली। 'अपने वर्तमान शस्त्रों की जगह यह ले लो! जल्दी! आगे बढ़ाओ!'

सुदास द्वारा शीघ्रता से अपने साथियों की ओर फेंक-फेंकर बाँटे जा रहे शस्त्रों में से एक सुदेवी ने ले लिया। उस अस्वाभाविक तलवार की आकृति और उसके वज़न पर सुदेवी ने प्रतिक्रिया दी।

'यह क्या है?' वह ऊँची आवाज़ में चिल्लाई क्योंकि उस बंद दर्रे में अश्वों के खुर और लोगों के शोर का स्वर कई गुणा होकर सुनाई दे रहा था। धूल के बादल ने उनकी दृष्टि भी बाधित कर दी थी।

'लौह,' सुदास ने गंभीर मुस्कान के साथ कहा, 'पक्के लौह से तैयार किए गए अस्त्र जिन्हें यथासंभव पतला बनाने का प्रयास किया गया है।'

सुदेवी ने जब अति सुंदर काँस्य की बनी, परिष्कृत एवं रत्न-जड़ित मूठ वाली अपनी तलवार की अपेक्षा यह खुरदरी आकृति वाली कुरूप

व भद्दी तलवार देखी तो बोली, 'कितनी भद्दी है! क्या यह किसी काम आएगी?'

सुदास मुस्कुराया, 'देखती जाओ।'

तभी उच्छास वहाँ आ गया; उसके हाथ में दोनों हाथों से पकड़ने वाला एक बड़ा-सा धारदार अस्त्र था - सुदास भी नहीं जानता था कि उस अस्त्र को क्या कहते हैं। तलवार-कुल्हाड़ी? 'मित्र, वह लोग यहाँ लगभग पहुँच चुके हैं! यह बहुत भारी है!'

सुदास ने अपने उपसेनापति के कंधे को थपथपाते हुए कहा, 'मैं तुम्हें यह आश्वासन दे सकता हूँ कि यह अपने वज़न के अनुरूप मूल्यवान है!'

सुदास ने क्षण-भर धूल और शोर के थमने की प्रतीक्षा की। अलेन और द्रह्क्यु, समझदारी का परिचय देते हुए अपने घोड़ों को उस दर्रे के पिछले सिरे पर ले गए थे ताकि तृत्सुओं को लड़ने के लिए पर्याप्त जगह मिल सके। सुदेवी ने इंद्राणी और इंद्रौत के साथ अश्वों के पीछे अपना स्थान ले लिया और उन्हें शांत करते हुए ज़रा-सी देर में आरंभ होने वाले युद्ध एवं अपने बच्चों के बीच की दूरी बढ़ा ली।

सुदास ने अपने साथियों का ध्यान आकर्षित करने के उद्देश्य से अपनी तलवार ऊँची उठाई और ज़ोर से बोला।

'इसे पूरी शक्ति से घुमाना। गुरु वशिष्ठ कि बात याद रखना! इस धातु पर भरोसा रखना और इसे अपना काम करने देना!'

उन्होंने गर्दन तो हिला दी लेकिन सुदास उनके घबराहट भरे हाव-भाव देख पा रहा था। इससे पहले आज तक उनमें से किसी ने लौह से बने शस्त्रों से युद्ध नहीं किया था। कई तो अब भी उस धातु के प्रयोग को लेकर अँधविश्वास से जकड़े हुए थे और मानते थे कि यह धातु इतिहास के अंतिम युग के भयानक शासक कलि का प्रतीक थी, जिसके नाम पर उस युग का नाम कलियुग पड़ा। अन्य लोग सोचने लगे

कि अब तक प्रयोग किए जा रहे ताँबे, टिन और काँस्य के साथ क्या गड़बड़ थी जो उनके स्थान पर इस खुरदुरी, कला-विहीन और कठोर धातु का प्रयोग किया जा रहा था।

सुदास ने शांत भाव से प्रार्थना की, *'इंद्र, हमारा साथ दीजिए,'* और फिर घूमकर अपना मुख दर्रे के प्रवेश-द्वार की ओर कर लिया।

11

'सुदास!' बाहर से अनु का परिचित स्वर सुनाई दिया। 'मुझे पता है कि तुम भीतर हो। बाहर निकलो और मर्दों की तरह लड़ो!'

'अनु,' सुदास ने शांत स्वर में उत्तर दिया, 'हमारे पास यहाँ से जाने के लिए कोई स्थान नहीं है। यह हमारा अंतिम पड़ाव है। यदि तुम्हारे भीतर घिरे हुए सिंह का सामना करने का साहस है तो भीतर आ जाओ और हमसे अंतिम युद्ध कर लो।'

अनु की ओर से अपशब्द और चीख-पुकार के अनेक दौर चले, जिसके बाद ऊँचे व क्रुद्ध स्वर में चर्चा भी हुई जो सहसा समाप्त हो गई। सुदास ने टिन और ताँबे की खनक के साथ अनेक शक्तिशाली धमक-भरे स्वर सुने।

अनु योद्धा अपने अश्वों से उतरकर उनकी ओर पैदल आ रहे थे।

सुदास द्वारा फेंका गया जाल काम कर गया था।

सुदास ने मुड़कर अपने सैनिकों की ओर देखा। यहाँ दर्रे के प्रवेश-द्वार पर, एक चट्टान से दूसरी चट्टान की दूरी छह गज़ से कम थी। एक बार में दो या तीन लोगों से निपटने के लिए इतनी चौड़ाई पर्याप्त थी। यही कारण था कि सुदास ने यह स्थान चुना था - बड़ी संख्या वाले शत्रु का सामना करते समय, व्यक्ति को ऐसा कोई मार्ग खोजना चाहिए जहाँ से शत्रु की सेना प्रवेश न कर सके। इस प्रकार, अनु की विशाल सेना अप्रभावी हो गई थी। उनकी संख्या बेशक हज़ारों में थी, किंतु वह एक बार में तीन से अधिक प्रवेश नहीं कर सकते थे।

उससे अधिक के जाने से उन्हें तलवार से लड़ते हुए एक-दूसरे को ही घायल करने का ख़तरा था। जैसे ही उन्होंने दर्रे के भीतर प्रवेश किया, वहाँ सुदास के सैनिक उन्हें अपनी भारी-भरकम लौह-तलवारों से मारने को तैयार बैठे थे।

सुदास ने उच्छास और बोलन को इशारा किया। वह दोनों तृत्सु दल में सबसे तरो-ताज़ा लग रहे थे। 'हम तीन लोग पहला दौर लड़ेंगे', सुदास ने कहा, 'शेष लोग पीछे दर्रे के मुख के भीतर रहेंगे। यदि हम में से कोई गिरता है तो उसके स्थान पर सिर्फ़ एक व्यक्ति आगे आएगा। किसी भी समय, तीन लोगों से अधिक नहीं होने चाहिए, समझ गए?'

सब ने अपना सिर हिलाया।

एक हाथ में लौह की और दूसरे में ताँबे की तलवार लेकर अथर्व आगे आया। उसे अब तक जीवित और खड़ा देखकर सुदास की हृदय-गति तेज़ हो गई। यह स्पष्ट था कि उस युवा योद्धा ने दोनों कार्य बहुत मुश्किल से पूरे किए थे। उसके चेहरा फ़ीका पड़ गया था, जो पूरी रात रहे तेज़ बुखार का सूचक था। उसकी आँखें उसके चेहरे के कोटरों में धँसी जा रही थीं। उसे ऐसी अवस्था में देखकर सुदास को बहुत दुख हुआ।

'पहले मुझे खड़े होने दीजिए, राजन्,' अथर्व ने कहा; उसका संकल्प-भरा स्वर उसकी स्थिति को मिथ्या सिद्ध कर रहा था। सुदास तर्क देना चाहता था किंतु उसने अपना इरादा बदल लिया। यद्यपि, एक राजा के लिए मात्र सम्मानजनक मृत्यु पर्याप्त नहीं होती, लेकिन किसी योद्धा की तो यही मुख्य अभिलाषा होती है।

सुदास ने उच्छास की ओर देखा और फिर हामी भर दी। उच्छास ने अपना स्थान अथर्व को दे दिया और स्वयं कुछ गज़ पीछे लौटकर सँकरे मार्ग के पास रुक गया जो एक प्रकार से उस दर्रे की गर्दन जैसा था। दर्रे के इस मुख से छह गज़ की चौड़ाई पर, वह रास्ता मुख्य दर्रे में खुलने से पूर्व, लगभग एक गज़ सँकरा हो गया था। उच्छास इस

स्थान पर रक्षक की भांति खड़ा हो गया और उसने अपने पीछे खड़े लोगों की एक श्रंखला बना दी। यह सुदास के निर्देश का ही पालन था किंतु इसे अच्छे ढंग से किया गया था। यही कारण है की कूटनीतियों के क्रियान्वयन के लिए कुशल उपसेनापतियों की आवश्यकता होती है। रण-भूमि की परिस्थितियों में सदैव समन्वय और योजना बदलते रहने की माँग रहती है। सुदास बहुत प्रसन्न था कि वह ऐसे कुशल लोगों पर विश्वास कर सकता था।

सुदास ने तभी भारी कदमों की आवाज़ सुनी। अनु कबीले के लोग अधिक से अधिक धातु पहनकर चलते थे और वह सारा बोझ उनके अश्वों पर पड़ता था। अश्वारोही सेना के आक्रमण के दौरान, ऐसा करना उन्हें भयानक स्वरूप प्रदान करता था, किंतु ज़मीन पर लड़ाई में इतना भार उनके लिए बाधा भी बन सकता था।

सुदास ने स्वयं को स्मरण करवाया कि शत्रु को कभी अपने से कम नहीं आँकना चाहिए। वे लोग भीषण योद्धा थे; एक छोटी-सी ग़लती के कारण सब कुछ समाप्त हो सकता था। अधिक लोगों की जान गँवाकर भी अनु जीत सकता था। तृत्सुओं के लिए प्रत्येक व्यक्ति महत्त्वपूर्ण था। साथ ही, उनके पास एक ही राजा था, और शत्रु के पास दस! दर्रे के भीतर घुसने वाले लोगों में अनु स्वयं नहीं था। इससे सुदास को कुछ निराशा हुई - उसने सोचा था कि पहले मात खाने के बाद अनु लापरवाही में आक्रमण करने के लिए स्वयं पहले आ जाएगा। अनु कबीले का राजा शायद चतुराई से सोच रहा था। वस्तुस्थिति को जाने बिना, वह अपनी गर्दन संकट में नहीं डालना चाहता था।

यह समझदारी से चुना विकल्प था।

अंतिम मोड़ तक पहुँचने के बाद दस अनु योद्धा वहाँ अपने सामने मात्र तीन तृत्सु देखकर स्तब्ध रह गए।

'तुम्हारी शेष सेना कहाँ है?' चमचमाते ताँबे व टिन का कवच पहने और हाथ में काँस्य की तलवार लिए हुए एक अनु ने पूछा, 'किसी

कोने में छिपे हुए हैं क्या?'

सुदास ने अपनी तलवार थाम ली। उसे, तलवार का अतिरिक्त भार देखकर तथा यह सोचकर अच्छा लग रहा था कि सही ढंग से प्रयोग करने पर वह तलवार शत्रु का क्या हाल कर सकती थी। 'तुम्हारे लिए पर्याप्त हैं। प्रत्येक तृत्सु सौ अनुओं के बराबर है, क्या तुम घास के मैदान में हुई लड़ाई के समय मौजूद नहीं थे?'

घास का उल्लेख आते ही, उस अनु की मुस्कान गायब हो गई। इसके अतिरिक्त कोई बात नहीं हुई।

हाथ में शस्त्र लिए, ज़ोर-ज़ोर से चिल्लाते हुए पाँच-छह अनु योद्धा भीतर आ गए। उनके पीछे खड़े योद्धा शोर मचाते हुए अपने साथियों का मनोबल बढ़ा रहे थे और अपेक्षित नरसंहार आरंभ होने पर अपने साथियों के पीछे जाने के लिए तैयार खड़े थे।

सुदास बाहर निकला और तलवार घुमाते हुए एक अनु सैनिक के सामने आ गया। उसने अपनी लौह-तलवार से अनु की काँस्य-तलवार पर वार किया। एक विशिष्ट आवाज़ के साथ काँस्य-तलवार टूट गई और सुदास की लौह-तलवार अनु के सीने के पार हो गई। तलवार उसके कवच को काटती हुई सरलता से उसके शरीर में घुस गई जिससे वह व्यक्ति बुरी तरह घातक रूप से घायल हो गया। सुदास ने अपनी तलवार खींची तो मार्ग की मिट्टी पर रक्त छितर गया। सुदास मुड़ा और अगले सैनिक की तलवार पर चोट की जिसके प्रहार से उस सैनिक की तलवार मुड़ गई। सैनिक वहीं रुक गया और अविश्वास एवं अचंभे से भरा अपने हाथ में पकड़ी मुड़ी हुई तलवार देखता रहा, फिर उसने चीखते हुए अपना छुरा निकाला। सुदास अपनी तलवार लेकर उस पर लपका और तलवार के एक लहराते हुए वार से उसे लगभग सिर-रहित कर दिया। उसकी शक्तिशाली तलवार ने सैनिक के छुरे को मूठ से काट दिया और आसानी से उसके शरीर में घुस गई। फिर सुदास ने अपनी तलवार से तीसरे व्यक्ति का कवच चीत्कार जैसी आवाज़ के साथ भेदकर तलवार

उसके सीने में उतार दी। सैनिक अपनी मृत्यु के हथियार को घूरता हुआ सुदास की तलवार पर गिर गया।

सुदास तलवार खींचकर अगले व्यक्ति का सामना करने के लिए तैयार हो गया।

उसने अपने निकट अथर्व और बोलन को भी उतनी ही सहजता से लड़ते हुए महसूस किया। मार्ग में रक्त छिटकता रहा, योद्धाओं के शरीर विखंडित होते रहे और लौह-तलवार के निरंतर प्रहार से अस्थियाँ और कवच टूटते रहे।

सुदास लड़ते हुए सोच रहा था कि यहाँ बात कौशल की नहीं है, बल्कि यह है कि शत्रु उसके वार से न तो बच पा रहा था और न ही वार कर पा रहा था। यदि वह ताँबे अथवा काँस्य की तलवारों का प्रयोग करता तो शत्रु उसके वार अथवा धक्के को रोककर पलटवार भी कर सकते थे। तब वह बराबर का युद्ध होता। अब वे कुछ भी करें, उसका कोई प्रभाव नहीं पड़ रहा था; लौह-शस्त्र शत्रु के कवच व तलवारों को माँस की तरह सरलता से काट रहे थे। इसके साथ, लौह-तलवार का भार ही इतना अधिक था कि किसी व्यक्ति पर उससे होने वाला प्रहार घातक ही सिद्ध होता था। घायल होने या मरने से बचने का अब शत्रु के पास एक ही उपाय था कि वह स्वयं पर वार ही न होने दे, किंतु इतनी कम जगह पर हो रही लड़ाई में ऐसा हो पाना असंभव था।

सुदास से लड़ने के लिए आए दसवें या ग्यारहवें व्यक्ति ने अपने हाथ में बेकार धातु की आधी-टूटी हुई तलवार लेकर सुदास को झाँसा देने और एक ओर कूदकर उसके वार से बचने का प्रयास किया। सुदास मात्र पीछे हटा और उस व्यक्ति के पास आने की प्रतीक्षा करने लगा। उसने पीछे खड़े प्रतीक्षा कर रहे अपने साथियों को देखा, जो अपनी-अपनी बारी का इंतज़ार कर रहे थे। सुदास ने यह बात भाँप ली : वह सैनिक लौट नहीं सकता था अन्यथा उसे सदैव डरपोक कहा जाएगा। वह व्यक्ति मुड़ा और दौड़ता हुआ सीधा सुदास की तरफ़ आया। सुदास को मात्र

अपनी तलवार आगे करनी थी। वह व्यक्ति स्वयं अपनी हत्या करवा बैठा।

दर्रे के प्रवेश-द्वार पर लगभग चालीस लोग मृत पड़े थे। ऐसे में अनु को लगा कि भीतर कुछ गड़बड़ है। उस तक अवश्य ही यह समाचार पहुँचा होगा।

इसके बाद, अनु अपने लोगों को एक तरफ़ हटाकर स्वयं यह देखने के लिए आगे आया कि क्या सचमुच वह अफ़वाह सही थी।

'लौह?' वह सुदास पर चिल्लाया, 'क्या तुम्हारा ओझा मेरे सैनिकों को अपने बचकाने माया-जाल से भ्रमित करना चाहता है? कोई भी व्यक्ति लौह को उपयोज्य शस्त्रों में नहीं ढाल सकता। यदि ऐसा हो भी जाए तो भी ऐसे शस्त्र युद्ध में बेकार सिद्ध होते हैं।'

एक अन्य वीर सैनिक, जो अपनी तलवार उठाकर सुदास की ओर यह सोचकर दौड़ा कि ऐसा करने से उसके अपने शस्त्रों की निरर्थकता की क्षतिपूर्ति हो जाएगी, को मारने के बाद सुदास ज़ोर से हँसा। 'यह तथ्य इस व्यक्ति को समझाओ, अनु। और इन सभी अन्य लोगों को भी।'

सुदास ने देखा कि अथर्व की पीठ शत्रु की ओर थी और तभी एक अन्य सैनिक अथर्व पर पीछे से वार करने वाला था। सुदास आगे बढ़ा और उसने उस दूसरे अनु योद्धा पर तिरछा वार किया जिससे उस सैनिक का तलवारधारी हाथ, उसकी हँसली और उसका आधा धड़ कट कर गिर गया। वह व्यक्ति नीचे गिरा और उसके कटे तन से रक्त की धारा फूट पड़ी जिसके छींटे उसके राजा के जूते पर पड़े। अनु अपने सैनिक के कटे हुए शव को देखने लगा और तब सुदास ने कहा, 'लौह-तलवार से काटे जाने के बाद व्यक्ति ऐसा दिखलाई देता है। अब तुम इसे समझाओ कि लौह-निर्मित शस्त्र युद्ध में बेकार सिद्ध होते हैं।'

सुदास ने अपनी तलवार ऊपर उठाई; ऐसा करते समय उसकी बाँह में दर्द हो रहा था। धातु का भार बहुत अधिक था और सुदास को अभी इतना भार उठाने की आदत नहीं थी। 'अन्यथा, इससे भी बेहतर है कि तुम स्वयं यहाँ आकर इसकी जाँच कर लो।'

अनु भय और आश्चर्य से सुदास को देखने लगा। 'कैसे?' उसने पूछा, 'तुमने यह शस्त्र तैयार कैसे किए? मैंने आज तक किसी तृत्सु को इनका उपयोग करते नहीं सुना!'

सुदास ने कंधे उचकाए, 'तृत्सु ही क्यों? मेरी समझ से पूरे संसार में किसी ने इनका प्रयोग नहीं किया। लौह-तलवार बनाने वाले हम प्रथम लोग हैं। और तुम्हारे ये दयालु सैनिक, अनु, इनसे मरने वाले पहले लोग हैं। जहाँ तक तलवारों का प्रश्न है, ये हमारे संरक्षक इंद्र देव ने स्वयं दी हैं।'

यह सुनकर मानो अनु का खून सूख गया। उसके आस-पास के सैनिक स्तब्ध रह गए और तुरंत एक-दूसरे को देखकर अंधविश्वास की बातें करने लगे। देवताओं के शस्त्र होने वाला विचार प्रभावशाली था और भारतवंशी मिथक का हिस्सा भी था। वास्तव में, अनेक लोग मानते थे कि लौह-अस्त्र देवताओं के दिव्यास्त्र होते हैं और उनकी यह भी मान्यता थी कि मनुष्यों के लिए उन अस्त्रों का प्रयोग वर्जित था।

अथर्व आगे बढ़ा और अपनी तलवार ऊपर उठाई। वह स्वयं तथा उसका अस्त्र, दर्जनों शत्रुओं के शवों के रक्त से रंजित थे और ज्वरग्रस्त अवस्था में वह सभ्य तृत्सु भारत क्षत्रिय की अपेक्षा किसी प्राचीन मिथक कथा का असुर लग रहा था। *'आज युद्ध में तृत्सुओं का साथ स्वयं इंद्र दे रहे हैं। आओ और उनकी लौह-तलवार की धार का मज़ा चखो, अनु! आओ!'*

12

सुदास के इर्द-गिर्द एक के ऊपर एक चार तहों में शव बिखरे पड़े थे। उनके स्थान पर आने वाली सैन्य-टुकड़ियों को तीन तृत्सुओं तक पहुँचने के लिए अपने साथियों के शवों को पार करना पड़ रहा था। अनु द्वारा एक भी शब्द या टिप्पणी तक नहीं की जा रही थी। फिर भी वे दल के बाद दल बनाकर आते चले गए और सुदास, बोलन तथा अथर्व की निरंतर वार करती लौह-तलवारों के शिकार होते चले गए।

राजा अनु पीछे हट गया था किंतु वह अब भी बीच मार्ग में खड़ा देख रहा था। सुदास ने देखा कि अनु की दृष्टि उसी पर टिकी हुई थी; वह एक के बाद एक दर्रे के भीतर प्रवेश करते सैनिकों की सुदास के हाथों हत्या होते देख रहा था।

अथर्व अब गिरने को था। वह युवा तृत्सु ठीक से अपनी तलवार भी नहीं थाम पा रहा था। तलवार को दोनों हाथों से पकड़े, अथर्व अपने शत्रु पर वार करने के लिए अपना पूरा शरीर हिला रहा था। उसकी क्षीण होती शक्ति व सामर्थ्य के कारण ही उसके तन पर अनेक घाव भी हो गए थे। सुदास ने उसे धीरे से कहा कि यदि वह चाहे तो युद्ध करना छोड़ सकता है, किंतु अथर्व ने, बिना सुदास की ओर देखे, ज़ोर से अपना सिर हिलाकर मना कर दिया और युद्ध जारी रखा।

युद्ध के बीच अल्प-विराम के दौरान, सुदास ने दर्रे की चट्टान के ऊपर से दिखलाई पड़ रहे आकाश के टुकड़े पर दृष्टि डाली। रोशनी अभी बाकि थी और वह मँडराते बादलों के बीच से नीले आकाश की चिकतियाँ देख पा रहा था। उत्तुंग के ऊपरी हिस्से पर प्रकाश था।

सुदास ने मन ही मन प्रार्थना की कि तूफ़ान के विषय में गुरु वशिष्ठ का अनुमान सही हो। उसकी रण-नीति के लिए ऐसा होना अति आवश्यक था। तूफ़ान के बिना, विश्व की समस्त लौह-तलवारें भी उन्हें नहीं बचा सकती थीं।

उसके हाथों में इतना दर्द हो रहा था कि वह हाथ की प्रत्येक माँस-पेशी की प्रत्येक नस को महसूस कर पा रहा था और यह भी बता सकता था कि वह हड्डी में किस स्थान पर जुड़ी हुई है। जब उसने हाथ नीचे करके उन्हें देखा तो हाथों पर रक्त, माँस-मज्जा की पर्त जमी होने के बावजूद उसकी नसों और पेशियों को स्पष्ट रूप से बहुत आराम मिल रहा था। पिजवान इसे *युद्ध का कूड़ा कहता था।*

वह जानता था कि अब उसे अपने स्थान पर किसी नए और युवा तृत्सु को भेज देना चाहिए।

यद्यपि, वह यह भी समझ रहा था कि हाथ में इंद्र की लौह-तलवार थामे और तृत्सुओं का राजा होने के नाते, उसकी कथा तत्काल एक दंतकथा बन चुकी थी। सुदास ने देखा कि अनु योद्धाओं का प्रत्येक दल उसकी ओर आते समय भय और विस्मय से देख रहा था मानो वह किसी देवता के अंश या अवतार, या उससे भी बुरा, किसी मिथकीय असुर का सामना कर रहे थे। एक प्रकार से, वे दोनों समान थे क्योंकि उनके अलग होने से पूर्व सुर और असुर एक ही जाति के थे। बाद में, सुरों को देव या भगवान कहा जाने लगा और असुरों को - जो वास्तव में, सुर के विरोधी थे - आसुरी दैत्य माना जाने लगा। वह आज के दशराजन् युद्ध जैसा ही था।

सुदास और उसके तृत्सु साथी कौन थे? देव अथवा असुर? क्या उनके युद्ध में भी कोई अंतर था? युद्ध के कूड़े में भीग जाने के बाद क्या सभी मनुष्य दैत्य नहीं बन जाते? किसी भी युद्ध से लौटने के बाद क्या पिजवान सदैव ऐसा नहीं कहता था कि वह पुनः मानव जीवन जीने के लिए तैयार था!

सहसा अथर्व चिल्लाया।

सुदास एक साथ दो अनु योद्धाओं से जूझ रहा था - यह अनु द्वारा भीतर घुसने हेतु किए गए अनेक निराशाजनक प्रयासों में से एक था। वह मुड़कर यह भी नहीं देख सकता था कि वहाँ क्या हो रहा था, किंतु अपने पीछे से आ रही आवाज़ों से उसे पता लग गया था कि अथर्व बुरी तरह घायल हो गया था।

'उच्छास!' सुदास ने चिल्लाकर कहा। एक अनु सैनिक कूदकर सुदास की बाईं ओर आने का प्रयास कर रहा था ताकि दूसरे सैनिक को सुदास पर दाहिनी ओर से वार करने का अवसर मिल जाए। सुदास ने बाईं की जगह दाहिनी ओर वार किया और वह दुर्भाग्यशाली सैनिक मारा गया। फिर सुदास पीछे हटा और दूसरे अनु सैनिक की अपनी तरफ़ आने की प्रतीक्षा करने लगा।

'मैं यहीं हूँ राजन्।' पीछे से उच्छास्रवा की आवाज़ आई और साथ ही एक भारी-सा स्वर सुनाई दिया जो उसके द्वारा अपना अस्त्र बाहर निकालकर शत्रु पर वार करने के कारण उत्पन्न हुआ था।

सुदास ने दूसरे सैनिक को मार डाला और फिर उसने अथर्व के स्थान पर उच्छास को देखा। उसने अपने पीछे हुई गतिविधि को भाँप लिया और पीछे मुड़कर देखा तो पाया अलेन व दहा अथर्व को उठाकर दर्रे के भीतर ले जा रहे थे। 'मारा गया?' सुदास ने संक्षेप में पूछा।

'हाँ,' उच्छास ने उत्तर दिया, 'आपको अब आराम करना चाहिए, राजन्। आप बिना रुके निरतंर आधे घंटे से लड़ रहे हैं।'

बस इतनी ही देर हुई थी? सुदास को तो दिन-भर से लड़ने का एहसास हो रहा था!

'मैं प्रतीक्षा कर रहा हूँ...' सुदास बोला और फिर रुक गया। बाहर से एकसाथ बहुत लोगों के चिल्लाने की आवाज़ आई। उसने देखा कि अनु झुककर मार्ग पर दौड़ता हुआ पीछे भाग रहा था। उसके सैनिक

इंद्र की तलवार द्वारा मारे जाने के लिए अपनी बारी की प्रतीक्षा में अनिश्चितता से इधर-उधर भाग रहे थे और उन्हें समझ नहीं आ रहा था कि वह अपना ध्यान किस ओर ले जाएँ।

'...उसकी,' सुदास ने अपनी बात पूरी की। उसने अपने सिर को झटका दिया, 'चलो, अश्वों पर सवार होकर आक्रमण कर दो। सभी लौह-तलवार ले लो। कोई रुकेगा नहीं, कोई दया नहीं। सबको कह दो कि तिरछा वार करें, शत्रु की तलवार पर वार करते हुए उनके शरीर को काट डालो। नीचे की ओर तलवार चलाने से इसे उठाना कठिन हो जाता है।'

'यह तो बहुत भारी है,' उच्छास बड़बड़ाया। सुदास ने अपने इस युवा उपसेनापति को पहली बार जीवन में शिकायत करते सुना था।

सुदास ने अपने थके हुए हाथ से उसका कंधा थपथपाया और कहा, 'इसकी आदत डाल लो। एक दिन आएगा जब सभी युद्ध लौह के साथ ही लड़े जाएँगे।'

अनु की चाल से सतर्क, वे लोग कुछ ही क्षण बाद वहाँ से निकल गए। यद्यपि, सुदास जानता था कि अनु का जो रूप उसने उसकी आँखों में देखा था वह छलपूर्ण नहीं था - यह अनु की सहज प्रतिक्रिया थी कि वह पीछे लौटकर अपनी सेना में हो रहे शोरगुल की जाँच करने गया था।

उसका कारण अब पता लगा।

अनु सैनिकों पर पीछे से हमला हो रहा था। लगभग तीन सौ घुड़सवार अनु पक्ष के साथ भीषण युद्ध कर रहे थे। यद्यपि, संख्या में वह कम थे, किंतु उन्होंने शत्रुओं को अचानक आकर चकित कर दिया था। और उनके पास लौह-अस्त्र भी थे।

अंबरीष तथा अपने अन्य साथियों को हाथ में अपने जैसे खुरदुरे लौह-अस्त्र लेकर युद्ध करते देख सुदास गंभीरता से मुस्कुराया। उसकी मुस्कान यह देखकर और गंभीर हो गई कि वह अस्त्र कितनी सरलता से अनु सैनिकों के टिन कवच और ताँबे की तलवारों को काट रहे थे।

सूर्य की तिरछी किरणों के प्रकाश में रक्त छितर रहा था और उस रोशनी में रक्त के फव्वारे और बूँदें मणि की भांति चमक रही थीं। लौह अस्त्रों के प्रहार से शत्रु के कवच टूट रहे थे, तलवारें कट रही थीं और सिर चकनाचूर हो रहे थे।

यहाँ तक कि अनु के अश्व घबरा गए थे और अपने सवारों के भयभीत होने से वह भी बिदककर हिनहिना रहे और दुल्लत्तियाँ मार रहे थे।

तभी युद्ध के बीच में अनु का स्वर गूँजा; वह अपने सैनिकों से युद्ध जारी रखने के लिए कह रहा था। सुदास जानता था कि वह अनु ही था जिसने अपने सैनिकों को युद्ध में रोक रखा था। सुदास की तलवार से मारे गए सैनिकों के मन में जिस अंधविश्वास से ग्रस्त विस्मय का प्रभाव उसने देखा था, वह विस्मय अब प्रत्येक अनु योद्धा में दिखलाई पड़ रहा था। वह घृणा-युक्त भय का भाव था। ऐसे लोगों से और क्या अपेक्षा की जा सकती थी जो यह सोच रहे थे कि उनके अपने वंश के देवता ने उनके विरोधियों को इन दिव्यास्त्रों के साथ अपना आशीर्वाद दिया है?

सुदास ने अपनी तलवार उठाकर अपने सैनिकों से कहा, 'कोई रुकेगा नहीं, कोई पीछे नहीं लौटेगा!' उसका स्वर अनु के स्वर के समान भीषण था।

अपने पैरों को सटाकर सुदास ने ज्यों ही सरयू को आगे बढ़ने का संकेत किया, तो पाया कि अनु उसी की ओर देख रहा था। उसकी आँखें विस्मय से फैल गई थीं और उसकी पुतलियाँ आँखों की सफ़ेदी में छोटे बिंदु-सी दिख रही थीं।

वह बुरी तरह भयभीत है। उसे समझ नहीं आ रहा कि यह सब कैसे हो गया।

सुदास ने भारतवंश का राष्ट्रीय नारा लगाते हुए अनु सैन्य-दल पर पीछे से हमला बोल दिया। इसका आंशिक उद्देश्य शत्रु को सतर्क करना था ताकि वे लोग उसकी सेना की ओर मुँह घुमा लें। चूंकि सभी अनु सैनिकों ने पीछे से हुए ताज़ा आक्रमण से विस्मित होकर अपना मुँह

दूसरी ओर कर लिया था, अतः सुदास की अपने शत्रु पर पीछे से वार करने की कोई इच्छा नहीं थी।

अनु ऐसा सोच रहे थे कि सभी तृत्सु मेरे साथ हैं। उन्होंने यह अपेक्षा नहीं की थी कि हम संख्या में इतने कम होने पर भी विभाजित हो जाएँगे। वे यह भी नहीं जान सके कि ऐसा हमने कब और कहाँ किया।

वह मन ही मन फिर मुस्कुराया। अपनी लघु सेना को विभाजित करना दाँव खेलने जैसा था जो आरंभ में पागलपन लग रहा था। परंतु युद्ध की नीतियों के मामले में गुरु वशिष्ठ उससे कहीं अधिक समझदार और अनुभवी थे। वही पागलपन भरा दाँव अब, सैन्य-प्रतिभा का प्रेरणा से भरा प्रहार प्रतीत हो रहा था।

सुदास परनि, कुरुक, रवि, वेद और अस्स्यर को भीषण युद्ध करते देख रहा था। वे थके हुए थे किंतु युद्ध के लिए आतुर दिख रहे थे। उनके साथ लड़ रहे अन्य तीन हज़ार योद्धा भी उतने ही तत्पर थे। यह पहले ही हो जाना चाहिए था। उसे लगा कि गुरु वशिष्ठ उन्हें युद्ध समाप्त होने तक व्यस्त रखेंगे और जब तक तृत्सु योद्धा शेष रहेंगे, तब तक युद्ध कैसे समाप्त हो जाएगा? गुरु वशिष्ठ को सदैव पता होता है कि वह क्या कर रहे हैं। सुदास को कभी उनपर शंका नहीं हुई और न ही कभी उसके कारण गुरु को नीचा देखना पड़ा था। उन दोनों के बीच यही अनुबंध था।

एक ओर तीन सौ और दूसरी तरफ़ दो सौ तृत्सु तथा उनके बीच में अब भी लगभग नौ सौ अनु योद्धा शेष थे। यह असमान अनुपात था।

यद्यपि, लौह ने उन्हें एक समान कर दिया था। और बाद में, बेहतर!

सुदास अपनी लौह-तलवार घुमाते हुए अनु सेना की छाती भेदकर सहजता से माँस-मज्जा काटता हुआ बढ़ रहा था और चिल्ला रहा था, 'भारत-वंश!'

13

अनु पंक्ति तोड़कर भागा।

वह कोई संगठित रूप से पीछे नहीं लौटा था क्योंकि वह तो स्वयं अपने सैनिकों से रुको! रुको! कह रहा था।

लेकिन वे सैनिक ऐसे अस्त्रों के समक्ष कितने देर टिक पाते जो उनके कवच को भेद रहे थे तथा उनकी तलवारों को लकड़ी की छड़ों की तरह काट रहे थे?

सैनिकों का जाना तब आरंभ हुआ जब वे सुदास को अपनी रक्तरंजित और माँस-मज्जा से रंगी तलवार घुमाते हुए एवं अपनी ओर आता देख भयभीत हो गए। वे मुड़े और परुष्णि की दिशा में भागकर अपनी मुख्य सेना के निकट जाने लगे। अन्य सैनिकों को और अधिक उकसाने की आवश्यकता नहीं थी; वे तो मात्र अपने भागते हुए साथियों के पीछे-पीछे हो लिए।

कुछ ही क्षणों में, समस्त अनु सेना टुकड़ों में बँट गई और उनमें से अधिकतर उन भयानक दिव्यास्त्रों तथा इंद्र की तलवार से डरकर युद्ध का मैदान छोड़कर भाग खड़े हुए। आने वाले अनेक दशकों, या हो सकता है कई शताब्दियों तक, यह कथा दादा द्वारा अपने पोतों को सुनाई जाएगी कि कैसे इंद्र ने अपना निजी अस्त्र, तृत्सुओं के राजा सुदास को दिया था। यहाँ तक कि बाद में, उस ऐतिहासिक दिन घटी महान घटनाएँ भी लौह-तलवार के अनु-पक्ष की मनःस्थिति पर हुए प्रभाव को कम नहीं कर पाईं।

अनु स्वयं अपने भगोड़े सैनिकों पर चिल्लाता रहा।

सहसा उसे लगा कि वह घेरकर पकड़ा जा सकता था अथवा उसके साथ उससे भी बुरा कुछ हो सकता था। अतः उसने सम्मानजनक एवं औपचारिक रूप से पीछे हटने का प्रयास किया।

'अनु! मेरे साथ आओ,' अपनी तलवार उठाकर उसने कृतध्वज पकड़े सैनिक को अपने पीछे आने के लिए कहा। वह ध्वज-धारक दोनों पक्षों के अश्वारोहियों की पंक्तियों से अलग खड़ा हुआ था। सुदास ने ध्वज फहराते हुए उस धारक को युद्ध-क्षेत्र से भागने का प्रयास करते देख लिया।

सुदास ने ज़ोर से अंबरीष को कहा, 'उसे रोको!' ऐसा कहकर सुदास ने अपनी तलवार से ध्वज की ओर संकेत किया। अंबरीष ने अपनी रक्तरंजित तलवार उठाकर बता दिया कि वह बात समझ गया था और फिर भाग रहे शत्रु एवं नदी के बीच मौजूद तृत्सुओं को ज़ोर से आवाज़ लगाता हुआ अनु के पीछे दौड़ा। इस ओर से, सुदास का संदेश मिलते ही साल्व और द्रह्यु दाईं दिशा से भागते हुए अनु को बीच में रोकने के लिए सैन्य-टुकड़ी लेकर आगे बढ़े।

थोड़ी देर में, सुदास उस तक पहुँच गया। अब अनु अपने लगभग सौ सबसे निकट लोगों के साथ तृत्सुओं के जाल में फँस चुका था। शेष सैनिक एक बार में बीस का दल बनाकर धीरे-धीरे परुष्णि की ओर बढ़ रहे थे और उनमें से एक ने भी पीछे मुड़कर यह देखने का प्रयास नहीं किया कि उनका राजा उनके पीछे आ रहा था अथवा नहीं।

'अनु,' सुदास के ऐसा कहते ही सरयू हिनहिनाई और उस स्थान की ओर बढ़ने लगी जहाँ पर अंबरीष व उच्छास्रवा ने अनु को घेरा हुआ था।

सरयू के निकट आने पर अनु का अश्व पीछे हो गया और घोड़ी की गंध पाते ही अपने दाँत दिखाने लगा। वह युद्ध प्रवृत्ति का शानदार भोज अश्व था जिसे अनु ने इस प्रकार प्रशिक्षण दिया था कि वह नगर से

गुज़रते समय अपने सामने आने वाले किसी भी पैदल व्यक्ति को टक्कर मारकर निकल जाता था। सुदास ने अनेक बार यह शिकायतें सुनी थीं कि अनु ने सिर्फ़ इतनी सी बात पर पुरुषों, स्त्रियों, बच्चों, वृद्धों और कुछ अवसरों पर, ब्राह्मणों तक को अपने अश्व से चोट पहुँचाई थी कि नगर से गुज़रते समय वे लोग उसके मार्ग में आ जाते थे।

सुदास ने सरयू की सुरक्षा को ध्यान में रखते हुए उसे पीछे खींच लिया। वह स्वयं योद्धा थी किंतु सुदास अनु के अश्व को यह मौका नहीं देना चाहता था कि वह सरयू को शरीर पर काट ले और फिर उसे अपने सिर से चोट पहुँचाए। सुदास की अभिलाषा आज अपने अश्वों और कुत्तों सहित सभी को सुरक्षित घर वापस ले जाने की थी।

'धोखेबाज़!' अनु चिल्लाया। उसका चेहरा दुर्बल क्रोध से लाल हो रहा था।

'धोखेबाज़?' सुदास ने हँसते हुए कहा, 'यह शब्द तुम पर लागू होता है, अनु। तुमने भारतवर्ष के शत्रुओं के साथ मिलकर देश के साथ धोखा किया है। तुमने आख़िर उनसे सैन्य-सहायता ली कैसे? उसने फिर नदी की ओर संकेत करते हुए अपने सिर को झटका दिया। 'पुरु और भृगु के साथ तुम्हारे मतभेद के बावजूद तुम उनसे सहायता लेते तो भी मैं समझ पाता। परंतु दस्यु? मत्स्य? परसु और पनि? ये लोग निकृष्ट कोटि के म्लेच्छ हैं, अनु। उनकी इच्छा मात्र इस भूमि का शोषण करने और इससे प्राप्त पुरस्कार में से लाभ अर्जित करने की है।'

अनु ने अपने हाथ के पिछले भाग से अपना मुँह पोंछा जिससे वहाँ लगा रक्त का धब्बा साफ़ होने के बजाय और फैल गया। 'सुदास, हम सभी भूमि से लाभ अर्जित करना चाहते हैं, तुम भी तो यही चाहते हो। ज़्यादा घमंडी और महान मत बनो!'

'नहीं, मेरे भारतवंशी भाई। मैं निर्माण चाहता हूँ। बढ़ना चाहता हूँ। विकास चाहता हूँ। और ऐसा करने में तुम अब भी मेरी सहायता कर सकते हो बशर्ते तुम समपर्ण कर दो और इस मूर्खतापूर्ण युद्ध को

समाप्त कर दो! मैं अब भी तुम्हारी भूलों के लिए तुम्हें क्षमा करके भारतवंश के कबीलों को एकजुट करने की इच्छा रखता हूँ। विदेशी लोग भी हमारे मित्र, यहाँ तक कि हमारे व्यापारिक सहयोगी बन सकते हैं और कुछ नियमों व शर्तों का पालन करने पर लाभ भी कमा सकते हैं। यदि तुम्हारा लक्ष्य संपत्ति है तो वह तुम्हें बाद में मिल सकती है, किंतु इस कीमत पर नहीं! भारत वंशी के विरुद्ध भारत वंशी? यह क्या पागलपन है! कितनी बर्बादी!'

अनु ने सुदास पर आरोप लगाते हुए कहा, 'तुम समर्पण के लिए मेरे सामने शर्तें रख रहे हो? सुदास, तुम अपने आपको क्या समझते हो? स्वयं इंद्र की संतान? क्या तुमने मेरी सेना का आकार नहीं देखा? नदी के ऊपर और पड़ोसी क्षेत्रों में की गई क़िलेबंदी? युद्ध के कौशल में मेरी सेना की क्षमता? हमने परुष्णि को रोक दिया है। हम नदियों को नियंत्रित करने की ताक़त रखते हैं! तुम सुन रहे हो, सुदास? हम नदियों को नियंत्रित करते हैं!'

सुदास ने करुणामय ढंग से अपनी गर्दन हिलाई। 'नदियों को नियंत्रित करने की कोई आवश्यकता नहीं है। पाँच नदियों वाली यह भूमि पर्याप्त रूप से उदार है।'

अनु ने विस्मित भाव से सुदास को देखा।

'इसीलिए तुम्हारे पास गिनती के योद्धा हैं और मेरे पास उससे दस गुना अधिक - इसके अतिरिक्त बहुत कुछ!' अनु ने कहा, 'क्योंकि तुम्हारी कोई अभिलाषा नहीं है, सुदास! क्या तुम्हें पता नहीं कि नदी पर जिसका नियंत्रण है, वही पृथ्वी को नियंत्रित करता है। हमें अब कोई देवता दिखाई नहीं देता। अब हम ही देवता हैं!'

सुदास ने अपनी लौह-तलवार क़मरबंद में से बाहर खींच ली और उसे उठाकर अनु को दिखाया। 'फिर भी, मनुष्यों की भांति हमारा रक्त बहता है और उन्हीं की तरह हम मरते हैं। अपनी अकड़ को अभिलाषा का नाम मत दो, अनु। अब भी समय है। अपने बंधुओं के विरुद्ध इस

पागलपन भरी लड़ाई को रोक दो। इस युद्ध को यहीं समाप्त कर दो और एक भाई की तरह मुझसे हाथ मिला लो। मैं तुम्हारे या तुम्हारे साथियों के विरुद्ध द्वेषपूर्ण व्यवहार नहीं रखूँगा। तुम्हें कोई दंड नहीं भोगना पड़ेगा। अपने अस्त्र नीचे डाल दो और अपनी सेना को वापस बुला लो। ऐसा अभी सूर्यास्त से पहले कर लो, और फिर हम लोग लौटकर मेरे सभा-गृह में कल प्रातः सूर्योदय तक साथ में बैठकर सोमपान करेंगे। बोलो, क्या कहते हो?'

अनु सुदास पर हँस दिया। 'तुम मूर्ख हो, सुदास! एक जनता को चाहने वाला मूर्ख! क्या तुम्हें अब तक बात समझ में नहीं आई? संसार में सिर्फ़ एक ही व्यक्ति है, जो महत्त्वपूर्ण है, और वह तुम स्वयं हो। दूसरों के लिए किया गया कोई भी कार्य अंत में व्यर्थ सिद्ध होता है। कोई व्यक्ति मात्र अपने संतोष के लिए कार्य करता है और उसके बदले में पुरस्कार पाता है। यही संसार का नियम है।'

सुदास ने तलवार को म्यान में पुनः डालने से पूर्व उसे देखा। 'तो तुम समर्पण नहीं करोगे?'

अनु इस बात पर फिर हँसा। 'तुम पागल हो। समर्पण की भिक्षा तो तुम्हें मुझसे माँगनी चाहिए। लेकिन मैं अब तुम्हारा समर्पण भी स्वीकार नहीं करूँगा क्योंकि तुमने अनु जाति का बहुत रक्त बहाया है। यह क्षमा के योग्य नहीं है।'

'वह आत्म-रक्षा में किया गया था,' सुदास ने दुखित स्वर में कहा, 'हमने एक बार भी तुम्हारे ऊपर आक्रमण नहीं किया। जब तुमने हमारे ऊपर हमला किया, तभी हमने अपनी तलवारें उठाईं।'

अनु ने सुदास की बात को खारिज करते हुए हाथ हिलाया और कहा, 'तुम दोषी हो और मैं तुम्हारी निंदा करता हूँ। कल प्रातः सूर्योदय से पूर्व, तुम्हारा प्रत्येक व्यक्ति यहाँ मारा जाएगा। हम तुम्हें खोज लेंगे और मार डालेंगे चाहे इसके लिए हमें अपने सभी संसाधन क्यों न प्रयोग करने पड़ें। अब तुम्हारे जीवित बचने की कोई उम्मीद नहीं है।'

सुदास ने कंधे उचकाए। 'हम इतनी देर से जीवित हैं जबकि तुमने अपने सर्वश्रेष्ठ और सबसे बहादुर योद्धा हमारे पास लड़ने भेजे थे।'

अनु ने अपनी मुट्ठी इतनी ज़ोर से भींची कि उसकी अंगुलियों की गाँठें सफ़ेद हो गईं। 'मेरे पास अभी और योद्धा हैं। बेहतर। अधिक बहादुर। और भी बहुत कुछ है। अब मुझे और मेरे योद्धाओं को जाने दो अथवा साहस है, तो हमें मारो। मैं तुमसे और अधिक बात नहीं करना चाहता, तृत्सु!'

सुदास ने अपने उपसेनापतियों को संकेत किया। वे लोग एक तरफ़ हट गए और उन्होंने अनु तथा उसके सैनिकों को निकल जाने दिया।

'आपने उन्हें जाने क्यों दिया, राजन्?' अंबरीष ने रुष्ट स्वर में पूछा, 'हम इसे अभी और यहीं समाप्त कर सकते थे! हमें मात्र अनु को ख़त्म करना था।'

सुदास ने सहानुभूतिपूर्वक अंबरीष की ओर देखा और कहा, 'और हम अपने धर्म के विरुद्ध कार्य करते? नहीं। इससे सिर्फ़ यह होता कि अन्य नौ राजागण अनु की समस्त संपत्ति को परस्पर बाँट लेते और फिर हमारे विरुद्ध हो जाते। जब तक अनु इस युद्ध का नेतृत्व कर रहा है, मैं उसकी चालों और नीतियों को समझ सकता हूँ। उसी पर मेरी प्रतिक्रिया निर्भर करती है।'

सुदास ने नदी की ओर संकेत किया। 'इसके अतिरिक्त शत्रु पहले से वचनबद्ध है। अनु के समर्पण अथवा उसकी मृत्यु से प्रभावित होकर वह वापस नहीं लौटेंगे। अनु की सहायता से अथवा उसके बिना भी, उनका उद्देश्य तृत्सु राज्य पर कब्ज़ा करना है।'

सुदास की बात में सार था। उसे सुनकर अंबरीष शांत हो गया।

सुदास ने अपना स्वर ऊँचा कर लिया ताकि उसके उपसेनापति और अन्य सभी सैनिक उसकी बात सुन सकें। उनका दल अब भी छोटा था। 'हम अंत तक लड़ेंगे, भाइयों। यदि वे यह युद्ध समाप्त नहीं कर पाए तो फिर हम करेंगे।'

14

'सुदास शिखर की तलहटी तक पहुँचा और फिर उसने सरयू को मोड़ लिया। उसने फुफकारकर अपने नथुनों से पर्वत के मार्ग की धूल हटाई और दौड़ने से पूर्व अपने आगे वाले पैरों से ज़मीन पर थपकी दी। अंबरीष, उच्छास, बोलन और अन्य लोगों ने भी अपने-अपने अश्व घुमा लिए और कुश-सागर के पार नदी की ओर देखने लगे। उत्तर में पर्वत श्रृंखला की घाटी तक घिरा पाँच नदियों वाला वह विशाल मैदानी क्षेत्र वहाँ से देखने पर एक महान एवं मनोरम परिदृश्य लगता था। दक्षिण और पश्चिम दिशा में भी वे कई योजन दूर तक देख सकते थे। ढलते हुए सूर्य की रोशनी के कारण उस परिदृश्य पर लंबी-लंबी परछाइयाँ बन रही थीं; इससे वह स्थान किसी बालक के खेल के मैदान जैसा प्रतीत हो रहा था जिसमें मिट्‌टी से बने सैनिक तथा अन्य आकृतियाँ झूठ-मूठ की लड़ाई लड़ रहे थे।

उनके सामने मौजूद रण-भूमि नीचे की अपेक्षा ऊपर से अधिक स्पष्ट दिखलाई दे रही थी। यही देखने के लिए सुदास अपने उपसेनापतियों को मनोरंजन के लिए यहाँ लेकर आया था।

'अनु नदी पार वापस लौट गए हैं,' परुष्णि के पार सुदूर तट पर एकजुट हुए टिन-कवचधारी घुड़सवारों की ओर इशारा करते हुए दहा ने कहा।

'अपने घावों को चाट रहे हैं और रोते हुए अपनी माँ को पुकार रहे हैं,' कुरुक ने तिरस्कारपूर्ण ढंग से कहा।

इतनी दूरी से भी सुदास देख पा रहा था कि अनेक अश्वारोही अपने कवच उतारकर घास में लेटे हुए थे और अन्य लोग वहीं खड़े होकर क्रुद्ध स्थिति में इशारे और बातें कर रहे थे। 'ये लोग फ़िलहाल युद्ध से बाहर हो गए हैं,' सुदास ने कहा।

सुदास के योद्धाओं में खुशी की लहर उठी। वह भी प्रसन्नता से मुस्कुराया फिर उन्हें सतर्क करते हुए बोला, 'लेकिन वे बदला लेने के लिए पुनः लौटेंगे। तुम लोग अनु कबीले को जानते ही हो।'

प्रसन्नता की लहर ठंडी पड़ गई। वह सत्य कह रहा था। अनु कबीला अपने अपमान अथवा संभावित अपमान का बदला लिए बिना नहीं रहता था। आज की दोहरी मार से उनके आत्म-सम्मान एवं प्रतिष्ठा पर भारी आघात हुआ था। वे लोग तृत्सुओं के शरीर को तलवार से भेदने का कोई अवसर जाने नहीं देंगे।

'देखिए राजन्, वे लोग हाथियों को इस पार ला रहे हैं,' वेद ने बताया। वह युवक इंद्राणी से आयु में कुछ ही वर्ष बड़ा था और उसका चेहरा उसके यौवन की पुष्टि कर रहा था। फिर भी वह एक चालाक और फुर्तीला योद्धा था। सुदास का मानना था कि केश बाद में आ जाते हैं, शरीर बाद में गठ जाता है और कौशल भी समय से विकसित हो जाता है, किंतु एक योद्धा के मूलभूत गुण या तो बचपन में दिखलाई दे जाते हैं अन्यथा कभी नहीं। वेद युवा सेनापति बनने की तैयारी में था। अब उसकी भँवे तन गईं, 'वे लोग क्या करने का प्रयास कर रहे हैं? वे इन्हें कुश के पार क्यों ला रहे हैं?'

वेद जिस ओर इशारा कर रहा था, सुदास ने उस ओर देखा। लहलहाते कुश के मैदान में वे विशाल जीव, इधर से उधर अपनी सूँड़ हिलाते और पूँछ झटकते हुए विचर रहे थे। प्रत्येक हाथी एक-दूसरे से लगभग दस गज़ की दूरी पर था; स्पष्ट रूप से वे सुनियोजित तरीक़े से चल रहे थे। 'वह यह तसल्ली कर रहे हैं कि घास में हमारे और धनुषधारी तो नहीं छिपे बैठे। मुझे लगता है कि वे इन हाथियों को घास

में तब तक घुमाते रहेंगे जब तक हम पराजित नहीं हो जाते।'

'तो फिर, क्या अब हम वह युक्ति प्रयोग नहीं कर सकते, राजन् जो आपने पहले प्रयोग की थी?' अस्स्यर ने निराश होकर पूछा। चमकती नीली आँखों वाला वह व्यक्ति, बचपन में व्यापारियों के एक दल के साथ उनके नगर में आया था। एक व्यापार-संबंधी झगड़े में, भारतवंशियों - विशेषकर अनु के व्यापारियों - द्वारा उसके माता-पिता की हत्या के बाद सुदास ने यह घोषणा की थी कि वह बालक अपनी इच्छानुसार, जब तक चाहे, तृत्सुओं की शरण में रह सकेगा। तीन दशक बाद तक, अस्स्यर वहीं रहता रहा और अब वह स्वयं को गर्व से तृत्सु मानता था।

'तुम्हें किसी अन्य दिन अवसर मिलेगा, अस्स्यर,' सुदास ने कहा, 'जब तक अनु जैसे लोग रहेंगे, युद्ध और कूटनीतियों की आवश्यकता पड़ती ही रहेगी।'

अपनी नीली आँखों को झपकते हुए, अस्स्यर ने हामी भर दी।

इस बीच नदी के पार, सैन्य-गतिविधियों की गति और तीव्रता में वृद्धि हो गई थी। सुदास ने देखा कि सैन्य-दल लगातार एक के बाद एक पुल पार कर रहे थे - जिनमें विभिन्न राज्यों के घुड़सवार, पैदल सैनिक और यहाँ तक कि भयानक रथ भी सम्मिलित थे।

'पहिया-गाड़ियाँ?' परनि ने उपहास करते हुए कहा, 'वृद्ध लोगों के लिए, जो घुड़सवारी अथवा भाग-दौड़ नहीं कर सकते।'

'उन पहिया-गाड़ियों को कम मत समझो,' रवि ने शांत भाव से कहा। वह सफ़ेद दाढ़ी वाला सुदास की सेना का सबसे वरिष्ठ उपसेनापति था तथा उसके लंबे अनुभव एवं आयु का प्रमाण यह था कि उसका केवल बाँया हाथ सलामत था और दाहिने हाथ का ठूँठ ही शेष बचा था, किंतु युद्ध के दौरान अपने मस्तिष्क के चौकन्नेपन के कारण वह अकेला चार-हाथ वाले बीस मनुष्यों के बराबर था। 'सही प्रकार की ज़मीन पर यदि ठीक से तैनात किए जाएँ तो यह रथ संपूर्ण सैन्य-दल को ध्वस्त कर सकते हैं। यह दस दिशाओं में एक साथ घूम सकते हैं और तुम्हें यह

समझ नहीं आएगा कि तुम्हारे विरुद्ध रथों की संख्या एक है अथवा दस!'

साल्व ने हामी भरते हुए कहा, 'यह सत्य है। मैंने अस्स्यर के सैनिकों को मात्र दस रथों और प्रत्येक पर दो योद्धाओं के साथ बेहिस्तानी के पहाड़ों में अपने परसु भाइयों की पैदल सैनिकों की एक संपूर्ण सैन्य-टुकड़ी के विरुद्ध लड़ते देखा है।'

'हाँ, किंतु हम अश्वों पर सवार हैं,' अलेन ने तर्क दिया, 'और अब तो हमारे पास लौह-तलवारें भी हैं!'

सुदास बोला, 'जब थोड़ी दूरी से रथ पर सवार धनुर्धर तीर चलाएगा तो लौह-तलवारें भी कुछ नहीं कर पाएँगी। इसीलिए इन पहिया-गाड़ियों पर दो सवार होते हैं, एक अश्व चलाता है और दूसरा तीर। और ये धनुर्धर द्रुत-गति से तीर चलाने में माहिर होते हैं, और यदि वे बिना हिले भी खड़े रहें तो भी उनके ऊपर तीर चलाना असंभव होता है।'

उनके देखते-देखते करीब बीस रथ लकड़ी के पुल पार करके कुश घास से आगे धूल भरे समतल मैदान पर आ पहुँचे - यह वही मैदान था जिसे वापस लौटते समय अनु और उसके जीवित बचे योद्धाओं ने पार किया था।

पीछे से थ्सांग की आवाज़ सुनाई पड़ी, 'राजन्! गुरुदेव आ रहे हैं!'

सुदास ने मुड़कर थ्सांग की बताई दिशा में ऊपर देखा। हिमवात का वह निवासी अकेला व्यक्ति था जो ऊपर देख रहा था। शेष सभी लोग नीचे देख रहे थे। केवल एक पहाड़ी व्यक्ति ही ऊपर से आने वाले संकट से सतर्क रहता है। इस मामले में, संकट तो कोई नहीं था, वहाँ सिर्फ़ गुरु के गेरुए रंग के वस्त्र उड़ रहे थे और उनकी लंबी सफ़ेद दाढ़ी हवा में लहरा रही थी जो पिछले एक-दो घंटे से थोड़ी तेज़ चल रही थी।

सुदास अपने अश्व से नीचे उतरा और आगे बढ़ा। तलहटी में एक समतल स्थान पर पहुँचने हेतु गुरु भी अंतिम कुछ गज़ नीचे उतर आए।

'प्रणाम, गुरुदेव,' सुदास ने आदरपूर्वक गुरु के चरण स्पर्श करते हुए कहा।

'आयुष्मान् भव राजन् सुदास,' वशिष्ठ बोले, 'दशराजन् के इस युद्ध में तुमने अब तक बहुत अच्छा कार्य किया है।'

सुदास ने विशुद्ध विनम्रता से भरकर उत्तर दिया, 'यह सब आपकी शिक्षा और ज्ञान का परिणाम है, महादेव, जो आपने अपने इस शिष्य को प्रदान की है।'

'तथापि, तुमने अपने अति सीमित संसाधनों तथा युद्ध के भौगोलिक क्षेत्र का उत्तम लाभ उठाया है।'

सुदास ने हाथ जोड़कर पुनः सिर झुकाया और गुरु को नमस्कार किया। 'लौह निर्मित अस्त्र, स्वयं इंद्र के दिए उपहार हैं,' उसने कहा।

हवा में इधर-उधर उड़ती अपनी दाढ़ी पर हाथ फेरते हुए वशिष्ठ हँस पड़े। 'तुम ऐसा कह सकते हो। निस्संदेह, इसमें एक अत्यंत कुशल लुहार ने सहायता की थी जिसका मार्गदर्शन मैंने किया था,' ऐसा कहते हुए गुरु कुछ आगे झुके ताकि उनकी कही हुई अगली बात सिर्फ़ सुदास सुन सके, 'और एक रहस्यमयी पदार्थ भी था जिसे लौह के साथ मिलाकर मिश्रधातु के बने औज़ारों को भी उपयोग में लाया जा सकता है।'

सुदास ने उसी समय और वहीं गुरु से कोई अन्य प्रश्न पूछने की अपेक्षा मात्र हामी भरना उचित समझा। गुरु ने दिव्यास्त्रों को दिलवाने का वचन दिया था और वह उन्होंने पर्याप्त मात्रा में उपलब्ध करवाए थे; बस, इतना ही महत्त्वपूर्ण था। जब भट्टी में लौह के साथ कार्य करना व उसके प्रयोग को जानना सुदास के लिए उचित होगा, तब गुरुदेव स्वयं उसे उन रहस्यों से अवगत करवा देंगे। इन मामलों में, सुदास में योद्धाओं वाला असीमित धैर्य था; जितना आवश्यक हो, उतना जानने से तथा उस क्षण पर दिए गए कार्य को पूर्ण करने से वह संतुष्ट रहता था।

'अब सुदास,' गुरु वशिष्ठ बोले, 'इस युद्ध का अगला व अंतिम

चरण आरंभ होता है जो यह निर्धारित करेगा कि संगठित भारतवर्ष का तुम्हारा स्वप्न पूर्ण होकर अमर होगा अथवा इस रण-भूमि में तुम व तुम्हारे प्रियजनों के साथ आज समाप्त हो जाएगा। क्या तुम इस अंतिम परीक्षा के लिए तैयार हो?'

'जी, गुरुदेव,' सुदास ने कहा।

गुरु वशिष्ठ ने गर्दन हिलाई। 'तो फिर तुम्हें ठीक वैसा ही करना होगा जैसा मैं कहता हूँ, भले ही वह तुम्हें कितना भी अजीब लगे अथवा उसमें तुम्हारे कितने भी लोगों के प्राण चले जाएँ। क्या तुम मेरा अभिप्राय समझ रहे हो, सुदास?'

सुदास के हृदय की धड़कन तेज़ हो गई। उसने थूक गटका और फिर कहा, 'क्या इसमें मेरे अधिक सैनिकों का प्राण देना आवश्यक है?' उसने अपने उन उपसेनापतियों की ओर संकेत करते हुए पूछा जो उसके और गुरु के बीच हो रहे निजी संवाद के समाप्त होने की प्रतीक्षा कर रहे थे; उनका शेष सैन्य-दल पहाड़ के नीचे, झुरमुट के पास खड़ा उनके लौटने की प्रतीक्षा कर रहा था। 'हमारी संख्या तो पहले ही बहुत कम रह गई है और अधिकतर लोग मारे जा चुके हैं। इस आशाहीन लक्ष्य की प्राप्ति के लिए मैं और अधिक लोगों द्वारा प्राण त्यागना सहन नहीं कर सकता।' ऐसा कहते-कहते ज्वरग्रस्त और रोग से आधा विक्षिप्त हो चुका युवा अथर्व का चेहरा उसके सामने आ गया।

गुरु वशिष्ठ का संपूर्ण रूप एवं स्वर सहसा बदल गए। 'यदि यह लक्ष्य आशाहीन है तो इसे तुरंत त्याग दो। ऐसे व्यर्थ उद्देश्य के लिए अपने और इन सबके प्राण संकट में क्यों डाल रहे हो?'

सुदास ने सिर झुकाकर कहा, 'मुझे क्षमा करें, गुरुदेव। मेरा अभिप्राय सिर्फ़ यह था कि मानव जीवन की क्षति को देखते हुए यह व्यर्थ प्रतीत होता है। आप तो जानते हैं कि मैंने अपना संपूर्ण जीवन संगठित भारतवर्ष का निर्माण करने के अपने पिता व उनके पिता के स्वप्न को पूरा करने हेतु समर्पित कर दिया है। उसे पूरा करने के लिए मैं आज इस

रण-भूमि पर अपने प्राण गँवाने के लिए भी तैयार हूँ, किंतु मैं यह नहीं चाहता कि कई अन्य अच्छे लोग भी अपने प्राण यहाँ न्यौछावर कर दें।'

'तो फिर, उन्हें वापस भेज दो, उनसे कहो कि अपने अस्त्र-शस्त्र अनु के सामने समर्पित कर दें और उसकी दया पर निर्भर रहें। क्या अनु अब उन्हें जीवित छोड़ देगा? क्या वह उन्हें क्षमा कर हृदय से लगाएगा और उन्हें चूमकर उनसे अपने बच्चों व परिवार जैसा व्यवहार करेगा?'

सुदास ने गर्दन हिलाई। 'अनु इन्हें यातना देकर मार डालेगा और सबके लिए उदाहरण प्रस्तुत करेगा। ये लोग भी मेरी भांति अनु के मार्ग का काँटा बन गए हैं। यह तो इस युद्ध के मूल कारण के विरुद्ध निंदा के प्रतीक हैं।'

गुरु वशिष्ठ के दाँत दिखलाई देने लगे। 'तो फिर जिस भारतवर्ष को बनाने की तुम बात करते हो, यही लोग तो उसका निर्माण करेंगे, क्या ऐसा नहीं है? यही लोग वे पहली ईंटें हैं, वही ईंटें जिनसे तुम्हारे भारतवर्ष की आधारशिला रखी जाएगी, ऐसा ही है न?'

'हाँ, एक प्रकार से ऐसा ही है,' सुदास ने उत्तर दिया।

गुरु अनपेक्षित ढंग से मुस्कुराए। 'तो तुम उनके लिए यह महान सेवा कर रहे हो, सुदास। तुम जिस गौरवपूर्ण राष्ट्र का स्वप्न देख रहे हो, तुम इन लोगों को उस राष्ट्र का संस्थापक बनने में सहायता कर रहे हो! आज इस रण-भूमि में मरने वाले सभी योद्धा भारतवर्ष-निर्माण के उस महान उद्देश्य की पूर्ति में शहीद कहे जाएँगे। क्या तुम उन्हें इस सर्वोच्च सम्मान से वंचित कर दोगे? इस नव-राष्ट्र के इतिहास में उनका निश्चित स्थान उनसे वापस ले लोगे?'

सुदास ने सिर हिलाकर कहा, 'नहीं।' भावुकता के कारण उसका स्वर सहसा भारी हो गया था।

वशिष्ठ ने सुदास का कंधा थपथपाया। 'शाबाश! तो फिर अपने सैनिकों की चिंता करना छोड़ो। तुम्हारी और उनकी मृत्यु आज निश्चित

है, सुदास। तुम अब मात्र इतना कर सकते हो कि इस मृत्यु को कुछ महत्त्व प्रदान कर दो। संसार के समक्ष ऐसा उदाहरण प्रस्तुत कर दो, जो युगों-युगों तक प्रकाश स्तंभ की भांति दीप्तिमान रहे। संसार इस दिन को कभी नहीं भूलेगा जब दस राजाओं ने मिलकर एक राजा के विरुद्ध युद्ध किया था।'

15

जितनी देर में सुदास और उसके उपसेनापति तलहटी से नीचे झुरमुट तक पहुँचे, सूर्य बस डूबने ही वाला था। कुछ लोगों ने अपने राजा की ओर देखते हुए यह बात ज़ोर से बोली। क्षत्रिय-धर्म के अनुसार, दोनों पक्षों के लिए सूर्यास्त के बाद युद्ध को विराम देना अनिवार्य होता था। यहाँ तक कि अलग-अलग लड़ रहे सैनिक भी लड़ना छोड़कर पीछे हट जाते थे। सुदास के दादा दिवोदास तो एक अन्य प्राचीन परंपरा का भी पालन करते थे जिसके अनुसार, उस दिन का युद्ध समाप्त होने के बाद वह अपने विरोधी को अपने शिविर में अलाव के पास, साथ में बैठकर भोजन और मदिरा-पान के लिए आमंत्रित करते थे।

सुदास ने अपना सिर थोड़ा-सा झुकाकर नदी की दिशा में संकेत किया। हालांकि उस समय झुरमुट की ओट में से युद्ध-भूमि का दृश्य दिखलाई नहीं पड़ रहा था। सुदास ने फिर अपने उपसेनापतियों से पूछा, 'क्या तुम्हें लगता है कि ये लोग मैदान छोड़कर पीछे लौट रहे थे?'

उन्होंने अपनी गर्दन हिलाकर मना कर दिया।

उच्छास्रवा ने अपनी मुट्ठी पश्चिमी आकाश की ओर तानते हुए कहा, 'हमने दिन में उनकी धज्जियाँ उड़ा दी थीं; हम रात में भी यही करेंगे।'

'बिल्कुल ठीक!' सबने एक स्वर में कहा।

तभी सहसा एक रोएँदार आकृति प्रसन्नता से भौंकती और उछलती हुई वहाँ आ पहुँची। उसके पीछे कई अन्य थे और वे सभी खुशी से भौंक

रहे थे। घोड़े अचानक परेशान होकर हिनहिनाने लगे किंतु पीछे नहीं हटे; वे इन शिकारी कुत्तों की गंध से परिचित थे।

'सरमा!' सुदास चिल्लाया। उस परिचित रोएँदार चेहरे ने ऊपर देखा और फिर वह हर्षित होकर भौंकते हुए सरयू के इर्द-गिर्द चक्कर काटने लगी। मानो उसके प्रत्युत्तर में, सरयू ने भी गर्व से अपना सिर ऊँचा किया और फिर एक ओर हटकर टुक-टुक की आवाज़ के साथ अपने तरीक़े से नृत्य जैसा कुछ करने लगी। सुदास हँसा। 'बस करो, तुम दोनों! अभी युद्ध समाप्त नहीं हुआ है।'

झुरमुट के पास, कई और शिकारी कुत्तों के साथ भरगु प्रतीक्षा कर रहा था। अपने स्वामी और राजा को देखकर वे सभी प्रसन्नतापूर्वक भौंकते हुए आगे की ओर भागे। सरमा के नेतृत्व में, वे जानते थे कि सरमा का स्वामी सुदास, उनका भी स्वामी था। एक बात यह भी थी कि सुदास उनका अन्य सभी से अधिक ध्यान रखता था और उन्हें दूसरों से बेहतर भोजन देता था।

सुदास अपने अश्व से नीचे उतर गया और कुछ समय तक उसके शिकारी कुत्ते अपने थूथन, जबड़ों, जीभ और पंजों द्वारा सुदास को चाटते और दुलार करते रहे। कुत्तों के भौंकने से अधिक तेज़ बोलते हुए उसने भरगु से कहा, 'मैं यह मानकर चल रहा हूँ कि तुमने अपना अंतिम कार्य पूर्ण कर लिया है, बच्चे!'

'हाँ, स्वामी,' लड़के ने उत्तर दिया। 'आप वहाँ उठते हुए धुएँ को देख सकते हैं। आग बहुत तेज़ लगी है।'

उसने उत्तर-पूर्व दिशा में देखा। सुदास खड़ा होकर देखने लगा। अन्य लोग भी उत्सुकता से उस ओर देखने लगे।

वहाँ से काफ़ी दूर, जो कि क्षितिज रेखा के निकट लग रहा था - लेकिन वह जानता था कि वह स्थान वास्तव में, कुछ ही योजन दूर था - ढलते हुए सूर्य की तिरछी रोशनी में धुएँ के लच्छे हवा में उड़ते हुए दिखाई दे रहे थे।

वेद ने पूछा, 'राजन्, वह क्या जल रहा है?'

'हमारे घर!' सुदास ने दुखित स्वर में कहा।

यह सुनकर सभी लोग विस्मित हो गए। 'आपने नगर जला दिया, राजन्?'

'हाँ,' सुदास ने कहा, 'मैं भरगु को बोलकर आया था कि यदि हम सूर्यास्त से पहले न लौटें तो घर को आग लगा दे। मुझे लगता है, आग अपने आप कुछ ज़्यादा जल्दी फैल गई।'

'जंगल की आग की तरह,' भरगु ने कहा, 'मैं सिर्फ़ इन कुत्तों को सुरक्षित निकाल पाया। ये मेरे पीछे यहाँ तक आ गए। मैं इन्हें वहीं रोकने के लिए कुछ नहीं कर पाया, स्वामी।'

'तुमने ठीक किया,' सुदास बोला। 'घर पुनः बनाए जा सकते हैं। किंतु ये कुत्ते, मेरे परिवार, मेरे योद्धाओं और तुमसे किसी तरह कम नहीं हैं।'

'राजन्, नगर को जलाने से क्या लाभ होगा?' कुरुक ने उत्सुकतावश पूछा।

सुदास के स्थान पर द्रह्क्यु ने इसका उत्तर दिया। 'इससे शत्रु को यह संदेश जाता है कि हम लोग अंतिम व्यक्ति के रहने तक युद्ध करेंगे। और हम न तो अभयदान देंगे और न ही उसकी आशा रखते हैं।' ऐसा कहकर वह अपने उत्तर की पुष्टि हेतु राजा की ओर देखने लगा। सुदास ने सिर हिलाकर हामी भर दी।

'यह एक योद्धा का सर्वश्रेष्ठ बलिदान होता है,' दहा बोला। 'अपने ही घर को जला देने का अर्थ यह है कि इन्होंने शत्रु को किसी भी प्रकार की लूट-पाट से पहले ही वंचित कर दिया है और अब इस युद्ध में प्रतिष्ठा के अतिरिक्त दाँव पर कुछ नहीं है।' फिर उसने सुदास की ओर देखा। 'मेरे कबीले में तो स्त्रियाँ तक स्वयं को युवा लड़कियों और वृद्ध लोगों के साथ घर में बंद कर लेती हैं और उसके बाद घर को आग

लगाई जाती है। इससे शत्रु को उन्हें बंदी बनाकर उनके साथ बलात्कार करना अथवा उन्हें यातना देने का संतोष प्राप्त नहीं हो पाता।'

सुदास के गाल अनिच्छा से फड़कने लगे। 'मैंने इस प्रथा के विषय में सुना है। भारतवंशियों में परिवार को संपत्ति नहीं समझा जाता; इसलिए इस परंपरा का कोई औचित्य नहीं है।'

सुदास ने नीचे झुरमुट की ओर नहीं देखा। उसे पता था कि सुदेवी, इंद्राणी और इंद्रौत वहीं थे। उसकी हार्दिक इच्छा तो यह थी कि उन तीनों को उत्तुंग शिखर पर गुरु वशिष्ठ के साथ होना चाहिए किंतु गुरु इस बात पर अटल थे कि शिखर पर वह अकेले रहेंगे और एक अंतिम यज्ञ करेंगे। सुदास उन्हें छिपने के लिए कुछ योद्धाओं के साथ दर्रे के भीतर भेजना चाहता था ताकि किसी प्रकार का संकट उत्पन्न होने की स्थिति में उनकी रक्षा की जा सके। यद्यपि, शत्रु की सेना पहले ही वहाँ घूम रही थी और ऐसी स्थिति में उन्हें सरलता से दर्रे के भीतर घुसते हुए देख लिया जाएगा और फिर वे आसानी से शत्रु का शिकार हो जाएँगे।

अब अच्छा हो या बुरा, यमलोक मिले या ज्वार, उन्हें सुदास के साथ ही रहना होगा।

सुदास ने अपनी सेना को अंतिम निर्देश दिए। इनमें से अधिकांश उपसेनापतियों के लिए थे जो फिर आगे अपनी सैन्य-इकाइयों को सँभालेंगे। आदेशों से अधिक प्रभावी संचार में तो सहायता मिलती ही थी, साथ ही प्रत्येक इकाई और सैनिक में भी गर्व का भाव जागृत होता था क्योंकि इससे उनको यह एहसास होता था कि प्रत्येक व्यक्ति नियत परिणामों के साथ एक विशिष्ट कार्य को रहा था। यह तरीका 'सबके लिए एक' तथा 'एक के लिए सब' वाले अनु के तरीक़े से कहीं अधिक प्रेरणादायक था। सुदास को इस बात का पूर्ण विश्वास था। यद्यपि, इसका यह भी अर्थ था कि यदि एक या दो इकाई अपने कार्य में असफल हो गईं तो संपूर्ण नीति गड़बड़ा सकती थी। किंतु सुदास को अपने लोगों पर पूरा विश्वास था कि कुछ भी जाए, उनके कारण उसे नीचा नहीं देखना

पड़ेगा। इसी विश्वास से उसके सैनिकों में ज़बरदस्त समर्पण और निष्ठा की भावना बनी रहती थी, जिससे वे किसी भी कीमत पर और कितनी भी क्षति उठाकर, सौंपे गए कार्य को करने के लिए तत्पर रहते थे।

अंतिम निर्देश देते समय, एक बार को उसका हृदय सामान्य से अधिक भारी हो गया था। प्रत्येक युद्ध में, वह अपने सैनिकों को उनके प्राण ख़तरे में डालकर लड़ने के लिए भेजता था। उनमें से अनेक अपाहिज होकर, या गंभीर रूप से घायल अवस्था में वापस लौटते थे अथवा लौटते ही नहीं थे।

यह पहला ऐसा युद्ध था जहाँ से किसी के पास लौटकर जाने के लिए कुछ शेष नहीं था। उनके घर जल गए थे, उनकी भूमि को शत्रु ने रौंद डाला था, उनका अधिकार विवादित था, उनके आदर्श अपमानित हो चुके थे, उनके राजा का प्रतिद्वंद्वी उसका विरोध कर रहा था। ऐसे में, अपने कार्य को पूर्ण करने के लिए वे किससे प्रेरणा लेते? यदि वे विजेताओं, महायोद्धाओं की भांति अपने कार्य को कर भी लें तो, सुदास उन्हें उनकी उपलब्धि के लिए किस पुरस्कार का वचन दे सकता था? उसके पास उन्हें देने के लिए, घर तो दूर, निवास-स्थान तक नहीं था; उसके पास देने के लिए कुछ नहीं था।

उसने अपनी बात पूरी की, उन्हें चुपचाप शुभकामनाएँ दीं और फिर उनसे कुछ पल शांतिपूर्वक प्रार्थना करनें के लिए कहा। सबको पता था कि उत्तुंग पर्वत के शिखर पर गुरु वशिष्ठ अब भी अपने कुल देवताओं को प्रसन्न करने के उद्देश्य से यज्ञ कर रहे थे और उस दिन के अंतिम युद्ध में उनकी विजय के लिए प्रार्थना कर रहे थे। यह उनके जीवन का भी अंतिम युद्ध था, सुदास के मन में विचार उठा। वह जानता था कि उनमें से किसी का भी चेहरा वह पुनः नहीं देख पाएगा।

प्रार्थना पूर्ण होने के बाद, उसने सिर हिलाकर उन्हें वहाँ से हटकर आगे बढ़ने की अनुमति दे दी।

वह सरयू के सिर को घुमा ही रहा था कि उन्होंने उसे पुकारा।

'राजन्!'

वह मुड़ा।

उसकी संपूर्ण सेना ने, जिसमें पुरुष, स्त्रियाँ, युवा लड़के सम्मिलित थे, एकसाथ उसे अश्वों की सलामी दी।

यह बहुत कठिन कौशल था। अप्रशिक्षित अश्वों से ऐसा करवाने से उन्हें चोट आ सकती थी, उनका पैर टूट सकता था अथवा उस अश्व को हानि भी पहुँच सकती थी। यद्यपि, तृत्सु भारत उस समय से अपने अश्वों से जुड़े हुए थे जब से उन्होंने चलना सीखा था और उनके अश्व अपने सवारों की इच्छाओं से भली-भांति परिचित थे। प्रायः स्नेह से वह प्राप्त किया जा सकता है जो कठोर से कठोर अनुशासन से नहीं पाया जा सकता।

सेना का प्रत्येक अश्व अपने आगे वाले पैर मोड़कर नीचे झुक गया और उसके सवार ने अपनी तलवार ऊपर उठाकर, आकाश की ओर देखते हुए एक अंतिम सलामी दी।

'इंद्र के साथ!' वे सब एक स्वर में चिल्लाए।

'वरुण के साथ!' वे फिर चिल्लाए।

'मित्र के साथ!' वे अंत में बोले।

उसके बाद उन्होंने सुदास के पैरों की ओर तलवारें झुका दीं।

'सुदास के साथ!'

अश्व पुनः अपने चारों पैरों पर खड़े हो गए; यह नीचे झुकने से अधिक कठिन था। सवारों ने अपने पैरों से अश्वों को मोड़ा और बिना कुछ बोले उनपर सवार होकर आगे बढ़ गए। उनकी तलवारें उनके हाथ में थीं। सुदास को पता था कि अब उन्हें म्यान में डालने की ज़रूरत नहीं पड़ेगी।

कुछ ही पल में, सभी वहाँ से चले गए। उनके जाने के बाद वहाँ

मात्र सुदास, सुदेवी, इंद्राणी, इंद्रौत तथा कुछ चुने हुए योद्धा रह गए जिनके साथ सुदास को यह अंतिम अभियान पूर्ण करना था। सुदास ने जाते हुए समूह के अंतिम अश्व को देखा, जो अपनी पूँछ झटककर झुरमुट के पास से मुड़ा और फिर ओझल हो गया।

सुदास अपने कुत्तों को देखने लगा। सरमा जीभ बाहर लटकाए, अपने पुट्ठे के बल बैठी प्रतीक्षा कर रही थी। उसका पूरा समूह और विस्तारित परिवार उसके आस-पास बैठा हुआ था। उनमें तरह-तरह के मिश्रित नस्ल वाले अनेक रंग और आयु के कुत्ते शामिल थे जिनमें कुछ तो अभी बहुत छोटे थे और कुछ इतने बूढ़े कि चलते हुए उनके पंजे काँपते थे। पर वे सभी अत्यंत आज्ञाकारी थे और सुदास उनका भरपूर और सर्वश्रेष्ठ उपयोग करता था। जब तक संभव हो, प्रत्येक संसाधन का, उसकी कीमत की चिंता किए बिना, उपयोग करना सुदास का अधिकार भी था और धर्म भी।

एक राजा का यही धर्म होता है।

16

उत्तुंग से नीचे आते हुए अस्त होता हुआ सूर्य सुदास के दाहिनी ओर था। एक ओर कुश के मैदान थे जिनमें झूमते हुए हाथी घास को रौंद कर अपना मार्ग बना रहे थे। उनके साथ पैदल सैनिकों का दल भी था और वे भी पैरों से घास को कुचलते हुए उसकी लंबी डंडियों को तोड़ते-काटते हुए आगे बढ़ रहे थे। उनकी संख्या देखकर हृदय की गति रुक जाती थी।

सुदास ने जीवन में इससे पहले कभी किसी रण-भूमि में इतनी विशाल सेना नहीं देखी थी। इससे पहले भी कुछ लड़ाइयों, विशेषकर आर्य-परसु युद्ध तथा अस्स्यर के साथ लड़ाई अथवा घास के मैदानी धावों में, राजाओं ने निश्चित तौर पर विशाल सेनाओं का नेतृत्व किया था, किंतु इतने कमज़ोर प्रतिद्वंद्वी दल के विरुद्ध इतनी विशाल सेना का युद्ध में उतरना सचमुच दुर्लभ था। अधिकतर सैन्य-दल गाड़ियों में अथवा एक ओर खड़े थे और उन्हें वहाँ वास्तव में, लड़ने के लिए नहीं, अपितु विपक्ष को मात्र भयभीत करने तथा संपर्क को आसान बनाने के उद्देश्य से तैनात किया गया था। इतनी विशाल सेना का प्रबंधन न सिर्फ़ भीषण कार्य था, अपितु इतने लोगों के बीच निरंतर संचार बनाए रखना, यदि असंभव नहीं तो अत्यंत कठिन अवश्य था। साथ ही, किसी क्षेत्र की अनिश्चितताओं को देखते हुए, प्रत्येक युद्ध को छोटी-छोटी मुठभेड़ों में बाँटकर करना अधिक उपयुक्त था। वास्तव में, हज़ारों सैनिकों को एक-दूसरे से लड़वाने की अपेक्षा महायोद्धाओं को व्यक्तिगत मुठभेड़ के लिए आगे भेजने की प्रथा थी। यद्यपि, दोनों ओर के विजेता युद्ध के

परिणाम में निर्णायक होते थे, शेष सैनिक बैठकर युद्ध को - खाते, पीते और ज़ोर-ज़ोर से तालियाँ बजाते हुए - ऐसे देखते थे मानो कोई मनोरंजन चल रहा हो। इतनी विशाल सेना का अनुशासन और उसकी प्रबलता बहुत कम समय तक बनी रह पाती थी।

यही वह कारण था जिसके लिए गुरु वशिष्ठ ने यह योजना बनाई थी। दोपहर से लेकर अब तक सुदास ने जो भी किया था उसका मुख्य उद्देश्य दस राजाओं को नदी पर बाँध बनाने तथा अधिकांश सेना को परुष्णि पार करवाने हेतु उकसाना था।

इसमें वह सफल हो गए थे।

शत्रु अब तृत्सु क्षेत्र में आ चुका था तथा उन्हें अब बाहर खदेड़ने के लिए रणनीति अथवा कूटनीति से कुछ अधिक की आवश्यकता थी।

निश्चित रूप से, कुछ हज़ार लोगों की सेना से तो कुछ अधिक ही चाहिए था।

वह क्षण आने तक उन्हें अपनी योजना के साथ चलना था और उनकी योजना, सभी बातों से अधिक, मौसम पर निर्भर करती थी।

सुदास ने आकाश की ओर देखा। दोपहर से ही बहुत-से बादल अब भी आकाश में छाए हुए थे। अस्त होते सूर्य की केसरिया किरणों से प्रकाशित आकाश, बीच-बीच में अनेक जगह पर स्पष्ट दिखाई दे रहा था। वह शाम, वर्षा ऋतु की साधारण शाम जैसी ही थी। तभी सुदूर उत्तर-पश्चिम दिशा में बादलों की गर्जना सुनाई पड़ी। सुदास को याद आया कि ऐसी गर्जना वह थोड़ी-थोड़ी देर में पिछले कई घंटों से सुन रहा था। और वह आवाज़, जहाँ वह खड़ा था, वहाँ से इतनी दूर थी कि उसे विश्वास नहीं हो रहा था कि वह उसकी स्थिति को प्रभावित कर सकेगी। इसके बावजूद, गुरु वशिष्ठ के मन में अपनी इस भविष्यवाणी को लेकर कोई संदेह नहीं था कि वर्षा ठीक इसी स्थान पर, उत्तुंग की तलहटी में होगी और वह भी सूर्यास्त से पहले!

फिर भी, अपने गुरु पर अटल विश्वास तथा मानवता द्वारा ज्ञान - सही शब्दों में कहा जाए तो, वेद - को जानने और उसे उपयोग करने की क्षमता के बावजूद यह बोध अत्यंत भयावह था कि सुदास का अपना और उसके समस्त साथियों का जीवन पूर्णतः मौसम पर निर्भर था।

सुदास ने पीछे मुड़कर देखा कि इंद्राणी और इंद्रौत उसके आदेशानुसार, पीछे-पीछे आ रहे थे और सुदेवी उनके पीछे थी। कुछ तृत्सु योद्धा अर्ध-गोलाकार घेरा बनाकर सुदेवी के पीछे आ रहे थे। यदि अथर्व जीवित होता तो वह भी उनके साथ आता, किंतु उन्होंने उसका शव बाद में - यदि वह बाद का समय आया तो - पवित्रीकरण और संस्कार करने के उद्देश्य से दर्रे के भीतर ही छोड़ दिया था। इस तरह की सैन्य-रचना बच्चों तथा सुदेवी की रक्षा के लिए बनाई गई थी, हालांकि सुदास जानता था कि विभिन्न प्रकार की इतनी सेनाओं के विरुद्ध, किसी भी प्रकार का सैन्य-विन्यास अधिक देर नहीं चल पाएगा। वे तभी तक सुरक्षित थे जब तक शत्रु यह समझ रहा था कि सुदास और उसका परिवार उसी दल का हिस्सा हैं। उसके बाद, उन्हें समाप्त करने के लिए शत्रु अपनी शक्ति उन पर लगा देगा। अब उनके लिए प्रमुख चुनौती, जितनी जल्दी हो सके, अपने लक्ष्य तक - नदी के पार, स्वयं शत्रु के शिविर में - पहुँचना था।

पेड़ों की कतार के अंत में पहुँचने के बाद, वे खुले स्थान पर आ गए थे और उन्हें नीचे मैदान से सब लोग देख सकते थे। सुदास ने सरयू से आग्रह करके गति बढ़ा दी। सरमा के नेतृत्व में, उसके शिकारी कुत्ते भी लंबी-लंबी छलांग लगाते हुए प्रभावशाली गति से दौड़ रहे थे। सुदास के दल के साथ दौड़ते हुए उन्होंने उसके दोनों ओर अतिरिक्त सुरक्षा-चक्र बना रखा था। स्वयं माँ होने के नाते, सरमा इस बात को भली-भांति समझती थी कि उनका प्रमुख लक्ष्य इंद्राणी, इंद्रौत और सुदेवी को शत्रु की पहुँच से दूर रखना था। जैसे ही सरमा भागकर सरयू के बग़ल में आई, सुदास ने उसकी ओर देखा; तभी सरमा ने भौंकने के अंदाज़ में अपनी थूथन को झटका दिया परंतु उसकी आवाज नहीं निकली। उसकी समस्त ऊर्जा, तृत्सु राज्य के सर्वश्रेष्ठ अश्वों के साथ, थका देने वाली गति से

भागने में ख़र्च हो रही थी। सरयू भी किसी से कम नहीं थी क्योंकि उसे अच्छी तरह पता था कि उस दिन दाँव पर क्या था।

सुदास ढलान वाले धूल-भरे मार्ग पर आक्रामक गति से नीचे की ओर उतर रहा था। वह अब भी इतनी ऊँचाई पर था कि अन्य इकाइयों को अपनी-अपनी मंज़िल की ओर जाता हुआ देख सकता था।

सुदास ने उच्छास्रवा, कवि, कुरुक, थ्सांग और अलेन को पाँच अलग-अलग स्थानों से कुश के मैदान में सीधे हाथियों की दिशा में प्रवेश करते देखा। प्रत्येक हाथी के साथ कुछ लोग चल रहे थे ताकि वे अधिक से अधिक क्षेत्र में फैल सकें। उनके सरपट दौड़ते घोड़ों के सामने से कुश का समुद्र उसी तरह विभाजित हो रहा था जैसे अपने शिकार का पीछा करते हुए मगरमच्छों से सामने का जल बँट जाता है। हाथी के महावतों ने सुदास के सैनिकों को अपनी ओर आते देखकर पैदल सैनिकों को सतर्क कर दिया। हाथियों पर सवार धनुर्धरों ने अपने-अपने धनुष पर तीर चढ़ाए और निशाना साध लिया। सुदास ने देखा कि तीरों की पहली बौछार खाली गई क्योंकि तृत्सु बहुत तेज़ भाग रहे थे और हवा की गति भी बढ़ती जा रही थी।

पश्चिमी क्षितिज पर, सूर्य पूरी तरह अस्त हो चुका था। आकाश अब भी कहीं-कहीं साफ़ था किंतु सुदास को उत्तर-पश्चिम दिशा से तूफ़ानी बादलों का बहुत बड़ा समूह आता दिखलाई दे रहा था। बादल फिर गरजे और इस बार यह गर्जना बहुत निकट प्रतीत हुई थी। सहसा उसने अपनी दाहिनी आँख के कोने से देखा कि ज़ोर से बिजली चमकी, किंतु उसे देखने के लिए वह मुड़ा नहीं।

वहाँ से थोड़ी दूर, नदी के निकट अंबरीष, दहा, साल्व, अस्स्यर और द्रह्क्यु की सैन्य-इकाइयाँ उन अश्वारोहियों को घेर रही थीं जो नदी पार करके तट के निकट तृत्सु सीमा में एकत्रित हो गए थे। उनकी संख्या सबसे अधिक थी : वे तीन हज़ार के क़रीब योद्धा थे। वे लोग मिलकर जिस प्रकार शत्रु का पीछा कर रहे थे, उससे यह आत्मघाती

दौड़ प्रतीत हो रही थी। स्वयं से कई गुना अधिक सैनिकों के विरुद्ध तीन हज़ार घुड़सवार! एक सरसरी निगाह डालकर भी सुदास यह देख सकता था कि वहाँ लगभग दस हज़ार सशस्त्र घुड़सवार पहले से एकत्रित हो चुके थे तथा इतने ही अभी नदी पार कर रहे थे। उस छोटे-से तृत्सु समूह का दायित्व यह सुनिश्चित करना था कि शत्रु के अधिक से अधिक घुड़सवार नदी पार करके युद्ध में सम्मिलित हो जाएँ और इस उद्देश्य की पूर्ति हेतु वे यह भीषण किंतु व्यर्थ प्रयास करते हुए अपने प्राण संकट में डाल रहे थे।

सुदास ने देखा कि शत्रु के घुड़सवार अपनी ओर आ रहे तृत्सु योद्धाओं के सामने एक पंक्ति बना रहे थे, परंतु सहसा उनमें हड़बड़ी फैल गई जब उन्होंने देखा कि उनके ऊपर एक नहीं अपितु पाँच अलग-अलग दिशाओं से आक्रमण हो रहा था। तृत्सु सेना ने छोटी-छोटी टुकड़ियों में विभक्त होकर और पुनः बीस-बीस के समूहों में बँटकर शत्रु के ऊपर सब तरफ़ से हमला बोल दिया था जिसका उद्देश्य जान-बूझकर शत्रु को भ्रमित करना और नदी के संपूर्ण तट पर लड़ाई आरंभ करना था।

इतनी दूरी से, सेना के अश्वों के खुरों तथा सिर पर गरजते बादलों के शोर के बावजूद, सुदास अपनी और शत्रु की सेना के बीच हो रहे युद्ध की आवाज़ सुन सकता था। वह लौह-तलवारों द्वारा टिन और ताँबे की बनी ढाल व कवच के भेदन एवं तलवारों व भालों के टूटने की परिचित और संतोषदायक आवाज़ें सुन रहा था। सुदास छिटकते हुए रक्त के बड़े-बड़े छींटे भी देख पा रहा था। तृत्सु योद्धाओं ने शत्रु पर इतना बलपूर्वक धावा बोला था कि कम से कम बीस लोग हड़बड़ाकर अपने अश्वों और अस्त्रों सहित घातक ढंग से एकसाथ उलझकर गिर पड़े थे। किसी भी सामूहिक अश्वारोही आक्रमण में ऐसा होना सामान्य बात थी, किंतु इतनी छोटी सेना के लिए अपने से इतने बड़े शत्रु पर इतनी उग्रता से आक्रमण करता देखकर किसी का भी रक्त जम सकता था।

17

सुदास ने अपने दाहिनी ओर हाथियों को चिंघाड़ते हुए सुना तो उसने अपना सिर झुकाकर सरयू की गर्दन से सटाकर देखा; सरयू आगे बढ़ती रही। सरमा अब भी प्रभावशाली ढंग से अपनी अटल शक्ति के साथ दौड़ रही थी।

उधर कुश के मैदान में, उच्छास्रवा तथा अन्य चार उपसेनापतियों की भी शत्रु के साथ मुठभेड़ हो चुकी थी। उनकी मुठभेड़ नदी-तट पर चल रहे युद्ध जितनी भीषण नहीं थी। वास्तव में, उन्होंने वह हमला पैदल सैनिकों पर न करके हाथियों पर किया था।

सुदास देख रहा था कि प्रत्येक तृत्सु योद्धा दूरी के अनुसार, अपने तीर व तलवार उन विशाल पशुओं पर चला रहा था। सुदास ने तीरों और तलवारों से घायल होते हाथियों को पीड़ा से चिंघाड़ते हुए भी सुना; लौह-तलवारें इतनी मज़बूत थीं कि वह सरलता से हाथी की चमड़ी को भेद देती थीं जिससे हाथी गंभीर रूप से घायल हो जाते थे और भयानक दर्द से कराहते थे। पैदल सैनिक इस प्रकार के आक्रमण के लिए बिल्कुल तैयार नहीं थे। वे तृत्सुओं को घेरे रखने का प्रयास कर रहे थे लेकिन अंबरीष और उसके अन्य साथी वार करने के बाद भाग जाते थे - वे एक हाथी को घायल करते थे और फिर दौड़कर दूसरे हाथी की ओर बढ़ जाते थे। कुछ ही देर में, कुश के मैदान में हाथी भय व दुविधा की स्थिति में इधर-उधर भागने लगे जिससे वहाँ भयंकर हड़बड़ी मच गई। बहुत-से हाथियों ने अपने ही सैनिकों को कुचल डाला और पीड़ा से परेशान होकर अपने महावतों और सवारों को हवा में उछाल फेंका।

सुदास देख रहा था कि लोग ज़बरदस्त गति से ऊपर उछल और नीचे गिर रहे थे और अन्य सैनिक विशाल पैरों के नीचे मिट्टी के घड़ों की तरह कुचले जा रहे थे। परेशान हाथी बहुत खूंखार जीव होता है। इस प्रकार करीब चालीस हाथियों का उन्मत्त होना किसी अनियंत्रित दंगे की स्थिति से कम नहीं था।

सुदास ने देखा कि उसके कुछ तृत्सु सैनिक अपने द्वारा फैलाई गई अव्यवस्था के खुद भी शिकार हो रहे थे। एक घुड़सवार, जो अलेन जैसा लग रहा था, एक हाथी के पीछे घूमते पैर की चोट से आहत होकर घोड़े से सिर के बल नीचे गिरा। सुदास ने उसे पुनः उठते हुए नहीं देखा। एक अन्य तृत्सु दल झुंड में चल रहे तीन हाथियों पर सवार धनुर्धरों के हाथों घायल हुआ; सुदास ने उस दल के अनेक सैनिकों को गंभीर चोटों के साथ नीचे गिरते देखा। वे लोग हाथियों के बहुत निकट पहुँच गए थे किंतु इस बार महावत तैयार थे और अधिक निकट आने पर महावतों ने उन तृत्सुओं को हाथियों के नीचे कुचल डाला। उसने देखा कि उसके कई और योद्धाओं को शत्रु के पैदल सैनिकों ने घेरकर अश्वों से नीचे उतार लिया और फिर अत्यंत क्रूरतापूर्वक तलवारों से काट डाला। मात्र कुछ सौ तृत्सुओं के समक्ष दस हज़ार पैदल सैनिक और लगभग एक सौ हाथी थे। ऐसे में बहुत-से लोगों का हताहत होना निश्चित था, किंतु फिर भी उसे अपने योद्धाओं द्वारा इस प्रकार अपने प्राण गँवा देने पर बहुत दुख हो रहा था।

लेकिन वह चाल कारगर सिद्ध हो रही थी। जिन हाथियों को पहले चोट लगी थी, वे स्वाभाविक रूप से अधिक परिचित स्थान, जो इस मामले में नदी से दूर था जहाँ से वे आए थे, पर जाने के लिए मुड़ रहे थे। लगभग सभी हाथी चोटिल थे, कुछ गंभीर रूप से घायल थे और उन्हें भयंकर पीड़ा हो रही थी। उनकी चिंघाड़ सुदास को भी द्रवित कर रही थी। इतने सुंदर जीवों को इस प्रकार घायल करना उसे बिल्कुल पसंद नहीं था और उसे अपने सैनिकों के मारे जाने का भी उतना ही दुख था किंतु वे सभी रण-भूमि में योद्धा भी थे, अतः युद्ध की परिस्थितियों को

झेलना उनकी विवशता थी।

घायल हाथी पुनः नदी-तट की ओर दौड़ रहे थे। व्यक्तिगत दर्द से उनकी सामूहिक पीड़ा में वृद्धि हो रही थी और अंततः वहाँ भगदड़ मच गई जिसकी प्रबलता धीरे-धीरे बढ़ती जा रही थी। सुदास ने देखा कि जो हाथी घायल नहीं हुए थे, वे भी भड़ककर चिंघाड़ रहे थे और वहाँ से मुड़कर लौट रहे थे। इस भगदड़ में, हाथियों ने अपने साथियों की पीड़ा में उनका साथ देते हुए, अनेक पैदल सैनिकों को कुचल डाला और बहुत-से धनुर्धरों को उछालकर नीचे गिरा दिया। कुछ ही पलों में वहाँ पूरी तरह कोहराम मचने वाला था। खुले मैदान में, जहाँ पैदल सैनिक घास में छिपे बैठे थे, भागते हुए सौ हाथी भयंकर विध्वंस मचा सकते थे। फिर, वे सैनिक भागकर छिपते भी कहाँ? सुदास ने अनुमान लगाया कि शत्रु के अधिकतर सैनिक तो इन्हीं भागते हुए हाथियों के नीचे कुचलकर मर जाएँगे अथवा बुरी तरह घायल हो जाएँगे। बहुत-से सैनिक अपने अस्त्र-शस्त्र फेंककर शिविर की ओर भागने लगे, जिससे उस भगदड़ में वृद्धि हो गई।

यदि सुदास के अपने सैनिक उस भगदड़ का शिकार न हुए होते और भागते हुए हाथियों के पैरों तले अथवा शत्रु की तलवारों द्वारा न मारे जाते, तो वह संभवतः मुस्कुरा सकता था। उसकी प्रसन्नता का मुख्य कारण यह था कि उसके निर्देशानुसार, उसके सैनिक वहाँ भगदड़ शुरू करवा पाने में सफल हुए थे, किंतु दूसरे पक्ष की कार्रवाई के कारण यह पूर्णतः आत्मघाती अभियान सिद्ध हुआ था।

उधर नदी के तट पर, अंबरीष और अन्य उपसेनापतियों के नेतृत्व में, तृत्सु योद्धा आश्चर्यजनक रूप से अभी फिलहाल बहुत अच्छा प्रदर्शन कर रहे थे।

उनके प्रथम आक्रमण की उग्रता तथा तृत्सु सेना के छोटी टुकड़ियों में बँट जाने से शत्रु की सेना में पूरी तरह अव्यवस्था फैल गई थी। शत्रु की सेना सामने से आक्रमण झेलने की अभ्यस्त थी एवं इसी पद्धति की

अपेक्षा भी कर रही थी। इसी कारण शत्रु के अश्वारोहियों को समझ में नहीं आ रहा था कि एकजुट सेना से लड़ने के बजाय छोटी-छोटी सौ टुकड़ियों से कैसे निपटा जाए। इसके अतिरिक्त लौह भी एक कारण था - जिस सरलता से लौह तलवारें शत्रु के कवच और उनके अस्त्रों को काट रही थीं, उससे शत्रु घबरा गए थे। वे इस नई धातु की बनी तलवारों की शक्ति को पहली बार देख रहे थे। अनु की पराजय के बाद यदि यह बात फैल जाती तो इससे उनका भय और विस्मय और बढ़ सकता था। तृत्सुओं द्वारा धारण की हुई इंद्र की तलवारें शत्रु को विस्मित कर रही थीं, मानो वे किसी दिव्य कवच अथवा अमरत्व के वरदान से सुरक्षित देवताओं की भांति युद्ध कर रहे हों।

सुदास ने अपने सैनिकों को भी बाण, भालों और बरछों से घायल होते देखा था। परंतु अब भी हताहत होने वाले सैनिकों की दर में असमानता स्तब्ध करने वाली थी - प्रत्येक तृत्सु, शत्रु के बीस सैनिक मार रहा था और भयंकर रक्तपात की यह दर अब भी जारी थी। यह नरसंहार तो था किंतु वैसा नहीं जिसका वचन अनु ने दिया था।

सुदास ने स्वयं को प्रसन्न होने का अवसर नहीं दिया क्योंकि वह जानता था कि अंततः शत्रु की श्रेष्ठ सेना विजय प्राप्त कर ही लेगी। तृत्सु सैनिक कितनी भी उग्रता से लड़ें और लौह की बनी तलवारें कितनी भी प्रभावी क्यों न हों, किंतु यह युद्ध ऐसा था मानो एक अकेली बकरी शेरों के समूह को हराने का प्रयास कर रही थी। वह बकरी बेशक एक या दो शेरों को काटकर थोड़ा-सा खून निकाल दे किंतु देर-सवेर उन शेरों द्वारा उसको मारकर खा जाना निश्चित था। तीन हज़ार सैनिकों के विरुद्ध तीस हज़ार अश्वारोही - ऐसे में, और क्या अपेक्षा की जा सकती थी?

फिर भी, फिलहाल उन्होंने अपना अभियान पूर्ण कर लिया था, जो था - नदी-तट पर पर्याप्त भगदड़ मचाकर अधिक से अधिक शत्रुओं को तृत्सु सीमा में लाना, और उन्हें वहाँ इतनी देर लड़ाई में उलझाए रखना कि सुदास और उसका दल पुल पार करके दूसरी ओर चला जाए।

और, वहाँ एक तीसरा मोर्चा भी था जो सुदास को, उत्तुंग के बाहरी छोर को पार करते समय दिखलाई पड़ा था। यह ठीक सामने नदी के पास था। उसके बाईं ओर धूल-भरा मैदान था जो आगे जाकर दर्रे में और फिर उत्तुंग के पार्श्व में मिल जाता था। इस मोर्चे पर शत्रु के सबसे ख़तरनाक अस्त्र थे - उनके रथ!

सुदास की बाईं ओर पहले से एकत्रित हुए पैदल सैनिक शोर मचाकर सुदास तथा उसके सरपट भागते दल की ओर इशारा कर रह थे। नदी-तट और कुश के मैदानों में मची भगदड़ के बावजूद उन्होंने उसे देख लिया था। पैदल सैनिकों के आगे, जिनसे सुदास और उसके पैदल भागते लोगों को पकड़े जाने का भय नहीं था, रथ के रूप में मौत के बीस यंत्र खड़े थे, जिनका भय भारतवंश के क्षत्रियों को सता रहा था।

सुदास ने अनेक सारथियों को अपने-अपने रथ नदी की ओर मोड़ते हुए देखा। उनका उद्देश्य सुदास और उसके दल को पुल तक पहुँचने से पूर्व रोकने का था। इसके अतिरिक्त, वे लोग बाईं ओर सुदास और उसके दल पर स्वयं सुरक्षित रहते हुए तीरों तथा बरछों से आक्रमण कर सकते थे, जबकि सुदास और उसके दल द्वारा उनपर वार करने की संभावना बिल्कुल नहीं थी। वैसे भी, सुदास का मुख्य उद्देश्य पुल पार करना था। इसके अतिरिक्त, यदि वे लोग रुककर उन रथों को धीमा करने अथवा उन्हें रोकने का प्रयास करते तो उनका मारा जाना निश्चित था। व्यवहारिक रूप से भी, कुछ सौ के लिए एक हज़ार रथों को रोक पाना संभव नहीं था!

यही कारण था कि उसने अपनी शेष सेना के नेतृत्व का दायित्व बोलन, रवि, वेद, परनि, तथा दहा को सौंप दिया था, क्योंकि इन लोगों को रथों के विरुद्ध युद्ध करने का थोड़ा अनुभव था। जिस समय सुदास को यह डर लग रहा था कि कहीं उन लोगों को देर न हो जाए, तभी उसने दूर बाईं ओर से अपनी अंतिम सैन्य-टुकड़ी के योद्धाओं की हुँकार सुनी जो उत्तुंग के छोर से भागते हुए तेज़ी से शत्रु के रथों की ओर बढ़ रहे थे।

जो रथ पर्वत के सबसे निकट थे, वे पहले ही नदी की तरफ़ मुड़ चुके थे। अपने पीछे से आक्रामक ढंग से बढ़ रहे तृत्सुओं को देखकर शत्रु अचंभित रह गए।

सुदास ने देखा कि हवा में उड़ते हुए बाण सारथियों और उनके धनुर्धरों को लग रहे थे। बोलन और उसके साथियों द्वारा दक्षता से चलाए जा रहे तीरों ने दो, तीन, पाँच, दस रथों को बेकार कर दिया था। यह तृत्सु दल सारथियों की मुख्य सेना की तरफ़ भागता हुआ जा रहा था जिसके कारण शत्रु के लिए यह चुनाव करना आवश्यक हो गया था कि वह इस नई सेना का सामना करते हुए उनसे अपनी रक्षा करे अथवा तृत्सुओं के उस समूह का पीछा करे जो दस राजाओं की सीमा में ऐसे प्रवेश करने जा रहा था, मानो मेमने स्वयं भागकर शेरों के मुँह में जा रहे हों।

शत्रु के रथ, बोलन और उसके साथियों का मुक़ाबला करने के लिए मुड़ गए। योजना सफल हो गई थी।

सुदास के मन में संतोष की लहर उठी, किंतु साथ ही वह हताशा-भरी पीड़ा भी महसूस कर रहा था। उसके सभी उपसेनापतियों और सैन्य-दलों ने अपना कार्य पूर्ण कर दिया था। यदि वह स्वयं तथा वे सभी लोग जीवित रह पाए तो वह अवश्य ही उनकी उपलब्धि के लिए उन्हें पुरस्कृत करना चाहेगा।

वहाँ से दूर उसकी दाहिनी ओर, अस्त होते सूर्य की अंतिम किरणों का प्रकाश भी मंद पड़ गया था और परुष्णि के मैदानों पर संध्याकाल का झुटपुटा गहराने लगा।

फिर उनके ठीक ऊपर सहसा एक ज़ोरदार आवाज़ के साथ बादल गरजे।

18

अचानक गहन अंधकार छा गया। यह इतना अकस्मात् हुआ कि सुदास को ऐसा लगा मानो किसी ने उसकी आँखों के ऊपर पर्दा डाल दिया हो। वह अपना चेहरा और आँखें मलने लगा पर फिर उसने पाया कि ऐसा कुछ नहीं हुआ था। उसने इधर-उधर देखा; उसकी पत्नी व बच्चों और अन्य लोगों की आकृतियाँ एक विचित्र बैंगनी रंग में डूबी दिखाई दीं। संध्या के समय दुनिया को बैंगनी प्रकाश में नहाया हुआ देखना असामान्य नहीं था किंतु अँधकार के साथ मिला हुआ यह रंग उसे विस्मित कर रहा था। सरयू ने स्वभावतः अपनी गति को धीमा कर लिया और अपने दाहिनी ओर, सुदास ने सरमा की चिर-परिचित उत्सुक आवाज़ सुनी, जबकि इन पशुओं की दृष्टि सुदास और उसके साथियों से कहीं बेहतर थी।

सुदास ने ऊपर देखा कि आकाश सुबह की अपेक्षा अधिक गहरा था। वह काले बादलों को देखकर आश्चर्यचकित रह गया। ये बादल अचानक कहाँ से आ गए? तब उसे यह एहसास हुआ कि जब वह धरती पर पिछले कई घंटों से चल रही मुठभेड़ को देखने में व्यस्त था, उसी बीच आकाश में बादल छा रहे थे। और अब, जबकि सूर्यास्त हो चुका था, ठीक जैसे गुरु वशिष्ठ ने भविष्यवाणी की थी, तूफ़ान भी आने को तैयार था।

मैदान के पार से आ रही युद्ध की आवाज़ें धीमी हो रही थीं जिसका अर्थ था कि कुछ देर के लिए युद्ध थम गया था। यह देखकर सुदास की गति भी धीमी हो गई थी। हाथियों की भगदड़ अब भी जारी थी और मारे जा रहे अश्वों और सैनिकों के साथ-साथ हाथियों की

चिंघाड़ और उनकी चीख-पुकार लगातार सुनाई दे रही थी। मौसम में अचानक हुए परिवर्तन के कारण हाथियों का समूह अस्थायी तौर से पूर्णतः अनियंत्रित हो चुका था और वे क्रोध में यहाँ-वहाँ भाग रहे थे।

सुदास ने सौ गज़ दूर बाईं ओर और दो सौ गज़ दाहिनी ओर, शत्रु के दल में शोर सुना। उसके चारों ओर कोलाहल का वातावरण व्याप्त था और इतने मंद बैंगनी प्रकाश में भी, उसने देखा कि कुछ हाथ ऊपर आकाश की ओर संकेत कर रहे थे। उस संकेत की ओर देखने से पहले ही उसे पता था कि वे हाथ किस दिशा में और क्या बता रहे थे।

सरयू को पूरी तरह रोकने के बाद, सुदास वहाँ बैठे-बैठे ही घूमा और उसने उत्तुंग शिखर की ओर देखा। उसने अपनी गर्दन को ऊपर खींच कर उस ओर देखना चाहा मानो वह वहीं से शिखर के ऊपर देखना चाहता था।

उसने अनुमान लगाया कि किसी कारणवश कुछ लोगों की दृष्टि अँधकार होने से पूर्व भी पर्वत शिखर पर टिकी रही होगी। *अथवा संभवतः वे आकाश की ओर देख रहे थे और तभी उन्हें शिखर पर प्रकाश दिखलाई दिया होगा।* कुछ भी हो, दस राजाओं की समस्त सेना को सतर्क कर दिया गया था कि क्या होने जा रहा था।

ऐसा प्रतीत हो रहा था मानो शिखर पर आग लग गई हो। प्रथम धारणा में उसे ऐसा ही लगा।

उसे बग़ल से, इंद्राणी का धीमा-सा विस्मित स्वर सुनाई दिया, 'देखो! पर्वत पर आग लग गई है!'

ऐसा ही प्रतीत हो रहा था। यहाँ से उसे सिर्फ़ इतना ही दिखाई दे रहा था कि उत्तुंग के शिखर पर ज़बरदस्त आग लगी हुई थी। इसका क्या अर्थ था? क्या यह वही यज्ञ की अग्नि थी जिसका उल्लेख उसके गुरु ने किया था? परंतु इतनी विशाल यज्ञ की अग्नि सुदास ने पहले कभी नहीं देखी थी और वह यह भी नहीं सोच पा रहा था कि गुरु ने अग्नि-स्थल पर इतनी विशाल यज्ञ-अग्नि कैसे उत्पन्न की होगी।

फिर उसे याद आया कि अंबरीष और उसके अन्य तृत्सु साथी लगभग आधा दिन पर्वत शिखर पर गुरु का कार्य करने में व्यस्त रहे थे। उसे आगे होने वाली गतिविधि के विषय में आंशिक रूप से ही पता था, किंतु वह कार्य कैसे पूर्ण होना था इसके विषय में उसे पूरी जानकारी नहीं थी। गुरु ने किसी प्रकार सुदास के लोगों से आवश्यक सामान मँगवाकर शिखर के ऊपर इतनी विशाल अग्नि की व्यवस्था की होगी, और उन्होंने शत्रु का ध्यान आकृष्ट करने के उद्देश्य से उस अग्नि को अब प्रज्ज्वलित किया था।

स्मरण रहे, सुदास। जिस समय सबका ध्यान उत्तुंग के शिखर पर होगा, तुम्हें अपने परिवार के साथ सुरक्षित स्थान पर निकल जाना है। पथरीला मार्ग पार होने तक रुकना नहीं!

सबका ध्यान अब उत्तुंग पर टिका हुआ था। यद्यपि, सुदास वहाँ से हिल नहीं पा रहा था। उस अनपेक्षित अँधकारमय बैंगनी जगत में पर्वत शिखर पर जल रही वह विशाल ज्वाला देखने लायक़ दृश्य पैदा कर रही थी। यह विश्वास करना कठिन था कि इसमें कोई अलौकिक शक्ति कार्य नहीं कर रही है।

'देखो!' इंद्रौत बोला, 'वह गुरु वशिष्ठ हैं!'

वह गुरु ही थे।

हाथ में दंड लिए, पीछे प्रज्ज्वलित अग्नि के प्रकाश में चमकती सफ़ेद दाढ़ी और गेरुए वस्त्रों में अपने गुरु की आकृति को सुदास स्पष्ट रूप से देख सकता था। कुछ ऐसा लग रहा था कि अग्नि थोड़ा नीचे जल रही थी जिसके कारण वह गुरु के सामने और उनके पीछे भी दिखाई दे रही थी, मानो वह अग्नि गुरु के पैरों से आरंभ होकर ऊपर की ओर उठ रही थी जिसके फलस्वरूप एक विचित्र और भयावह प्रभाव पैदा हो रहा था।

मैदान के पार, शत्रु का विस्मय से भरा स्वर सुनाई दे रहा था। उनकी जाति और राज्य कुछ भी हो, किंतु वे सभी अँधविश्वासी लोग

थे और गुरु वशिष्ठ की प्रतिष्ठा एक सामान्य ब्राह्मण से परे की थी। उनमें बहुत-से लोग यह मानते थे कि गुरु वशिष्ठ की आयु हज़ार वर्ष से भी अधिक थी और वह इस पृथ्वी पर उसके आरंभ के समय से, मानवता से भी पूर्व अस्तित्व में आए सात पवित्र ऋषियों - सप्तर्षियों - के साथ विचरण कर रहे थे। यद्यपि, सुदास ऐसा मानता था कि उसके गुरु, उन वशिष्ठगण के कुल में सबसे छोटे थे जिनमें अनिवार्य रूप से एक पारिवारिक समानता थी, और उन सभी ने पवित्र वेदों की विद्या व उसके ज्ञान को आगे बढ़ाया था। यही कारण था कि पीढ़ी-दर-पीढ़ी वह एक ही व्यक्ति जैसे प्रतीत होते थे।

यद्यपि, अब उसे भी आश्चर्य हो रहा था।

सहसा आकाश में बिजली कड़की और बादलों की इतनी ज़ोरदार गर्जना हुई कि सुदास ने अनायास ही सिर झुका लिया। अपनी मूर्खता का एहसास होने पर उसने धीरे-धीरे पुनः सिर उठाया किंतु वह गरज उसके इतनी निकट थी कि उसे ऐसा प्रतीत हुआ कि बादल उसके सिर के ऊपर ही फट गया था! और फिर जो बिजली चमकी, वह इंद्र के वज्र की भांति अत्यंत चमकदार और शक्तिशाली थी।

'देखो!' इस बार सुदेवी चिल्लाई और फिर सुदास ने पुनः सिर उठाकर शिखर के ऊपर देखा।

गुरु वशिष्ठ अपने दोनों हाथ उठाकर इंद्र से प्रार्थना कर रहे थे।

इतनी दूर से, यद्यपि, वह गुरु द्वारा बोले जा रहे वास्तविक शब्द तो नहीं सुन पा रहा था, किंतु सुदास को पता था कि उसके गुरु क्या कर रहे थे।

इंद्र भारतवंशी तृत्सुओं के कुल देवता थे।

और तृत्सुओं के गुरु तथा उनके मुख्य पुरोहित होने के नाते गुरु वशिष्ठ इंद्र के सम्मान में यज्ञ कर रहे थे और वर्षा के देवता से संकट की इस घड़ी में अपने मानव-भक्तों की सहायता के लिए प्रार्थना कर रहे

थे। यज्ञ के दौरान हाथ उठाकर प्रार्थना करने की वह मुद्रा सामान्य थी। सुदास उस अवसर पर गुरु द्वारा उच्चारित किए जा रहे मंत्रों का भी अनुमान लगा पा रहा था क्योंकि वैसा मंत्रोच्चारण वह अपने जन्म से अब तक असंख्य बार सुन चुका था। उसे उस क्षण बोले जा रहे विशिष्ट श्लोक का नहीं, तो कम से कम, उस श्लोक के सार और भावार्थ का तो पता ही था :

वि सद्यो विश्वा दृंहितान्य् एषाम् इन्द्रः पुरः सहसा सप्त दर्दः।
व्य् आनवस्य तृत्सवे गयम् भाग् जेष्म पूरुं विदथे मृध्रवाचम्।। ७ ०१८ १३
नि गव्यवो ऽनवो द्रुह्यवश् च षष्टिः शता सुषुपुः षट् सहस्रा।
षष्टिर वीरासो अधि षड् दुवोयु विश्वेद् इन्द्रस्य वीर्या कृतानि।। ७ ०१८ १४०

तभी बिजली कड़कने के साथ ही एक और भीषण गर्जना हुई। सुदास को पता था कि बिजली के चमकने और बादल के गरजने के बीच के अंतराल से यह अनुमान लगाया जा सकता था कि बिजली कितनी दूर चमकी होगी। इतने अंतराल में बीस तक की गिनती, लगभग बीस योजन की दूरी के बराबर होती है।

बिजली की चमक और बादल की गरज के एकसाथ घटित होने का आशय बस यही हो सकता है - बिजली ठीक वहीं चमकी है, जहाँ आप खड़े हों।

इस मामले में, यह बहुत निकट हुआ था।

बिजली उत्तुंग पर्वत के शिखर पर गिरी थी।

सुदास को एक साथ अनेक लोगों का शोर व आह-भरा स्वर सुनाई दिया। मैदान के पार, प्रत्येक व्यक्ति की दृष्टि उत्तुंग शिखर और उसके ऊपर चल रहे घटनाक्रम पर टिकी हुई थी।

एक बार पुनः शिखर पर बिजली गिरी और गुरु वशिष्ठ के पीछे मानो चिंगारियों का तूफ़ान आ गया।

मैदान चीख-पुकार और लोगों की भय व विस्मय-भरी आवाज़ों से

गूँज उठा। भीषण गर्जन में सारा कोलाहल दब गया।

पर्वत शिखर पर फिर एक बार वज्रपात हुआ। उस चौंध-भरे प्रकाश ने गुरु वशिष्ठ को इतनी प्रबलता से दीप्तिमान कर दिया कि सुदास को लगा मानो गुरु का छायाचित्र उसकी मस्तिष्क की आँखों के समक्ष सदा के लिए भस्म हो गया। उसने अपनी आँखें बद कर लीं; उसके बाद भी वह अपने दोनों हाथ फैलाए इंद्र से प्रार्थनाबद्ध स्थिति में अपने गुरु की आकृति को देख पा रहा था।

इंद्र ने पुनः गरजकर अपने निष्ठावान पुजारी की प्रार्थना का उत्तर दे दिया।

बिजली फिर गिरी। और एक बार। उसके साथ तूफ़ान की गरज भी सुनाई देती रही।

बिजली की चमक और बादल की गरज इतनी निकट थी कि प्रत्येक गर्जना दूसरी गर्जना के साथ जुड़ी हुई प्रतीत हो रही थी, मानो दोनों एक-दूसरे के साथ ज़ोरदार विवाद कर रहे हों।

उस गरज को सुनकर इस बात पर विश्वास पर करना कठिन था कि यह कोई दिव्य आवाज़ नहीं थी। इंद्र उनसे प्रतिशोध ले रहे थे जिन्होंने उनके अपने लोगों पर आक्रमण करने का दुस्साहस किया था।

इस बार सुदास ने ऊपर नहीं देखा। उसने अपनी दृष्टि शिखर से हटाकर रखी क्योंकि निरंतर वहाँ देखते रहने से, अस्थायी अथावा स्थायी रूप से नेत्रहीन होने का डर था।

उसने इधर-उधर देखा। सुदेवी और उसके बच्चों ने भी अपनी आँखें बंद कर ली थीं।

कुत्ते रिरिया रहे थे। जो कुछ हो रहा था, उन्हें वह पसंद नहीं आ रहा था। गर्जना सुनकर सरमा चीखने लगी और फिर गरज की प्रचंडता व तीव्रता से भयभीत होकर शांत हो गई।

सहसा वज्रपात की एक और तेज़ नुकीली धारदार तलवार सरसराती हुई उत्तुंग शिखर पर गिरी। ऊपर देखे बिना भी सुदास को पता लग रहा था कि बिजली वहीं गिरी थी। शिखर के ऊपर बिजली इतने वेग से गिरी थी कि सुदास ने उसे नीचे तक महसूस किया। सरयू के पैर काँप उठे, मानो उसे भूकंप का झटका लगा हो। वह घबराकर हिनहिना उठी और मैदान में खड़े अन्य अश्वों ने भी सरयू का साथ हिनहिनाकर दिया।

पर्वतों में एक विशिष्ट गूँज हो रही थी। सुदास उसे स्पष्ट सुन सकता था। वह स्वर ऐसा था जैसे गिरने से पूर्व किसी विशाल वृक्ष के चरमराने पर उत्पन्न होता है।

तुम्हें वहाँ रुककर इंद्र के उस चमत्कार को देखने की इच्छा होगी। लेकिन, तुमने यदि ऐसा किया तो इसकी कीमत तुम्हें अपने व प्रियजनों के प्राण देकर चुकानी पड़ेगी। भागो, सुदास, भागो! दस राजाओं पर इंद्र की क्रोध-वर्षा के समय तुम्हें वहाँ फँसना नहीं है!

'भागो,' सुदास ने ज़ोर से कहा। उसकी आवाज़ चटककर भारी हो रही थी। 'भागो!' सरयू को गोल घेर में घुमाते हुए इस बार सुदास ने स्पष्टता से कहा और सुदेवी तथा अपने बच्चों को हाथ हिलाकर संकेत किया जिससे वह सभी उसे देख और सुन सकें।

'भागो!' वह चिल्लाया। इसी बीच पुनः हुई गर्जना में सुदास की आवाज़ दब गई। इस बार हुई गरज इतनी भीषण थी कि सुदास को लगा मानो संसार फट कर विभाजित हो जाएगा और उसे निगल जाएगा।

19

सुदास और उसका दल आगे बढ़ता गया और परुष्णि नदी पर बने लकड़ी के पुल को पार कर गया।

शत्रु के प्रत्येक सैनिक की आँखें या तो उत्तुंग पर टिकी थीं अथवा मौन प्रार्थना में बंद थीं। पर्वत शिखर पर हो रही गतिविधि ने प्रत्येक हृदय को अचंभित और प्रत्येक मस्तिष्क को इतने प्रबल अलौकिक भय से भर दिया था कि कोई भी सामान्य ढंग से न कार्य कर पा रहा था, न ही हिल-डुल पा रहा था, यहाँ तक कि स्वयं अपनी रक्षा तक नहीं कर पा रहा था।

सुदास जब कुछ दूर निकल आया तब उसने पीछे मुड़कर देखा और यह सुनिश्चित किया कि उसके सभी लोग सफलतापूर्वक नदी पार कर चुके थे। ऐसा करते समय, उसने देखा कि क्रुद्ध हाथियों का समूह अश्वारोहियों के दल के पास पहुँच गया था और अब उनके बीच भगदड़ मचा रहा था। सौ उन्मत्त हाथी कवचधारी सैनिकों व उनके घोड़ों को कुचल रहे थे, अपने दाँतों से घायल कर रहे थे अथवा उठा-उठाकर पटक रहे थे। सैकड़ों अश्वारोही मात्र इसलिए मारे गए क्योंकि वे उन मतवाले हाथियों के मार्ग में आ रहे थे।

हाथी लड़ते हुए बिना यह सोचे नदी-तट तक आ पहुँचे कि नदी पार करने के लिए वहाँ मात्र एक पुल था। तृत्सु सीमा पर पहुँचकर, आगे वाले हाथी परुष्णि की रिक्त नहर में गिरकर नदी के सूखे तल में लुढ़क गए। उनके पीछे आ रहे और कई हाथी भी इसी तरह नीचे गिर पड़े और देखते-देखते नदी के तल में हाथियों का ढेर लग गया। उनमें

से कुछ पुनः उठ खड़े हुए और तट की फिसलन-भरी गाद पर चढ़कर दूसरी ओर जाने का प्रयास करने लगे।

पर जो उत्तुंग के शिखर पर हो रहा था, उसकी तुलना में यह कुछ भी नहीं था।

सुदास ने शिखर की ओर देखा तो उसका हृदय भय से ठंडा हो गया। उसने ऐसे किसी दृश्य की स्वप्न में भी कभी कल्पना नहीं की थी। वह सर्वाधिक भयावह दुःस्वप्न जैसा दृश्य था।

बिजली के निरंतर हो रहे आघात से पर्वत बस फटने को था।

एक के बाद एक निरंतर ऐसे वज्रपात हो रहे थे मानो बादलों के पेट से एक लगातार चमकती हुई श्वेत ऊर्जा की अंतहीन धारा बह रही हो।

सुदास ने अपनी आँखें ढँकते हुए शिखर की ओर देखा। उसे गुरु की छाया अब दिखाई नहीं दे रही थी। उसे इस बात का भान नहीं था कि गुरु के साथ क्या हुआ होगा। निश्चय ही, किसी के लिए भी इतने निकट से, इंद्र के वज्र-प्रहार से जीवित बच पाना संभव नहीं था। उसे अग्नि-स्थल पर यज्ञ-अग्नि दिखाई पड़ी। जैसा कि उसने सोचा था, वह अग्नि लकड़ियों के विशाल ढेर के कारण जल रही थी। यह पूर्णतः तर्कसंगत था - अंबरीष तथा अन्य लोगों ने मिलकर गुरु के आग्रह पर वह लकड़ी शिखर तक पहुँचाई थी।

लेकिन शिखर पर कुछ और भी ऐसा था जो वहाँ न पहले कभी और न ही उस दिन प्रातः देखा गया था।

वह एक प्रकार का खम्बा अथवा सरिया जैसा कुछ था।

बिजली की चकाचौंध में, सुदास समझ नहीं सका कि वह वास्तव में क्या था।

वह जो कुछ भी था, उसने उस भीषण वज्रपात को अपनी ओर आकर्षित कर लिया था और वज्र के वह सभी प्रचंड प्रहार उसी पर केंद्रित थे।

उसकी स्थिति एवं यज्ञ-अग्नि से उसकी निकटता को देखते हुए, सुदास ने अनुमान लगाया कि वह अग्नि-स्थल का केंद्र-बिंदु था।

किसी बात से उसे गुरु वशिष्ठ के दाहिने हाथ में दंड धारण किए और हाथ उठाकर खड़े होने वाली मुद्रा का स्मरण हो आया।

उनके दाहिने हाथ में धारण किया हुआ दंड।

इस बात से उसे यह भी याद आया कि उसी दिन प्रातः गुरु विश्वामित्र अपने दाहिने हाथ में दंड धारण किए हुए पर्वत शिखर पर खड़े हुए थे। उसी दंड को उन्होंने अग्नि-स्थल के फ़र्श पर मारकर चट्टान को तोड़ दिया था, जिससे वहाँ एक छोट छेद हो गया था।

गुरु वशिष्ठ उस छेद के आकार को बड़ा करने का निरंतर प्रयास कर रहे थे और इसके लिए उन्होंने सुदास का छुरा भी माँगा था।

सुदास सहज ही इस बात को समझ गया कि वह सरिया या खम्बा, जो वज्रपात को आकर्षित कर रहा था, उसी छेद में गड़ा हुआ था।

उस सरिये के साथ ऐसे अनेक छोटे-छोटे सरिये जुड़े हुए थे जो शिखर के नीचे, बहुत नीचे पर्वत के हृदय में समा गए थे। सुदास यह तो नहीं समझ पाया कि उसे यह बात कैसे पता लगी, किंतु किसी तरह उसे यह पता लग ही गई। गुरु द्वारा कही गई कोई बात या उनके द्वारा किए गए किसी उल्लेख ने सुदास के भीतर स्वाभाविक तौर पर यह अहसास उत्पन्न किया था। उसे वह शब्दों में नहीं समझा सकता था और न ही विस्तार से उस पर विचार कर सकता था, किंतु उसे निश्चित रूप से यह बात पता थी, कि गुरु वशिष्ठ ने वज्रपात को आकर्षित करने के उद्देश्य से ही वह सरिया शिखर में गाड़ा था।

इंद्र को हमारी रक्षा हेतु बुलाने के लिए।

इंद्र ने भी अपने भक्त की प्रार्थना का उत्तर दे दिया था। वज्रपात कुछ और देर तक चलता रहा। सुदास ने दृष्टि नीचे करके देखा कि कुछ और तृत्सु नदी का पुल पार करते हुए बहुत तेज़ी से आ रहे थे।

उसने उच्छास्रवा को पहचान लिया और उसे देखकर हाथ हिलाया। उच्छास उसके निकट आ पहुँचा। सुदास ने देखा कि उसके उपसेनापति ने अपनी दृष्टि उत्तुंग के शिखर और वहाँ हो रही घटना से हटा रखी थी। उसे लगा कि उच्छास भय से बुद्धिहीन प्रतीत हो रहा था।

'क्या तुम अंतिम व्यक्ति हो?' सुदास ने चिल्लाकर पूछा। उसे चिल्लाकर बोलना पड़ रहा था क्योंकि वहाँ लगातार हो रहा वज्रपात अब ग्रेनाइट की चट्टान पर गिरते किसी विशाल जलप्रपात की भांति सुनाई दे रहा था। सुदास को अपनी बात तीन बार कहनी पड़ी तब कहीं उच्छास उसे ठीक से सुन सका।

उच्छास ने काँपते हुए सिर हिलाया। 'मुझे लगता है...' सुदास इतना ही सुन पाया था कि तभी ज़ोर से बिजली चमकी।

सुदास ने दक्षिण दिशा में देखा। 'भागो! जितना तेज़ हो सके!'

सुदास ने उच्छास्रवा के अश्व के पुट्ठे को थपथपाया जिससे बादल की गरज और वज्रपात के कारण पहले से डरा हुआ वह पशु और हड़बड़ा गया।

फिर उसने सरयू का भी सिर घुमा लिया। 'भागो!' वह चिल्लाया और उसने यह सुनिश्चित कर लिया कि सबने उसकी बात सुन ली थी।

सभी सुदास के साथ चल पड़े।

अपने पीछे, सुदास को एक नया स्वर सुनाई दिया। भयंकर घर्षण का स्वर। वही स्वर फिर सुनाई पड़ा। उसे पुनः ग्रेनाइट पर गिरते जलप्रपात का ध्यान आ गया। नदी पार से चीख-पुकार और उपद्रव का शोर सुनाई देने पर सुदास समझ गया कि शत्रु-दल में खलबली मच गई थी। पहले आघात व गतिहीनता का प्रभाव धीरे-धीरे समाप्त हो रहा था और होने वाले अनिष्ट का अहसास गहरा होता जा रहा था।

सुदास ने अपने एकदम आगे बोलन को देखा; उसके कंधे में तीर का घाव था और वह मुड़कर पीछे देख रहा था। घाव की पीड़ा अथवा

वह जो कुछ देख रहा था या दोनों के कारण, उसके चेहरे पर तनाव था। 'पर्वत!' बादल की गर्जना के बीच वह चिल्लाकर बोला, 'वह अंडे की भांति चटक गया!'

सुदास पीछे मुड़कर नहीं देखना चाहता था। यदि वह ऐसा करता तो सरयू की गति धीमी हो जाती और यह ख़तरा वह मोल नहीं ले सकता था।

'भागो!' अपने पास से गुज़रते हुए बोलन के अश्व को थपकी देते हुए उसने चिल्लाकर कहा।

अपने पीछे सुदास ने इतनी तेज़ आवाज़ सुनी जो, बादल की गरज से भी अधिक ऊँची थी।

बादल की गरज अब रुक गई थी। वज्रपात भी थम गया था किंतु यह जानने के लिए सुदास को रुकने की आवश्यकता नहीं थी क्योंकि समस्त संसार को प्रकाशमान कर देने वाली चमक अब आकाश में दिखलाई नहीं पड़ रही थी।

वातावरण में एक आश्चर्यजनक मौन व्याप्त हो गया था।

सुदास के कानों में उस मौन को चीरती बादल की गर्जना अब तक प्रतिध्वनित हो रही थी।

चहुँ ओर शांति व मौन छाया हुआ था। यहाँ तक कि हाथी और घोड़ों की चीखें, मनुष्यों की चिल्लाहट और कुत्तों का भौंकना भी बंद हो गया था।

एक क्षण के लिए प्रत्येक व्यक्ति एवं वस्तु की मानो श्वास थम गई थी।

तभी मुसीबत टूट पड़ी।

सुदास ने एक आवाज़ सुनी जो नदी के बाँध के टूटने जैसी थी। उसने अपनी युवावस्था में, पहले भी एक विस्फोट की आवाज़ सुनी थी जिसे वह कभी भूल नहीं सका था।

यह उसी तरह की आवाज़ थी, किंतु उससे हज़ार गुना अधिक तेज़ थी।

इस बार वह स्वयं को रोक नहीं सका और मुड़कर देखने लगा।

वज्रपात से उत्तुंग पर्वत विखंडित हो गया था।

एक विशाल जल-प्रपात पर्वत की गहराइयों में से बाहर फूट पड़ा था और वह स्पष्टतः नदी की प्रचंडता लिए आगे बढ़ रहा था। सुदास ने देखा कि बैंगनी अंधकार में डूबी वह श्वेत जलधारा गरजती हुई पर्वत के छोर से नीचे मैदानों में बह निकली।

बहुत दूर से भी उसने देखा कि जल की लहरें इतनी ऊँची उठ रही थीं कि नीचे झुरमुट में खड़े दस-दस गज़ ऊँचे विशाल साल के वृक्ष भी उखड़कर ऐसे बह गए मानो किसी नहर में पतली-पतली टहनियाँ बह जाती हैं।

वह शक्तिशाली जलधारा गर्जन करती, अपने साथ वृक्ष, मनुष्य, हाथी, घोड़े और रथ बहाती हुई ले गई और उसने भयंकर तीव्रता से उस संपूर्ण स्थान को अपनी प्रचंडता से पानी-पानी कर दिया।

इंद्र द्वारा पर्वत नष्ट किए जाने के पश्चात् अब वरुणदेव अपना क्रोध प्रदर्शित कर रहे हैं!

सुदास ने देखा कि झागदार उबलता हुआ जल नदी के तट पर पहुँच गया। उसके बहाव से लकड़ी का पुल टूटकर पतली डंडियों की भांति बह गया और प्रचंड जल-प्रपात ने नदी के तल को पानी से लबालब भर दिया।

पानी का बहाव अब भी जारी था।

'भागो!' सुदास चीखा और सरयू को तेज़ी से अन्य अश्वों से आगे ले गया क्योंकि वह जानता था कि सरयू आगे रहकर अन्य अश्वों को तेज़ दौड़ने के लिए प्रेरित कर सकेगी। 'भागो!' सुदास ने सरमा और अन्य कुत्तों को देखते हुए कहा। इसी के साथ उन सभी ने तेज़ दौड़ने

के लिए अंतिम बार ज़ोर लगा दिया। यह जानने के लिए कि मृत्यु किसी रथ, हाथी अथवा अश्व से अधिक फुर्ती से उनका पीछा कर रही थी, उन पशुओं को मुड़कर पीछे देखने की आवश्यकता नहीं थी।

सुदास ने बहुत तेज़ गति से पीछे से आती हुई जलधारा का स्वर सुना जो उनके बहुत निकट आ चुका था। एक क्षण को लगा कि वे सब भी उस धारा में बह जाएँगे। तभी उसे सरयू के खुरों के नीचे धरती की तेज़ी से ऊपर को उठती ढलान महसूस हुई। उसने सरयू से अंतिम बार अपनी गति बढ़ाने का आग्रह किया और कुछ ही पलों में वह समतल भूमि के शिखर पर जा पहुँचा जिसका प्रयोग पैदल चलने वाले प्रायः उन विशाल मैदानों को पार करने के लिए करते थे।

पथरीला मार्ग पार होने तक रुकना नहीं!

सुदास ने मुड़कर नीचे देखा और पीछे रह गए कुछ लोगों को हाथ से पकड़कर खींचा और कुछ को प्रोत्साहित किया।

उसने देखा कि उनका पीछा करता हुआ पानी कुछ गज़ तक ऊपर आया और फिर सहसा, बिना चेतावनी अथवा कारण के, बुदबुदाता हुआ झाग उठाता नीचे उतर गया।

इंद्र, वरुण तथा मित्र की कृपा से तुम और तुम्हारे बंधु-बाँधव सुरक्षित रहेंगे।

20

एक मोटे वस्त्र की सहायता से, सुदास ने भट्टी में से नई तैयार की हुई ईंट निकाली। सुदास वस्त्र के भीतर से भी उसकी अत्यंत तेज़ गरमी महसूस कर पा रहा था। उसने ईंट को ग्रेनाइट पत्थर पर ठोका तो उसे ईंट की घनत्व भरी आवाज़ पसंद आई।

'यह अच्छी ईंट है,' उसने इंद्राणी और इंद्रौत से कहा।

वह दोनों उसे पकड़ने के लिए शोर मचाने लगे।

उसने सिर हिलाकर उन्हें मना किया। 'अभी रुको, इसे थोड़ा ठंडा होने दो।'

उसने मुड़कर वह ईंट अन्य लोगों को भी दिखाई। 'हमारी पहली ईंट!' उसने ज़ोर से कहा।

सभी लोग प्रसन्न हो उठे।

उच्छास्रवा मुस्कुराया और भट्टी के निकट आ गया। 'क्या अगली ईंट मैं निकाल सकता हूँ, राजन्?'

उसी क्षण अन्य लोग भी शोर करने लगे। साल्व, अस्स्यर, द्रह्क्यु, परनि और कुरुक सभी ईंटों को पकड़कर देखना चाहते थे। सुदास उत्साहपूर्वक मुस्कुराया और उन्हें कपड़े की मदद से भट्टी में से ताज़ा बनी ईंट निकालने का ढंग बताने लगा। उसे अपने पसंदीदा लोगों की कमी महसूस हो रही थी। शेष सभी लोग दशराजन् के युद्ध में मारे गए थे। उनके साथ उसके एक हज़ार चार सौ योद्धा भी खत्म हो गए थे।

उसे इस बात का भान था कि उसे कृतज्ञ होना चाहिए। यह किसी चमत्कार से कम नहीं था कि उत्तुंग में से निकले जल-प्रपात में एक भी तृत्सु नहीं बहा था। गुरु वशिष्ठ भी जीवित थे। संभवतः वज्रपात के समय वह पर्वत के किनारे से नीचे उतर आए थे और उन्हें पता था कि उत्तर-मुखी दिशा में रहना सुरक्षित था। पर्वत के विखंडित होने के बाद और घातक जल-प्रपात के समय वह किसी तरह एक चट्टान को पकड़कर बैठे रहे थे।

गुरु ने ही बाद में, सुदास को निजी तौर से उस 'चमत्कार' के विषय में बताया था। निकटतम तीन नदियों के संगम की एक उपनदी पर्वत के भीतर समा गई थी। वहाँ से एक मील दूर दक्षिण में एक झरना था जहाँ वह उपनदी पुनः बाहर निकलती थी, किंतु उस स्थान पर वह मात्र एक छोटी-सी जलधारा के रूप में गिरती थी।

परुष्णि की धारा के प्रतिकूल दिशा में बाँध बनाकर उन दस राजाओं ने नदी को बलपूर्वक पर्वत की ओर मोड़ दिया था। गुरु वशिष्ठ को किसी तरह इस बात का पता लग गया क्योंकि वह उस क्षेत्र में बहने वाली अनेक नदियों तथा उपनदियों के प्रवाह के मार्ग से परिचित थे। उन्हें यह पता था कि पिछले दिनों हुई भारी वर्षा के बाद, उत्तुंग के भीतर मौजूद भूमिगत जलधारा में मिलने वाले जल की मात्रा इतनी अधिक हो जाएगी कि वह किसी लघु झरने के रूप में बाहर नहीं निकलेगी। वह पानी भीतर ही भीतर तब तक इकट्ठा होता जाएगा जब तक पर्वत के उदर में पानी का विशाल स्रोत नहीं बन जाता।

गुरु को मात्र इतना करना था कि सही समय पर उस जल को बाहर छोड़ने की व्यवस्था करनी थी ताकि उसमें शत्रु कि सेना बह जाए।

यह करने का ढंग उन्हें किसी अन्य ने नहीं, अपितु स्वयं गुरु विश्वामित्र ने बताया था।

उस दिन प्रातः दशराजनू युद्ध से पूर्व, जब गुरु विश्वामित्र ने अग्नि स्थल में अपना दंड मारा था, उन्होंने भूल से गुरु वशिष्ठ को वह सटीक

स्थान दिखा दिया था जहाँ उन्हें अपना दंड गाड़ना था।

गुरु वशिष्ठ लौह के रहस्य तथा उसके प्रयोग को समझने के लिए पिछले एक वर्ष से लौह की सलाखें एकत्रित कर रहे थे। उन्होंने उसी लौह-भंडार का उपयोग करके उस लुहार से यह अस्त्र बनवाए थे जिसके विषय में सुदास भी नहीं जानता था। उस दिन, जब अंबरीष तथा उसके तृत्सु साथियों ने गुरु वशिष्ठ के लिए कार्य किया था, वह इन्हीं लौह-सलाखों को उत्तुंग शिखर के ऊपर ले जा रहे थे।

गुरु ने उनसे लौह की वह सलाखें अग्नि-स्थल में बने उस छिद्र के भीतर धकेलने को कहा था जिसे दिन-भर में लगातार चौड़ा किया गया था। उन छड़ों को जोड़-जोड़कर पर्वत के शिखर पर लौह का एक ठोस स्तंभ बना दिया गया।

वज्रपात लौह की ओर, और वह भी सर्वोच्च स्थान पर, आकर्षित होता है।

पंचांग के अपने ज्ञान के आधार पर, गुरु ने मौसम की इतनी सटीक भविष्यवाणी की थी। उन्हें ज्ञात था कि वर्ष के इस समय पर, वर्षा-ऋतु की समाप्ति के आस-पास रात्रि में ज़बरदस्त तूफान आता है और भयंकर वज्रपात होता है।

उन्होंने वैदिक गणित के विस्तृत भंडार पर आधारित अपने मानसिक आकलन से यह निष्कर्ष निकाला था कि वज्रपात के साथ वह तूफ़ान उस दिन सूर्यास्त के तुरंत बाद आएगा।

अग्नि प्रज्ज्वलित करना सरल था - किसी भी साधारण यज्ञ के समान यह मानव-निर्मित प्रक्रिया थी।

इंद्र, वरुण तथा मित्र का आह्वान भी सामान्य बात थी; आख़िरकार, वे सभी तृत्सुओं के कुल देवतागण थे।

वज्रपात तथा जल के संयुक्त आवेग से पर्वत का विखंडन एक प्रकार से देवताओं द्वारा किया गया असाधारण कार्य था - मनुष्यों की

थोड़ी-सी सहायता के साथ।

बाद में, सुरक्षित महसूस होने पर सुदास परिणाम देखने वहाँ गया था।

उस जल-प्रवाह में शत्रु के सभी सैनिक मारे गए थे। साथ ही, सभी अश्व और हाथी भी।

दस राजाओं की संपूर्ण सेना पूरी तरह समाप्त हो गई थी।

सभी राजा भी मारे गए थे। हालांकि, उनका शिविर वहाँ से काफ़ी दूरी पर स्थित था, फिर भी पानी वहाँ पहुँच गया और उन सबको बहा ले गया था। अनु और उसके शेष योद्धा-दल भी साथ में बह गए। वास्तव में, अनु जाति का पृथ्वी पर से लगभग सफ़ाया हो गया, क्योंकि पहले दो दिन की पराजय के बाद, लगभग प्रत्येक अनु अपने सम्मान और प्रतिष्ठा को पुनः प्राप्त करने के प्रयास में उस अंतिम दिन रण-भूमि में मौजूद था।

कुछ प्रतिरोध यदि शेष रहा भी होगा तो वह भी मात्र इस तथ्य से समाप्त हो गया कि तृत्स कबीला इंद्र, वरुण तथा मित्र को अपनी सहायता हेतु बुलाने में सफल हो गया था।

कुछ विदेशी लोग, जो जीवित बच गए थे, भागकर अपने देश लौट गए और उन्होंने वहाँ जाकर लोगों को दस राजाओं के इस असाधारण युद्ध की कथा सुनाई।

मात्र उस एक दिन की घटनाओं के बल पर भारतवंश एकजुट हो गया।

एकजुट हुए भारतवंश ने सुदास को सर्वसम्मति से अपना सम्राट मान लिया।

और आज, वह नए तृत्सु नगर के पहले घर की नींव की पहली ईंट रखने वाला था।

उसने पुनः वह ईंट उठाकर वहाँ एकत्रित लोगों को दिखाई। वे सभी

लोग जो अनु के साथ हो गए थे, अब पुनः शर्मिंदा होकर रोते हुए लौट आए थे। सुदास ने उन्हें क्षमा कर दिया क्योंकि वे लोग सुदास अथवा तृत्सु कबीले के विरुद्ध लड़ने नहीं अपितु अपने संबंधियों एवं कबीले वालों का साथ देने के उद्देश्य से गए थे। सुदास ने प्रत्येक व्यक्ति को क्षमादान दे दिया तथा उन्हें बिना शर्त स्वीकार कर लिया।

अब सुदास के साथ बीस हज़ार से अधिक लोग थे। प्रत्येक जाति, वर्ण, धर्म व बोली वाले बीस हज़ार भारतवंशी। नए नगर व राष्ट्र के सभी गौरवान्वित नागरिक वहाँ एकत्रित थे।

उसने वह ईंट निर्धारित स्थान पर रख दी और फिर अपने खाली हाथ उठाकर सबको बताया कि निर्धारित कार्य संपूर्ण हो गया था।

सभी ने एक स्वर में सुदास की जय-जयकार की।

सुदेवी ने निकट आकर सुदास को स्नेहपूर्वक आलिंगन में ले लिया; इंद्राणी और इंद्रौत उसके पास ही थे और उन्होंने भी उसे दोनों ओर से गले लगा लिया। सरमा प्रसन्नतापूर्वक कूदती हुई भौंक रही थी।

'सम्राट बनकर कैसा लग रहा है?' सुदेवी ने सुदास से पूछा।

सुदास हँसा और बोला, 'ऐसा लग रहा है कि मैं अब भी राजा होने के भाव के साथ ताल-मेल स्थापित करने का प्रयास कर रहा हूँ! मैं नहीं जानता कि सम्राट होने का वास्तव में क्या महत्त्व है। क्या मेरे पाँच जोड़ी अतिरिक्त हाथ हो जाएँगे? अथवा दो अतिरिक्त सिर? मुझे तो पहले जैसा ही लग रहा है। सुदास जैसा।'

'इसीलिए तो तुम एक महान राजा हो।'

'और तुम महान रानी,' उसने कहा।

'मैं एक दिन सम्राट बनना चाहता हूँ, पिताजी,' इंद्रौत ने गंभीरता से कहा।

'यदि तुम्हारी सचमुच इच्छा है तो तुम बनोगे। इसके लिए तुम्हें

बहुत परिश्रम करना होगा,' सुदास ने कहा। 'संभवतः तुम्हें पहले एक अच्छा राजकुमार बनना चाहिए और फिर धीरे-धीरे प्रगति करनी चाहिए। यदि तुम एक सफल राजा बन पाओगे, तो हो सकता है कि तुम किसी दिन महान सम्राट भी बन जाओ। यह सुनकर कैसा लग रहा है?'

अपनी ठुड्डी गर्व से ऊपर करते हुए इंद्रौत ने कहा, 'अच्छा लग रहा है, पिताजी।'

उसकी बहन ने अपनी आँखें घुमाई।

दोनों बच्चे भागते हुए सरमा के पीछे चले गए जो नीचे की ओर किसी पर भौंक रही थी।

गुरु वशिष्ठ वहाँ आ गए। 'सम्राट सुदास,' उन्होंने सुदास की नई उपाधि पर रुचिकर ढंग से बल देते हुए कहा, 'तुम अपने नए नगर का नाम क्या रखना चाहते हो?'

सुदास के मस्तिष्क में अनेक नाम थे। 'नाम आरंभ करने के लिए क्या कोई शुभ अक्षर है?'

''हु' अथवा 'ह' अक्षर शुभ है,' गुरु वशिष्ठ ने सुझाया।

सुदास ने धीरे से सिर हिलाया। मेरे पास इस अक्षर से आरंभ होने वाला एक नाम है।'

'क्या?' गुरु ने पूछा।

'हड़प्पा,' सुदास ने कहा।

गुरु ने अनुमोदन में सिर हिलाया और बोले, 'तो फिर, हड़प्पा ही उचित है।'

आभार

मंजुल पब्लिशिंग हाउस के विकास रखेजा और मनोज कुलकर्णी का आभार जिन्होंने इतिहास श्रंखला की मेरी यह पहली पुस्तक प्रकाशित की। मेरी रामायण श्रंखला तथा अन्य मिथकीय कथाओं की तुलना में इस पुस्तक की यात्रा सरल रही। मुझे इसके लिए प्रकाशक खोजने में छह वर्ष का समय लगा। मेरी कुछ अन्य पुस्तकों की अपेक्षा यह काफ़ी जल्दी हो गया! पुस्तक के संपादन और इस संपूर्ण प्रकिया को अत्यंत सरल बनाने के लिए कपिल सिंह का विशेष आभार।

हमेशा की तरह, आपका अर्थात् पाठकों का धन्यवाद जिन्हें लगता है कि मेरी पुस्तकें विशष रूप से आपके लिए लिखी जाती हैं, मानो मैं अपनी कुछ या कहें, सभी पंक्तियों द्वारा सीधे आपके हृदय व आत्मा से संवाद कर रहा हूँ। यह सही बात है। मैं आपके लिए ही लिखता हूँ। यह पुस्तक भी आपके लिए ही है क्योंकि जैसा कि इस पुस्तक के समर्पण में कहा गया है, कि गीत उनका होता है जो उसे सुनते हैं। यदि इसे सुनने के लिए आप न होते तो क्या यह गीत लिखा गया होता?

अनुवादक की ओर से

दशराजन् युद्ध का उल्लेख ऋग्वेद के सातवें मंडल में मिलता है। हालांकि ऋग्वेद में कई अन्य युद्धों का भी वर्णन है, परंतु दशराजन् युद्ध इस संदर्भ में विशिष्ट है कि इसमें तृत्सु नामक कबीले का राजा सुदास, अपने गुरु वशिष्ठ की सहायता से अत्यंत विषम परिस्थितियों में, दस राजाओं के एक समूह के विरुद्ध न सिर्फ़ युद्ध लड़ता है, अपितु अपने युद्ध-कौशल, बुद्धि और पराक्रम से इसे जीतता भी है।

श्री अशोक बैंकर ने अत्यंत प्रभावशाली और रोचक ढंग से इस ऐतिहासिक युद्ध का वर्णन किया है। मुझे इस उपन्यास के अनुवाद के दौरान इसका अनुवादक कम और युद्ध का प्रत्यक्ष दर्शक होने का आभास अधिक हो रहा था। मैं मंजुल पब्लिशिंग हाउस का हृदय से आभारी हूँ जिन्होंने मुझे इस ऐतिहासिक घटना में सम्मिलित होने का अवसर प्रदान किया।

आशुतोष गर्ग